# 智能投顾前瞻

THE ROBO-ADVISER IS COMING

钟宁桦　钱一蕾　解咪　主编

北京大学出版社

图书在版编目(CIP)数据

智能投顾前瞻/钟宁桦,钱一蕾,解咪主编.—北京:北京大学出版社,2020.7
ISBN 978-7-301-28273-1

Ⅰ.①智… Ⅱ.①钟…②钱…③解… Ⅲ.①人工智能—应用—金融投资—研究 Ⅳ.①F830.59-39

中国版本图书馆 CIP 数据核字(2020)第 094454 号

| | |
|---|---|
| 书　　　名 | 智能投顾前瞻<br>ZHINENG TOUGU QIANZHAN |
| 著作责任者 | 钟宁桦　钱一蕾　解　咪　主编 |
| 责任编辑 | 王　晶 |
| 标准书号 | ISBN 978-7-301-28273-1 |
| 出版发行 | 北京大学出版社 |
| 地　　　址 | 北京市海淀区成府路 205 号　100871 |
| 网　　　址 | http://www.pup.cn |
| 微信公众号 | 北京大学经管书苑（pupembook） |
| 电子信箱 | em@pup.cn |
| 电　　　话 | 邮购部 010-62752015　发行部 010-62750672<br>编辑部 010-62752926 |
| 印　刷　者 | 北京中科印刷有限公司 |
| 经　销　者 | 新华书店<br>730 毫米×980 毫米　16 开本　18 印张　270 千字<br>2020 年 7 月第 1 版　2020 年 7 月第 1 次印刷 |
| 定　　　价 | 54.00 元 |

未经许可，不得以任何方式复制或抄袭本书之部分或全部内容。
**版权所有，侵权必究**
举报电话：010-62752024　电子信箱：fd@pup.pku.edu.cn
图书如有印装质量问题，请与出版部联系，电话：010-62756370

## 编委会名单

**编委会主任:** 霍佳震

**编委:**（以姓氏拼音为序）

冯　翔　李仁涵　李修全

李延刚　徐承龙

## 赞助和支持单位

同济大学智能投顾实验室

# 自 序

过去十余年间,中国经济高速发展,为中国个人财富总量的扩张奠定了坚实的基础。据统计,从 2008 年至 2018 年,中国的个人财富总额增长高达 130%,是个人财富增长最快的国家。预计未来十年,个人财富增长仍将保持在 120% 的高位。[①] 与此同时,我国个人投资者的数量已经超过了 1.5 亿人[②],但证券投资顾问的人数却不足 5 万[③],远远不能满足市场的需求。那么,我们该如何解决这个供需不平衡的问题?发展智能投资顾问(通常简称为"智能投顾")可能是一个有效的办法。

简单来说,智能投顾就是基于客户自身的理财需求,结合人工智能和大数据等技术,通过算法来完成以往人工提供的理财顾问服务。由于采用了自动化的程序,相较于传统的人工投资顾问,智能投顾的效率大大提高,从而降低了财富管理领域的门槛和费率,使得广大"长尾用户"也可以获得较为优质的理财服务。

美国是智能投顾的发源地和目前最大的应用市场,其智能投顾的发展历程及相关支撑体系具有宝贵的借鉴意义。因此,在本书中,我们将梳理和分析美国智能投顾的发展历程、产学研体系与监管体系等,以期为我国相关行业的发展提供经验和启示。

---

① 亚非银行(AfrAsia Bank)和新世界财富(New World Wealth)发布的《2019 年全球财富迁移报告》显示,过去十年,中国个人财富增长 130%,是个人财富增长最快的国家;预计未来十年中国个人财富增长仍将达到 120%。

② 中国证券登记结算有限责任公司发布的数据显示,截至 2019 年 7 月,我国自然人投资者超过 1.55 亿。

③ 中国证券业协会发布的数据显示,截至 2019 年 4 月,我国投资顾问人员数量为 46 595 人。

在美国的智能投顾由新生走向成熟的十余年中,创业型智能投顾平台与传统金融机构先后入局,并以 2015 年为界形成了鲜明的两大阶段。经过十余年的发展,美国的智能投顾市场格局日益清晰,大致形成了三种主流模式,分别为第三方理财服务平台、传统金融机构旗下的智能投顾平台与智能投顾技术服务供应商。

美国的智能投顾之所以能够迅速发展,很大程度上得益于其相对成熟的产学研体系。因此,本书将系统地梳理美国智能投顾的产学研体系,包括高校的学研体系和业界的产研体系。此外,美国智能投顾成熟的业务发展模式也催生了相对健全的监管体系,即政府监管和行业自律相结合的模式。本书也对此进行了总结,希望能为我国监管框架的完善提供一定参考。

在介绍了美国智能投顾发展历程以及相关支撑体系的基础上,本书将着眼于监管机构、金融机构与高等学校这三类主体,进一步分析美国的经验对我国智能投顾发展的启示。

最后,我们选取了智能投顾三种主流模式的代表性公司或平台进行详细的案例介绍,解读美国主流智能投顾平台的经营模式及产品特征,这些内容将有助于读者更深入地了解美国智能投顾的运营主体。

作为金融行业的新兴业态,智能投顾近年来在发达国家的发展十分迅速。而在中国,智能投顾的发展尚处于初级阶段,机遇与挑战并存,潜在的市场空间十分可观。在这样的背景下,同济大学智能投顾实验室应运而生,旨在汇聚政府、高校、金融机构和科技企业的各界人才,打造一流的智能投顾产学研平台。实验室的重要任务之一就是总结发达国家的经验,为我国智能投顾的发展提供启示。因此,我们希望通过编写此书,在梳理和分析美国智能投顾发展历程的基础上,结合中国相关行业的发展现状,针对不同主体提出可供参考的建议。"采他山之石以攻玉,纳别水之址以厚己",希望在中国这个拥有 1 亿多名个人投资者和近 200 万亿元个人可投资资产[①]的市场上,智能投顾行业可以实现快速而健康的发展。

本书主编<br>2019 年 12 月

---

① 贝恩咨询与招商银行联合发布的《2019 中国私人财富报告》显示,2018 年中国个人可投资的资产总规模达 190 万亿元人民币。

# 推荐序

　　Betterment(被认为是最早的智能投顾公司之一)的联合创始人乔纳森·斯坦因(Jonathan Stein)用"苹果与先锋[①]的结合"(Apple meets Vanguard)来形容他的公司,即"在智能、高效的投资后端基础上有着非常流畅、直观的用户界面",这句话也是对智能投顾十分准确的描述。在这个最初阶段,智能投顾还是由诸如 Betterment 和 Wealthfront 等初创公司推动的新兴行业,致力于通过手机或网页端提供基本的自动化投资建议。这些初创公司都有一个特定的目标客户群,即那些很少或没有机会获得个性化投资建议的小型投资者。传统的投资咨询行业完全依赖人工,这内在地决定了其无法形成具有规模效益的解决方案,它们的服务仅提供给承诺一定最低投资额的投资者,而这个门槛将大量的中小投资者拒之门外。不过,这些投资者并没有完全丧失选择权,他们仍然可以投资于主动管理的共同基金或被动 ETFs(交易所交易基金)。然而,2008 年金融危机的余波为小型投资者提供了第三种选择:智能投顾。这些传统财富管理行业的"颠覆者"聚集在一起举行了一场广为人知的媒体活动,名为"超越占领华尔街:为更大的收益引领行业变革"(Beyond Occupy Wall Street: Creating Industry Change for the Greater Good)。无论是大型投资者还是小型投资者,都可以通过注册获得这些投资服务(例如,由 Betterment 或 Wealthfront 提供的投资服务)。在注册时,系统会提示投资者填写调查表,投资者的回答将有助于公司评估其风险承受能力。然后,智能投顾的算法将投资者与其预先建立的投资组合进行匹配。

---

[①] 这里的"先锋"是指全球大型资产管理公司美国先锋集团(Vanguard Group)。

必须指出的是,实际资产配置是由投资经理人工完成的,因此,第一代智能投顾中的"智能"仅限于执行匹配功能。

在过去的十年中,智能投顾行业得到了突飞猛进的发展。2017年,美国两家领先的智能投顾公司Betterment和Wealthfront管理的资产约125亿美元。多家权威机构(如普华永道、科尔尼和Statista等)预测,在未来几年内,全球智能投顾所管理的资产将达到万亿美元的规模。这种指数级增长证明了该行业拥有多种颠覆和改造自身的能力,我想强调其中的两种。第一,新一代的智能投顾公司已成功利用大数据和人工智能的力量,让"智能"发挥了更大的作用。具体而言,智能投顾的算法不再仅仅是将客户与预先建立的产品组合相匹配,它们还可以做出真正的投资决策。此外,根据投资者的偏好和风险承受能力,这些智能投顾还可以做出有关投资组合再平衡的决策。有一些智能投顾公司完全由算法驱动,但拥有"混合"模式的情况也十分常见。在"混合"模式中,投资经理仍然扮演着重要角色。第二,智能投顾公司已经开始向价值链的上游移动。第一代智能投顾公司将自己定位为B2C公司,它们曾经将传统的投资顾问视为竞争对手。最好的例子就是Betterment在2012年以"传统投资顾问对您的财富有害"(Financial Advisors Are Bad for Your Wealth)为题发布了一篇富有争议的博客文章。但是,在2014—2015年,Betterment开始向传统的投资顾问开放"白标"服务[①],即Betterment for Advisors。虽然这看起来很像一个孤立的事件,但事实并非如此。相反,它标志着智能投顾从B2C到B2B的阶梯式发展。机遇伴随着挑战,这些公司在这一变化中取得了不同程度的成功。在颠覆者试图给自己的服务贴上"白标"的同时,"在位者"也没有停滞不前。例如,先锋集团和摩根大通等传统金融机构已经开始提供自己的智能投顾产品。未来,颠覆者与在位者之间的竞争预期将继续升级,并且只有少数颠覆者可以突出重围。在地理上,我们预计未来几年也会发生重大变化。尽管北美仍然是智能投顾领域的领导者,但Aite Group、Business Insider Intelligence和普华永道联合发布的一份报告预计,到2022年,亚洲在资产管理规模方面将超过北美。

---

① "白标"服务是指一家公司为另一家公司提供IT服务或软件平台,使后者以自有商标面向客户提供服务。

伴随着智能投顾行业对人工智能技术运用的不断成熟、在B2B领域的积极探索以及颠覆者对在位者市场份额的猛烈冲击，智能投顾行业正处于令人振奋的发展阶段。

拉克希米·尚卡尔·拉马钱德兰
（Lakshmi Shankar Ramachandran）
金融经济学家
凯斯西储大学魏德海管理学院
2020年5月

# 目 录

## 第一部分 揭开智能投顾的神秘面纱

**第1章 智能投顾大起底：是什么？为什么？怎么样？ / 3**
    1.1 投顾业务的前世今生 / 3
    1.2 什么是智能投顾？ / 7
    1.3 应运而生的智能投顾 / 10
    1.4 智能投顾的优势 / 16

**第2章 智能投顾面面观：原理、流程、模式与评价 / 22**
    2.1 智能投顾的原理 / 22
    2.2 智能投顾的流程：打开智能投顾运作的"黑箱" / 29
    2.3 智能投顾的主流模式："三足鼎立"的市场现状 / 33
    2.4 如何评价智能投顾？ / 38

## 第二部分 他山之石，可以攻玉

**第3章 十年磨一剑：美国智能投顾的发展历程 / 49**
    3.1 第一阶段："创一代"率先出击 / 50
    3.2 第二阶段："富二代"后来居上 / 61
    3.3 百舸争流，百花齐放 / 71

第 4 章　如虎添翼：美国智能投顾的产学研体系　／ 80
　　4.1　高校的学研体系　／ 80
　　4.2　业界的产研体系　／ 90

第 5 章　双管齐下：美国智能投顾的监管体系　／ 105
　　5.1　监管的必要性　／ 106
　　5.2　美国现行监管体系　／ 109

第 6 章　择善而从：中国智能投顾往何处去　／ 128
　　6.1　监管机构如何管理　／ 128
　　6.2　金融机构如何布局　／ 146
　　6.3　高等学校如何助力　／ 155

## 第三部分　走近美国主流智能投顾平台

第 7 章　美国主流智能投顾平台业务介绍　／ 171
　　7.1　Betterment　／ 173
　　7.2　Wealthfront　／ 191
　　7.3　先锋集团与 VPAS　／ 205
　　7.4　嘉信理财与 SIP　／ 209
　　7.5　Financial Engines　／ 224
　　7.6　Trizic　／ 230
　　7.7　小结　／ 233

附录 1　《智能投顾合规监管指南》　／ 235

附录 2　《数字化投顾报告》　／ 244

附录 3　《证券投资顾问业务暂行规定》　／ 259

参考文献　／ 265

后　记　／ 275

# 第一部分

# 揭开智能投顾的神秘面纱

# 第1章
# 智能投顾大起底：是什么？为什么？怎么样？

证券投资顾问业务最早起源于百年前的欧洲，在投资顾问业务漫长的发展历程中，其大致经历了三个重要阶段，分别是线下投顾阶段、线上线下一体化（Online to Offline，O2O）投顾阶段和智能投顾阶段。作为投资顾问的最新业态，智能投顾诞生于2008年金融危机后的美国。在日渐成熟的人工智能与大数据技术的背景下，拥有迫切投资需求的广大投资者不再满足于高成本、高门槛、低效率的传统投顾服务，于是，以廉价高效、风险易控、高透明度为特点的智能投顾行业应运而生。

## 1.1 投顾业务的前世今生

证券投资顾问业务的近代起源可以追溯到传统私人银行的理财服务业务，这项业务在欧洲已经有上百年的历史，最初是由瑞士银行专门向富有的上流社会群体提供极其私密的、一对一的服务。第二次世界大战期间，为了能够保持中立国的地位并同时留住德国和犹太客户，瑞士出台了《银行保密法》，其中规定：任何人不得透露储户的身份。这一政策吸引了全球大量的客户到瑞士银行进行现金储蓄业务，后来逐渐发展成帮助客户进行理财规划。根据瑞士银行家协会（Swiss Bankers Association）发布的报告，截至2014年年底，全球超过四分之一的跨境财产依然安全地存放在瑞士银行。瑞士银行根据少数高净值客户的资产保值增值的需要，为其提供投资项目的咨询、建议和选择服务。简言之，客户可以在瑞士银行享受全面而专业的投资项目咨询服务，而银行则可以运用众多客户积累的资金选择项目进行投资，这就是证券投资顾问业务的起源。

20世纪初期，随着普通股成为美国社会公众的重要投资工具，投资顾问开始在美国证券市场成为一种独立的业态。20世纪30年代，美国证券交易委员会（Securities and Exchange Commission，SEC）在相关调查中发现了很多滥用投资顾问名义欺诈投资者的情况。为防范投资顾问活动中存在的证券欺诈等问题，美国于1940年颁布了《1940年投资公司法》（Investment Company Law of 1940）和《1940年投资顾问法》（Investment Advisers Act of 1940）。《1940年投资公司法》是对从事投资、再投资证券交易，以及向投资界发行证券的各类投资公司的管理作出规定的法律约束文件。其立法意图是：管理投资公司的买卖活动；寻求诚实和公正的管理；使证券持有人最大限度地参与管理活动；确立适当可行的资本结构；确保证券持有人和证券交易委员会对财务说明书的利用；要求投资公司向社会发行的各类证券必须经过依法注册，同时定期公布公司财务状况和投资方针，并向投资者提供有关本公司经营活动的全面信息。《1940年投资顾问法》将"投资顾问"定义为：以获取报酬为目的，直接或通过出版物形式提供证券价值分析或买卖证券的投资建议的任何人；或者以获取报酬为目的并作为特定商业活动的一部分，发表或提供证券分析意见或报告的任何人。根据该定义，投资顾问的基本要素包括以获取报酬为目的、从事商业活动、提供证券投资建议或投资分析报告这三个方面。《1940年投资顾问法》旨在规范为投资者提供证券投资建议的个人和机构，其核心思想是强调投资顾问对于投资者的受托责任。该法的出台促使美国的投资顾问行业逐步走向成熟，后来也成为多国立法的标准和参考。

随着资本市场的发展,美国投资顾问服务的内涵和主体逐步拓展:一是自 20 世纪六七十年代以来,为了适应美国居民财富增长后产生的跨领域投资需求,投资顾问服务延伸到理财规划服务的范畴;二是自 2000 年以来,对冲基金等私募性集合投资基金的管理人被纳入投资顾问监管的范畴。总体上,目前美国证券监管部门将资产管理、投资咨询与建议以及理财规划服务的提供方统一归为投资顾问进行监管。

此外,美国的投资顾问可以进一步划分为卖方投资顾问和买方投资顾问。卖方投资顾问从产品供应方(即客户购买的产品的发行方)获取返佣,客户不需要向投资顾问支付费用;买方投资顾问为客户提供财富管理服务,并向客户收取一定的投资顾问费用。在 1940—1980 年期间,美国的投顾业务较为传统,从业者主要赚取客户交易的佣金与客户购买产品的提成,因此行业内多方利益并不完全一致。在传统模式下,银行等金融机构为了销售更多产品以赚取佣金,将推销的压力施加于理财顾问,使得许多资深的理财顾问倍感煎熬。于是,在 1980 年之后,大量资深的理财顾问纷纷创办自己的理财工作室,他们不再赚取产品的代销费用,而是根据客户的资产规模直接向客户收取咨询服务费——买方投资顾问就此诞生。目前,美国的投资顾问所管理的资产金额已经超过了 40 万亿美元。

在中国,投资顾问服务还是一个新兴的业务形态。20 世纪 80 年代,我国出现了一批提供信息服务的咨询机构,可以看作投资顾问的雏形。到了 20 世纪 90 年代初,我国的投资顾问才真正形成产业并迅速发展。我国投资顾问的正式定义来自证监会 2010 年 10 月发布的《证券投资顾问业务暂行规定》中的第二条:"证券投资顾问业务,是证券投资咨询业务的一种基本形式,指证券公司、证券投资咨询机构接受客户委托,按照约定,向客户提供涉及证券及证券相关产品的投资建议服务,辅助客户作出投资决策,并直接或者间接获取经济利益的经营活动。投资建议服务的内容包括投资的品种选择、投资组合以及理财规划建议等。"在盈利模式上,投资顾问业务的盈利方式包括经纪佣金收费、按照客户资产规模或服务期限收费、服务产品定额收费等。

近年来,随着我国经纪业务竞争格局的变化,行业佣金率由 2008 年的

1.35‰下降到2016年的0.38‰,佣金收入占比则由近七成下降到三成。这一现象的背后是经纪业务竞争加剧以及亟待转型的压力。激烈的竞争一方面体现在现有的证券公司之间,其高度同质化的服务模式导致价格战频发;另一方面,经营牌照的逐渐开放也使得更多新兴的对手参与竞争,传统投资顾问的业务模式发生转变,打破了现有特许经营者的行业高盈利预期。因此,随着金融科技的发展,证券公司逐步加大了投资顾问团队转型的力度,我国投资顾问模式也进入了新的发展阶段。

纵观全球,在投资顾问业务漫长的发展历程中,其大致经历了三个重要阶段,分别是线下投顾阶段、O2O投顾阶段和智能投顾阶段。

**线下投顾阶段**:在早期的投资顾问行业,由于没有互联网,投资服务都是以线下服务为主。投资顾问是活生生的"人",因此投资者需要通过支付昂贵的投顾服务费来获得人工投资顾问的投资建议。这样完全依赖人工投资顾问的服务方式,效率低下、时间成本高、触达面也不广。此外,这一模式下投资顾问的增长速度远远满足不了投资者的现实需求。举例来说,从2013年至2019年年初,我国注册投资顾问的数量从2.39万人增至4.66万人,仅增加了2.27万人;而投资者数量目前已经达到了1亿多人。因此,基于现实的供需矛盾,为了提高服务客户的效率,投顾业务步入线上化阶段。

**O2O投顾阶段**:随着互联网的出现与发展,大型的传统金融机构基本都提供了线上的投顾服务,即把以前很多线下的服务搬到了线上,从而极大地提高了服务效率。线上投顾模式使得投顾业务对于经纪业务的依赖程度逐渐降低,转而成为一项相对独立的服务。以平台为主的线上投顾业务陆续推出,改善了线下投顾时代因高度依赖经纪活动而产生的产品单一、服务同质、价格竞争等问题。线上投顾模式着眼于构建以投资咨询工具为基础的生态机制,在瞄准个人投资者的同时,也为投顾从业人员提供市场分析、研究报告和投资策略等服务。投顾从业人员可以根据平台提供的资讯向客户提供信息解读和投资答疑,帮助投资者在此基础上选择合适的投资组合。同时,利用互联网的触达优势,线上开户、公司产品介绍、在线产品咨询、观点直播、产品组合推荐、量身定制理财规划与投资规划等服务都可以更快捷地提供给用户。此外,利用线上投顾模式也能更高效地开展针对大型企业客户的上市、融资与贷款等业务。

**智能投顾阶段**：近年来，人工智能迅速发展并已悄然进入财富管理和证券投资领域，投资顾问业务的发展也由此进入了智能投顾阶段。智能投顾的发展体现在以金融科技驱动的"智能"二字上，也就是将之前由人脑来分析决策的部分交由算法模型进行自动化实现，并在此基础上强调用户和产品之间的匹配及交互。智能投顾将原本简单的线上投顾服务进行专业化升级，在关注标准化需求的同时，大幅度提高对于个性化需求的满足。相较于对产品的打磨，智能投顾更加偏向于对用户的观察分析。智能投顾系统通过对个人客户的大数据进行分析，从多个维度对用户进行画像，从而可以提供各类更加定制化的投资决策辅助工具和包括个性化资产配置在内的投顾服务，并实时进行动态跟踪调整。此外，智能投顾低门槛、低费率的特点，使得中低净值客户能够以低成本获得专业化和理性化的投资顾问服务，其未来将覆盖财富管理市场大量的"长尾用户"，行业整体的专业性也将得到大幅度提升。总体而言，智能投顾的重点在于"投"和"顾"的智能化。在"投"的方面，不仅包括传统意义上基于经典资产配置理论、用户资产状况和理财需求的智能化资产配置，还包括为用户提供大量的智能化决策工具与策略计划。在"顾"的方面，主要包括基于精准用户画像的智能化产品推荐和跟踪服务，基于深度学习等各类理论的智能化投资机会与风险的预测，以及为人工投资顾问准备的专业丰富的智能投顾工具箱等。

## 1.2 什么是智能投顾？

作为新兴的业态，智能投顾业务在各国的业务模式和具体实践不尽相同。在美国，智能投顾可以分为"数字化投顾"与"机器人投顾"两种形式；在澳大利亚，智能投顾被称为"数字化投顾"；在加拿大，通常以"在线投顾"来描述与智能投顾相类似的业务；而在中国，目前尚未有法律法规文件对智能投顾作出明确定义，仅有金融机构或高校发布的一些报告中对这一业态进行了概念界定。

### 1.2.1 国外的概念

各国对智能投顾的业务模式和具体实践不尽相同,智能投顾也就发展出了不同的丰富内涵。在一些国家的法规文件中,并没有专门提出智能投顾(Robo-adviser)这一专有名词,但自动化投顾工具(Automated Advice Tools/Automated Investment Platform/Automated Investment Tools)、数字化投顾工具(Digital Advice Tool)、在线投顾(Online Advisers)等名称都可以在一定程度上指代智能投顾或它的部分功能。

在美国,智能投顾主要有两种形式。第一种是比较初级的形态,即证券机构的从业人员为客户提供投资咨询分析时辅助使用的数字化投顾工具。2016年3月美国金融业监管局(Financial Industry Regulatory Authority,FIN-RA)发布的《数字化投顾报告》(Report on Digital Investment Advice)指出,数字化投顾工具是一个产生于模拟和统计分析,对投资活动或投资策略和方式的多种投资结果进行呈现的互动型技术工具。第二种形式是进阶版的形态,即作为投资顾问存在的机器人投顾,其基于客户自身的理财需求,通过算法和产品来完成以往人工提供的理财顾问服务。2017年2月SEC发布的《智能投顾合规监管指南》(Guidance Update:Robo-Advisers)指出,智能投顾是一种运用创新技术,通过在线算法向客户提供全权委托资产管理服务的计算机程序。客户将个人信息和其他数据输入数字化互动平台,如网站和手机应用软件等,智能投顾则基于这些信息为客户生成投资组合并管理客户账户。

在澳大利亚,智能投顾被称为"数字化投顾"(Digital Advice)。澳大利亚证券投资委员会(Australian Securities and Investment Commission,ASIC)2016年8月30日发布的《255号意见:为零售客户提供金融产品数字化投顾的指导文件》(RG255 Providing Digital Financial Product Advice to Retail Clients)规定,数字化投顾(即智能投顾或自动化投顾)是通过使用算法和技术自动提供金融产品建议,而没有人类顾问直接参与的投资顾问。

加拿大暂时没有对智能投顾作出官方定义,其法律对智能投顾的全权委托模式仍有较大限制。加拿大证券管理局(Canadian Securities Administrators)于 2015 年发布的《投资组合管理机构提供在线投顾的指引》(Guidance for Portfolio Managers to Provide Online Investment Advice)使用的是"在线投顾"这一名词,指借助网络平台为客户提供混合服务,人工投资顾问仍需主动参与全流程,并对客户准入及后续相应的投资决策承担责任,且仅允许投资交易所交易基金(Exchange Traded Funds,ETFs)和低成本共同基金等相对简单的产品。

## 1.2.2 国内的概念

在中国,尚未有法律法规文件对智能投顾作出明确定义。国内的智能投顾基本还保留着"半智能"的中国特色,这主要是由于智能投顾在我国面临的法律壁垒,以及其所基于的资产配置理论在我国遭遇的应用困境。资产配置理论有一个非常重要的前提,即资产的回报和风险是已知的,在实践中为了估算资产的回报和风险,往往需要大量的历史数据作为参考。相较于发达国家,中国资本市场的发展时间较短,在数据上不够完善,因此国内智能投顾基于历史数据所进行的资本配置在可靠性上不如国外。此外,由于国内的法律规定尚未打通"投资咨询"与"自动化交易"之间的壁垒,因此,我国的智能投顾平台还不能实现智能投顾全流程的自动化。

2016 年,东北证券在其研究报告中将智能投顾定义为利用大数据分析、量化金融模型以及智能化算法,并结合投资者的风险承受水平、财务状况、预期收益目标以及投资风格偏好等要求,为其提供多元化、自动化、个性化的智能理财服务。2017 年,慧辰资讯在其研究报告中指出,智能投顾就是用机器完成客户需求分析、投资分析、资产配置选择等工作,目标是替代人类完成财富管理或投资建议的工作,最终实现投资组合的自动优化。2018 年,同济大学智能投顾实验室和羽时金融联合发布《2018 智能投顾白皮书》,对智能投顾的概念、国内外的发展现状、技术路线、服务流程等都进行了较为完备的梳理。该白皮书指出,智能投顾基于对投资者的精准画像,将资产配置理论、资产定价理论、行为金融理论等多种经典理论与投资实践相结合,并融入人工智能的深度学习算法,实现了为投资者提供基于多元化资产的个性化、智能化、自动化和高速化的大类资产配置、投资机会预测、投资风险预测、组合管理和风险控制等投资服务的目标。

## 1.3 应运而生的智能投顾

2008年金融危机过后,伴随着金融市场的日益深化、传统投顾的局限性凸显以及人工智能等技术的发展,智能投顾在美国应运而生,开启了财富管理的新阶段。2014年左右,大量长尾客户的理财需求以及金融科技的发展为智能投顾在中国的落地提供了主客观条件,智能投顾正式进入中国。

### 1.3.1 诞生背景

"Robo-Adviser"一词最早可追溯到2002年Richard J. Koreto在《财务规划》(*Financial Planning*)上发表的一篇文章。这篇文章介绍了自1995年起出现的mPower、Financial Engines、Direct Advice、Guide Choice等提供在线资产管理服务的机构,并认为机器人投顾与传统的金融咨询师相比可以创造更多的投资机会。不过,Koreto当时提出的"Robo-Adviser"与目前的定义相去甚远。

2008年全球金融危机爆发之后,在"天时、地利、人和"的条件下,真正意义上的智能投顾才在美国诞生,并在短短十年的时间里形成了"燎原之势"。根据知名数据统计平台Statista的测算,2019年,美国智能投顾管理的资产规模达到7 497.03亿美元。预计2019年—2023年,其复合增长率仍将保持在18.7%的高位。到2023年,总资产管理规模将达到14 862.57亿美元。此外,美国智能投顾市场的用户数量和渗透率也将持续增长,预计到2023年,用户数量将达到1 378.21万,渗透率达到4.1%。

是什么因素促使智能投顾行业迅速生根发芽?从表面来看,金融危机的刺激是智能投顾发轫的直接原因。然而,如果没有这场危机,智能投顾是否还会产生？我们认为,伴随着金融市场的日益深化、传统投顾的局限性凸显以及人工智能等技术的发展,智能投顾是客观条件下顺应市场发展的必然产物。在本节中,我们将会详细介绍智能投顾的诞生背景。

(1) 金融危机后被动投资优势凸显

2008年,由美国次贷危机引发的全球金融危机全面爆发,美国大量金融机构破产或重组,金融资产价格大幅下跌,美国经济增长陷入低谷之中。智能投顾正是在这一特殊背景下诞生于美国。金融危机过后,美国个人投资者的财富普遍大幅缩水,投资者寻求避险的需求和综合配置资产的理财需求日益迫切。

同时,在这场危机之后,由于地缘政治事件与政策变更频发,宏观因素对收益的影响超过了公司个体特征。美国的券商、银行和基金公司等传统金融机构所鼓吹的主动投资策略被越来越多的人质疑,无论是大中型还是小型股票基金,绝大多数主动型基金的业绩均无法跑赢指数基金等被动投资工具。主动投资策略是指投资者在一定的投资范围和限制内,通过积极地选择证券品种和交易时机努力寻求最大的投资收益率。被动投资策略则是指以长期收益和有限管理为出发点来购买投资品种,一般选取特定的指数成份股作为投资的对象,不主动寻求超越市场的表现,而是试图复制指数的表现。美国早期的指数化投资理论研究为被动投资的市场地位奠定了基础。随着市场有效性的提升,美股数十年的市场表现证明了被动投资的有效性。穆迪投资者服务研究公司(Moody's Investor Services Research)的数据显示,到2021年,美国被动投资基金的资产规模有望超过主动投资基金。而智能投顾产品多采取大类资产配置以及长期定投的策略,通常以被动投资为主。因此,被动型基金的崛起也为智能投顾的长期发展提供了良好条件。

此外,金融危机之前美国倡导的新自由主义政策使金融机构钻了制度的空子,由于监管的缺位,金融机构鼓励普通百姓寅吃卯粮、疯狂消费,形成了大量不良贷款,这些行为在引发金融危机的同时,也引发了人们对传统金融机构的信任危机。自此,美国民众出于投资需求开始寻求低风险、低门槛且收益较好的投资理财模式。随着监管制度、信息披露与金融科技的发展,以及市场有效性的不断增强，以资产配置理论为基础、被动投资策略为指导的智能投顾应运而生。

第一家智能投顾公司 Betterment 在 2008 年成立，并在大衰退的高峰时期 2010 年开始投入资金。Betterment 是智能投顾领域的引领者，其最初目的是在目标日期基金（Target-date Funds）内重新平衡资产，使投资者通过便捷的在线平台挑选、买入并持有投资。这项技术本身并不新鲜，自 21 世纪初以来，人工投资顾问一直在使用自动化投资组合软件，但广大客户群体并没有机会直接购买和使用这一技术，而必须通过聘请人工投资顾问才能从中受益。这种情况直到 2008 年智能投顾平台的出现才得以改变。

经过十余年的发展，智能投顾已经能够处理更为复杂的任务，例如税收减免、投资选择和退休计划等。过去十年，智能投顾行业经历了爆炸式增长，预计未来仍将保持较高的增长速度。来自 Statista 的数据显示，2017 年全球智能投顾的资产管理规模超过 2 248 亿美元，年增长率高达 47.5%。预计到 2021 年，全球智能投顾管理的资产规模将超过 1 万亿美元。

（2）金融市场日益深化

金融市场的日益深化也为智能投顾的诞生提供了基础。金融产品层次与交易策略日趋复杂，交易工具不断丰富，这使得普通投资者的学习成本越来越高，对专业投资顾问的需求日益凸显。除了传统的基础证券，如股票、债券等，金融衍生品的发展也日趋成熟。此外，金融机构的智囊团集中力量进行金融产品创新，产品形态、发行者性质、服务行业、信用关系存续时间等愈发多样且多变，颇有"乱花渐欲迷人眼"之势。这虽然在一定程度上为投资者提供了更加多样化的选择，但同时也对投资行为造成了干扰。投资者需要花费大量时间对种类繁多的金融产品进行甄别以找到符合自己预期的理财产品，无形之中提高了交易成本。因此，在这一背景下，人们亟须自动化、智能化的投资顾问的帮助。

美国金融市场主要参与者的专业性为智能投顾提供了良好的前景预期。1945 年，超过 93% 的美股由美国散户直接持有，而在 2008 年，根据世界大型企业联合会（Conference Board）发布的《2008 机构投资报告》（The 2008

Institutional Investment Report),截至 2008 年可查的数据,散户投资者仅持有美国全部股票市值的 34%;在 1 000 家最大的上市公司中,散户投资者的持股比例更低,仅为 24%。两个数字双双创下历史新低。由此可见,60 多年间,活跃在美国金融市场上的主体发生了翻天覆地的变化,随着参与主体专业性程度的增强,智能投顾的市场预期和后续研发力量都有了较为明朗的前景。

(3) 传统投顾的局限性凸显

传统投顾存在的诸多缺陷以及投顾市场的空白领域也加快了智能投顾的产生。第一,传统投顾门槛高。传统投顾一般需要百万美元资金起步,这将众多有投资意愿且有投顾需求的中小投资者拒之门外。例如,高盛集团作为全世界历史最悠久且规模最大的投资银行之一,其财富管理的投资门槛高达 5 000 万美元,一般资产管理机构的门槛也都在 100 万美元以上。许多中小投资者虽然有理财需要,但常常由于达不到传统投顾的进入门槛而无法获得所需要的投顾服务。这部分投资者虽然在个人财富量上不能与合格投资者相比,但是数量众多,因此积累起来仍然是一个庞大的市场。

第二,传统投顾的服务流程极其烦琐。传统投顾通常只能针对单个客户进行一对一的服务,需要预约、排队、实地造访,整个流程比较烦琐复杂,这无疑将耗费大量的人力成本;而智能投顾可以做到同时服务上百甚至上千个投资者,大大节约了成本。智能投顾依托互联网平台,将客户群体由传统的高净值客户群体延伸至低净值"长尾市场"用户,使投资理财平民化、大众化。网络投资者只需在智能投顾平台的调查问卷中输入有关信息,即可获得适合自己的投资建议和投资策略,这种新颖的在线咨询方式显著地提高了服务效率。

第三,传统投顾的服务费用高昂。目前智能投顾的服务费用在 0.3% 左右,而传统投顾的服务费用还维持在 1% 的高位。优秀的人工投资顾问需多年学习和从业经历,昂贵的人力成本使得传统投顾的服务费用居高不下。即使投资者可以跨过传统投顾的门槛,也要花费不菲的费用才能获得相应的服务。此外,人工投资顾问的水平良莠不齐,服务范围也存在较大的局限性,高昂的服务费用未必能够带来与之相匹配的预期回报。

(4) 人工智能等技术的发展

技术发展为智能投顾的产生提供了客观条件。智能投顾并不仅仅是单纯的量化金融,人工智能的应用赋予了智能投顾强大的能量。距1956年达特茅斯会议上人工智能被首次提及,至今已经过去了60余年。在这段时间里,专家学者以及各领域的企业进行了不同程度的探索,使人工智能发展到了可投入应用的阶段。近年来,人工智能在智能投顾行业的应用蓬勃发展。依托于人工智能算法的不断优化和机器学习的进步,智能投顾可以根据交易的进行,自发学习和不断调整投资策略。目前,越来越多的智能投顾公司正在尝试开发完全脱离人类参与投资管理链条的人工智能投资系统。

同时,大数据技术的兴起也为智能投顾提供了技术支持。随着互联网和大数据的迅速发展,如今的金融交易越来越像是数字和信息的游戏,而智能投顾的优势更加凸显。随着更多完备的数据库的落成,智能投顾的判断有了更多基于历史数据的信息依据,所作出的投资决策也更加可靠;与此同时,数据的实时性大大提高,为投资行为寻找交易时机提供了便利。

智能投顾市场方兴未艾。随着互联网企业以及传统金融部门对智能投顾重视程度的加强,可以预见,未来投入相关技术研发当中的资金和人才仍将持续处于高涨态势,这将进一步加强智能投顾的技术优势。

## 1.3.2 进入中国

我国在2014年左右引入智能投顾。与2008年智能投顾产生之前的美国投顾服务市场相似,我国的理财市场也面临着个人投资者理财需求强但传统投顾门槛高的困境。国家统计局的数据显示,近十年来,我国居民人均可支配收入快速增长。截至2014年,城镇人均可支配收入达到28 843.85元,但仍然与传统私人投顾的投资门槛相差甚远。大量"长尾客户"的理财需求为智能投顾在中国的落地提供了基础性的市场需求,再叠加被动投资比例上升、金融科技发展等因素,中国也已初步具备了智能投顾落地的客观条件。总体而言,智能投顾进入中国并得以发展的背景和条件主要有以下四点。

第一,国内投资理财服务品种稀少。在余额宝面世前,普通客户尤其是小额存款客户(即存款低于5万元的客户)在传统银行根本无法获得金融投资理财服务,即当时的中国财富管理市场具有相当显著的"长尾效应"。"长尾效应"是指那些原来不受重视的销量小但种类多的产品或服务,由于总量巨大,累积起来的总收益超过主流产品的现象。如图1.1所示,这部分的需求会在需求曲线上形成一条长长的"尾巴",将所有尾部的市场累加起来就会形成一个十分可观的市场。面对高昂的私人投顾的服务费用,广大普通阶层的投资者,特别是在互联网时代成长起来的新生代投资者的投资需求不能得到满足。智能投顾的低门槛特性弥补了这一财富管理领域的空白,使得投顾理财服务向普通投资者敞开了大门。例如,我国几个大型商业银行推出的智能投顾产品的投资门槛基本为2 000—20 000元,可以满足大部分普通投资者的理财需求。

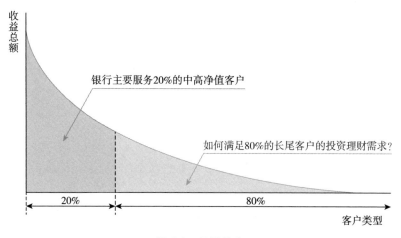

图1.1 长尾效应

第二,普通民众的财富迅速积累。根据贝恩咨询与招商银行联合发布的《2019中国私人财富报告》,2018年中国个人可投资的资产总规模达190万亿元人民币,其中高净值人群(即可投资资产超过1 000万元人民币的人)的人均持有可投资资产约3 080万元人民币,共计持有可投资资产仅为61万亿元人民币。除去高净值人群的资产,中低净值人群手中的可投资财富总额也是相当庞大的,但是传统的投顾模式未能较好地覆盖这部分人群,普通群众往往面临着"有余钱却不知如何投资"的困境,因此,智能投顾在这个群体中的应用前景十分广阔。

第三,被动投资比例上升。在对历史数据的研究中,越来越多的投资顾问和投资者发现,和市场的某些指数相比,费时费力地择时选股未必能够获得更高的收益。于是,我国投资者越来越偏好于稳健且低成本的被动投资。从 2014 年到 2018 年,中国主动投资的年均增长率大约为 9%,而被动投资的增长率却高达 18%。有专家认为,到 2020 年,我国被动投资所占的比重会超过 30%。被动投资的比例不断上升,甚至变成市场投资的主流,为智能投顾在中国生根发芽提供了沃土。

第四,互联网普及率近六成,互联网理财迎来新契机。中国互联网络信息中心在京发布的第 45 次《中国互联网络发展状况统计报告》显示,截至 2020 年 3 月,我国的网民规模达 9.04 亿,互联网普及率达 64.5%,其中手机网民规模达 8.17 亿。随着人们对于互联网金融日渐熟悉,网络理财受到越来越多人,尤其是年轻人的认可,并且日渐成为一种理财的常规模式,这使得智能投顾更易于被人们接受和信任。另外,由于许多智能投顾平台通过手机应用程序(App)接入客户端,投资者更容易看到自身的损益情况,智能投顾的便捷性和灵活性都有了显著提高。

## 1.4 智能投顾的优势

相较于传统投顾,智能投顾的优势主要包括:依托于成熟算法的技术优势,建立在低门槛、低费率和低税收基础上的成本优势,利用自动再平衡手段实现的风险规避,以及相对较高的投资透明度。

### 1.4.1 技术优势

智能投顾根据客户提供的信息,通过算法中预设的各种财务模型和相关假设,向客户推荐与其相匹配的金融产品和服务。智能投顾的算法以投资组合理论、资本资产定价模型、Black-Litterman 模型以及机器学习技术等为基础。具体而言,其主要根据投资组合理论中的风险分散原则,采取多元投资方式以分散投资、降低风险;运用资本资产定价模型进行资产定价分析,发现被低估或高估的资产,并使用 Beta 策略以对冲系统性风险;运用 Black-Litterman 模型,根据全球金融市场数据来计算收益预期值,使用投资者的实际交易数据来构建基于全球市场的资产配置模型,确保其投资建议与全球投资者的整体投资方向基本一致;运用机器学习技术,对大量投资者的投资行为数据进行分析,为客户提供适合的投资建议。因此,智能投顾提供的投资建议是基于算法的结果,成熟的算法在复杂的投资决策和预测中常常比人脑更精确。智能投顾依据大数据的全面覆盖和机器算法的科学计算,极少受情绪或环境因素的干扰,能更好地反映历史业绩表现,从而根据历史业绩和算法模型推演出预期收益,为投资者提供客观结论。它可以避免人类提供咨询服务时可能存在的行为偏差和人为判断失误,克服传统投资顾问主观上的缺陷,如风险好恶、情感偏见、判断和评估能力不足等。成熟的算法还可以保证具有相同特征的投资者都能得到同样或类似的建议,从而确保所提供投资建议的一致性。

### 1.4.2　成本优势

传统投资顾问的个人知识储备以及对单只产品的认识有限,服务效率较低;智能投顾将人工智能技术应用于金融领域,大数据库和算法系统可以同时为各类投资者服务,提供个性化的投资建议和独特的节税服务,效率更高,也更专业。总而言之,智能投顾大大降低了投资者的投资成本,一方面表现为效率提高而门槛、费率降低,另一方面则体现在税收规划业务所带来的税收成本降低。

(1) 低费率、低门槛

低费率、低门槛是美国智能投顾公司的获客基础。由于智能投顾向投资者提供服务时只需较少的人工干预,甚至完全不需要人工干预,并且其在线服务的方式节省了大量人力成本,广大投资者可以以较低的价格获得投资理财建议和财富管理服务。目前,智能投顾平台收取的费率普遍为0.25%—0.5%,相比于传统理财产品约1%的平均费率水平,客户的投资成本大大降低。美国智能投顾的起投门槛普遍为0—5 000美元,远低于传统金融机构动辄百万美元的投资门槛。

具体而言,Betterment的基本投资计划的门槛为零,年费率为0.25%;高级投资计划的门槛为10万美元,年费率为0.40%。Betterment的客户还可以购买额外的人工咨询服务,售价199美元起。Weathfront的投资起点为500美元,在500—10 000美元的区间内提供免费智能投顾服务,账户金额超过10 000美元则统一收取0.25%的管理费。而嘉信理财(Charles Schwab)旗下的Schwab Intelligent Portfolios(SIP)则采用了无咨询费用的模式,主要通过其所管理的智能投顾产品组合以及基金交易指令获得收入。先锋集团(Vanguard)旗下的Vanguard Personal Advisor Services(VPAS)门槛较高,为5万美元。VPAS采取了阶梯收费的方式,对于投资超过2 500万美元的高净值客户,仅收取0.05%的费率。更多信息可见表1.1。

表1.1 美国主要智能投顾平台(产品)的投资门槛及费率

| 智能投顾平台 | 最低门槛(美元) | 账户资产总值(美元) | 费率 |
| --- | --- | --- | --- |
| Betterment | 0 | 0及以上 | 0.25% |
| Wealthfront | 500 | 500—1万 | 0 |
| | | 1万及以上 | 0.25% |
| SigFig | 2 000 | 2 000—1万 | 0 |
| | | 1万及以上 | 0.25% |
| FutureAdvisor | 5 000 | 5 000及以上 | 0.50% |
| SIP | 5 000 | 5 000及以上 | 0 |
| VPAS | 5万 | 5万—500万 | 0.30% |
| | | 500万—1 000万 | 0.20% |
| | | 1 000万—2 500万 | 0.10% |
| | | 2 500万及以上 | 0.05% |

（续表）

| 智能投顾平台 | 最低门槛(美元) | 账户资产总值(美元) | 费率 |
| --- | --- | --- | --- |
| AssetBuilder | 5万 | 5万—25万 | 0.45% |
| | | 25万—60万 | 0.43% |
| | | 60万—100万 | 0.40% |
| | | 100万—400万 | 0.30% |
| | | 400万—2 000万 | 0.25% |
| | | 2 000万及以上 | 0.20% |
| Personal Capital | 10万 | 10万—100万 | 0.89% |
| | | 100万—300万 | 0.79% |
| | | 300万—500万 | 0.69% |
| | | 500万—1 000万 | 0.54% |
| | | 1 000万及以上 | 0.49% |

资料来源：作者根据各智能投顾公司的官网资料整理得到(截至2019年10月)。

总而言之，得益于智能投顾低门槛、低费率的特性，普通阶层的投资者也能享受到较为优质的投资理财服务，这在一定程度上推动了美国普惠金融的发展，同时，智能投顾也使高净值客户能够享受到更为优惠的投顾服务。

（2）税收规划

税收规划是美国智能投顾平台的特色。一般而言，传统投资机构只向超过500万美元的账户提供税收减免咨询服务，而智能投顾则向所有人提供此类服务。美国智能投顾公司十分注重投资亏损避税(Tax-loss Harvesting)等增值服务，将节税作为公司构建投资策略的核心要素。节税的主要原理是通过投资者当期确认的损失来抵扣投资收益中的应缴纳税款，或在赎回产品的同时买入与之关联度高的产品组合，在达到节税功能的同时，仍然可维持资产组合的最优状态。由于采用机器计算和自动化交易，智能投资顾问可以随时随地对账户进行税收规划，并且通常可以通过先进的计算机算法实现较高的税收规划效率。相比之下，传统顾问通常每年或每个季度才会为客户账户提供一次节税服务。

值得一提的是，Wealthfront 的税收筹划服务不仅包括美国先进平台所共有的投资亏损避税策略，还包括公司特有的直接指数化与高级指数化两大类别，这是美国智能投顾领域中独一无二的特色业务。其中，相比于以 500 美元为起点的每日投资亏损避税，直接指数化在节税方面更胜一筹，它只针对 10 万美元以上的客户，并且广泛适用于 10 万—50 万美元的应税账户。直接指数化不再使用单一的 ETFs，而是同时买入标普 500 指数中的成份股与小规模公司的 ETFs。进一步，高级指数化则是直接指数化的升级版，其适用于应税账户金额在 50 万美元以上的客户，除了考虑市值因素，智能投顾还会为投资者分析其他五个关键因素，即价值、变动量、股息收益率、市场中系统风险的大小和波动率，利用多因素模型进一步提升投资者的投资组合收益率。

### 1.4.3　自动再平衡

一旦开始执行交易，智能投顾机器人就将对组合权重进行 7×24 小时的实时监控，根据市场趋势变化，自动调整资产组合中各类不同风险水平的资产比例。完成配置选择并执行交易后，投顾平台还需要对投资组合进行后续跟踪、风险管理和组合调整，判断组合是否能够满足投资者的目标或者是否适应市场波动。当组合与投资者的目标明显偏离，或个别资产价格达到风险阈值时，平台会发起调整资产配置的请求，并拟合出新的收益曲线，由用户决定是否要更改资产配置。同时，用户也可以自己调整资产配置，调整后机器拟合出收益率曲线，并让用户决定是否接受。这个过程被称为投资组合的再平衡。

智能投顾构建了客户组合监控和再平衡流程的自动化系统，可以轻松监控投资组合，以便进行自动再平衡。相比之下，由于手动检查重新平衡机会是一项非常耗时的任务，传统顾问通常不会频繁地监控并调整投资组合。实时监控和自动再平衡对投资者控制投资组合风险具有重要意义。虽然在资产配置的过程中，智能投顾会根据投资者属性，如时间范围和风险承受能力等选择目标投资组合，但由于金融资产不完全相关且价格变动幅度不同，投资组合将不可避免地偏离目标。自动再平衡功能限制了投资组合的漂移并使之维持在理想的风险水平,以定期将投资组合重新平衡作为长期政策目标,通常会改善风险调整后的回报。

### 1.4.4 信息披露及风险警示

传统投顾服务面临着金融产品供应商与客户利益相冲突的问题,并受限于信息的可达性,因此其披露透明度不高。而智能投顾则对投资理念、金融产品选择范围、收取费用等信息作出充分披露,客户还可以随时随地查看投资信息。

智能投顾本质上是一种投资理财行为,而投资必然伴随着风险,这意味着投资者有时需要承担损失。美国十分重视投资者教育与风险警示,因为只有让客户更深刻地认识到其所面临的风险,其才能更好地规避风险。SEC发布的《个人投资者建议》(Advice for Individual Investors)中明确指出,个人投资者在选择智能投顾产品时必须多方面考虑当前以及未来投资过程中潜在的投资风险因素,判断智能投顾产品收费的合理性与合规性、预期收益率的可达性,以及自身的风险承受能力是否与系统所配置的资产组合相符。

此外,美国对智能投顾平台的信息披露也进行了相关规范。美国的《智能投顾合规监管指南》提出,应采用人性化的语言来表述智能投顾过程中涉及的产品说明、风险提示等。基于此,美国绝大部分智能投顾公司都会在问卷调查、资产配置以及售后咨询服务等环节,为投资者明确列出注意事项以及相关的风险提示,充分进行信息披露。例如,Betterment的问卷调查会询问投资者是否拥有高贷款利率的负债,一旦客户的回答是肯定的,系统会自动跳转出风险提示,告诫投资者理财需谨慎,即应该考虑高负债带来的客户自身偿债能力不足的问题,以让客户在第一时间了解风险所在,提高自我风险意识。

# 第 2 章
# 智能投顾面面观：原理、流程、模式与评价

在对智能投顾的诞生背景和相关概念做了详细介绍后，我们将在本章进一步就智能投顾的原理、运作流程、主流模式以及评价标准展开论述。智能投顾在运作的过程中，使用了现代资产组合理论、行为金融学等经济理论，以及人工智能、大数据等技术层面的原理。智能投顾的流程主要包括三个步骤：投资者分析、投资组合构建和投后管理。从诞生至今，智能投顾平台不断发展并形成了三种主要模式，分别为第三方理财服务平台、传统金融机构旗下的智能投顾平台以及智能投顾技术服务供应商。为了对智能投顾平台进行合理评价，美国的个人理财公司 NerdWallet 提出了一套包含十二项指标的评级体系，对智能投顾平台进行多方面的考量；此外，目前我国也有一些关于智能投顾评价标准的讨论，如《2018 智能投顾白皮书》提出了九大评价标准。

## 2.1 智能投顾的原理

智能投顾在运作的过程中，综合运用了经济层面和技术层面的原理。

其中,前者不仅包括传统的现代资产组合理论,也包括行为金融学等新兴学科理论;后者则涵盖了人工智能、大数据和区块链等技术原理。

### 2.1.1 经济理论

现代资产组合理论为投资行为提供了理论指导,而行为金融学力图揭示金融市场的非理性行为和决策规律,可以弥补资产组合理论中投资者理性等假设的不足。此外,道氏理论、波浪理论等业界的技术分析理论从投资实践的角度出发,为投资行为提供了经验指导。

1952 年 3 月,美国著名经济学家哈里·马科维茨(Harry Markowitz)在《金融杂志》(*The Journal of Finance*)发表了题为《资产组合选择》(Portfolio Selection)的论文,这标志着现代资产组合理论(Modern Portfolio Theory,MPT)的发端。根据马科维茨的均值-方差优化理论,对于一个合理的资产组合,如果存在另一个具有较大均值和不变方差或者不变均值和较小方差的可行的资产组合,那么该均值方差组合就是无效的。图 2.1 给出了资产组合有效性的解释。图中的纵轴表示资产组合的期望回报率,横轴表示风险,曲线上和曲线内部的点表示市场中所有证券的所有可能投资组合的风险-收益对应关系。图中的曲线 $bc$ 就是有效的资产组合点所组成的有效集合,称为有效边界(Efficient Frontier)。

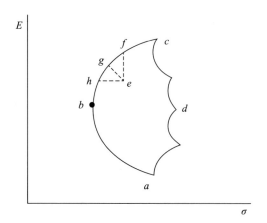

图 2.1　有效边界

在此之后，现代资产组合理论又经历了一系列的发展。威廉·夏普（William Sharpe）于 1964 年在给定的假设条件下提出了资本资产定价模型（Capital Asset Pricing Model，CAPM）。该模型以有效市场为前提，以严格的假设为条件，证实了资产风险与预期收益率之间精确的线性关系。但 CAPM 由于其假设条件的超现实性而一直难以得到验证。1976 年，斯蒂芬·罗斯（Stephen Ross）利用资本市场不可能持续存在套利机会这一假设，推导出了套利定价模型（Arbitrage Pricing Theory，APT），使资本市场定价理论翻开了新的篇章。1992 年，费希尔·布莱克（Fischer Black）和罗伯特·利特曼（Robert Litterman）基于金融行业对马科维茨模型数十年的研究和应用，提出了 Black-Litterman 模型，该模型实际上是将马科维茨的均值-方差优化理论以及 CAPM 模型这两大主要理论进行结合。现代资产组合理论为投资行为提供了理论指导，目前大多数智能投顾平台都将马科维茨模型及其衍生理论作为投资的基础原理。

现代资产组合理论的推导基于理性经济人和有效市场假说，认为投资者的决策建立在理性预期、风险回避和效用最大化等假设基础之上，然而现实与理论假设不一定相符，行为金融学就是和有效市场假说对应的一种学说，认为投资者的心理与行为对证券市场的价格决定及其变动具有重大影响。行为金融学通过研究投资者在不同市场环境中决策行为的特征，力图揭示金融市场的非理性行为和决策规律，进而优化投资者的资产组合。智能投顾在现代资产组合理论的基础上，也运用了行为金融学的理论，即应用心理学中有关认知方式、认知偏差和认知目标的研究成果对相关问题进行诠释，把握资本市场的非理性波动，并帮助客户克服实际投资决策中的情感因素。

## 2.1.2　技术原理

在介绍了智能投顾的经济理论基础上，我们将进一步介绍智能投顾的技术原理。人工智能理论是智能投顾技术的核心基础之一，它扩展了计算机系统的智能水平，从而使得计算机能够实现智能化的资产配置；大数据技术在智能投顾的数据分析和处理中具有广阔的应用空间,提升了人工智能收集、整合、处理和分析数据的能力;而量化交易理论则将上述理论基础充分整合,进一步促进了这些理论在投资领域的应用;此外,区块链等新兴技术也正在逐步运用于智能投顾当中。

(1) 人工智能理论

人工智能是计算机科学、控制论、信息论、神经生理学、心理学、语言学等多个学科互相渗透的综合性学科,主要目标是应用现代科学技术手段来扩展计算机系统的智能能力,使得计算机系统具备一定的自主计算、思考和学习能力,从而高效智慧地完成一些复杂的任务。近些年,随着人工智能的深度应用,机器学习的应用尝试不断丰富。由于本身具有的数据基础较完善、数据资源较丰富的特性,金融业具有人工智能落地相对成熟的发展基础和广阔的市场空间。智能投顾正是智能金融发展的现阶段产物。

目前,人工智能在金融领域的应用主要包括交易预测、投资顾问、信用评估、业务优化等方面。例如,人工智能在交易预测方面的应用主要是量化交易。全球第一个以纯人工智能驱动的基金 Rebellion 曾预测了 2008 年股市崩盘;日本三菱公司发明的机器人 Senoguchi,每月 10 日预测日本股市在 30 天后将上涨还是下跌。经过四年左右的测试,该模型的正确率高达 68%。

权威机构和专家普遍对人工智能在金融领域的应用前景持乐观态度。美国通用人工智能学会(Artificial General Intelligence Society)主席本·格泽(Ben Goertzel)认为,十年以后,人工智能可能会介入世界上大部分的金融交易。全球领先的数据统计平台 Statista 预计,到 2021 年,全球智能投顾管理的资产规模将超过 1 万亿美元。花旗银行研究预测,人工智能投资顾问管理的资产未来 10 年将实现指数级增长,总额将达到 5 万亿美元。德勤在其《2019 年全球银行业和资本市场展望》报告中指出,机器智能决策的应用将会加速发展。智能算法在预测市场和人类行为的过程中会越来越强,人工智能将影响行业竞争,市场会变得更有效率。

（2）大数据理论

随着以社交网络、基于位置的服务（Location Based Service，LBS）为代表的新型信息发布方式的涌现，以及云计算、物联网等技术的兴起，数据正在以前所未有的速度不断增长和累积，大数据时代已经来到。

从数据处理流程来看，金融行业的大数据分析可分为四个层次：一是建立一个采集和存储的大数据系统架构；二是各种结构化和非结构化数据信息的整合、加工、处理；三是依靠数据模型、人工智能等进行数据分析与数据挖掘，提取出有价值的数据；四是构建智能客服、智能投资、智能风控、智能监管等证券行业主要应用场景，支撑业务发展。

大数据技术在智能投顾行业的运用场景是十分丰富的。举例而言，大数据可以通过大数据挖掘、云计算等技术，结合相关算法对客户的交易数据、行为数据进行深度分析，从而全面"认知"用户的投资水平、风险承受能力、风险偏好、投资偏好等；同时大数据也将每个产品和服务数据化、标签化，并通过适配算法为客户提供个性化资讯产品、金融产品等，从而实现用户差异化服务。此外，大数据还可以为人工投资顾问提供广泛的、海量的、数据化的知识支撑，如投研报告、互联网资讯及相关深度数据。

金融机构经纪业务正在经历由传统通道业务向财富管理业务的转型，而大数据促进证券经纪业务实现客户精准营销和服务的逻辑恰恰是最符合这一转变的。大数据以客户为中心，围绕客户的特征与需求，进行客户与产品的匹配，与客户建立主动、精准、高效的连接，实现实时、精准、智慧的服务，这正解决了金融机构转型过程中财富管理需要变产品主位为客户主位、变营销导向为客户导向的问题。

（3）量化交易理论

量化交易是指借助现代统计学和数学的方法，利用计算机技术来进行交易的证券投资方式。量化交易的核心思想是基于金融序列研究成果，将数理模式转换为动态数学公式、先验概率判断、统计推断组成的量化模式。量化交易从庞大的历史数据中海选能带来超额收益的多种"大概率"事件以制定策略,用数量模型验证并固化这些规律和策略,然后严格依据已经固化的策略来指导投资,以求获得可以持续的、稳定的且高于平均收益的超额回报。量化交易的主要作用体现在交易执行方面,能够实现匿名和智能路由①、减少市场冲击、降低交易成本、提高执行效率和增加投资组合收益。

虽然量化交易使用计算机确定订单最佳的执行路径、执行时间、执行价格及执行数量,然而量化投资的策略本身依旧是人来制定的,是将人的投资经验和策略赋予程序,然后通过不断回测和改进形成最终的策略。因此量化投资策略最终是人的策略而非机器的策略。虽然人工智能机器人目前的技术还达不到完全投资,但是结合了机器学习、神经网络等人工智能技术的量化投资和策略交易,能够将人的因素降到最低,把经验性的投资策略也赋予机器。事实上,已经有一些公司对智能量化交易进行尝试。瑞司卡利泽(Riskalyze)集团大力研究的AIQT智能量化交易系统于2019年3月1日正式上线,可24小时无人值守自动交易。这套系统是瑞司卡利泽公司结合多年的传统金融业智能投顾经验、历时10个月自主研发的人工智能区块链量化交易产品,它大大减少了人工的参与,而且能实时进行交易,避免了由于人为决策等因素造成时间耽搁而导致的收益下降。

(4) 区块链技术

区块链的走红离不开比特币产业的崛起。作为比特币赖以生存和交易的核心支撑技术,区块链是指用加密方法将承载比特币交易信息的平台串联起来的一系列数据块,每个数据块中都记录了上一个区块的所有流程,且同一网络系统中的每个节点都有一个完全相同的区块链副本,这就保证了即使其中部分节点出现故障,其他节点仍能提供有效的交易信息,这些按时间顺序叠加的区块形成了一个永久、加密、不可篡改的新型应用体系。

区块链技术的一大特性是"去中心化",共识机制是实现"去中心化"的底层技术,它解决了信息如何在分布式场景下达成统一的问题,帮助各个节

---

① 路由(routing)是指分组从源到目的地时,决定端到端路径的网络范围的进程。智能路由可以理解为智能地确定数据传输的最佳路径,然后进行数据交换。

点维持平衡稳定的状态，更保证了每一个账本中交易记录的准确性。智能合约作为区块链技术的特性之一，与"去中心化"紧密相连。正是这种没有人工干预的透明结构，才使智能合约在执行时不仅可以节省成本，还能避免恶意行为及主观判断对交易环节的干扰，将执行过程的不确定性转换为事前的预授权，增进信任的同时也扩大了交易范围。

目前金融领域基于电子账户进行支付的场景已经非常普遍，这种通过互联网与数据库将法定货币信息化的过程并不是真正意义上的"去中心化"，尽管其提升了消费效率与消费方式，但交易系统也可能因用户量的扩张而出现崩溃问题。此外，即便金融机构在业务运营中耗费了大量人力和财力以维持信息流与资金流之间的对接工作，但仍无法保证信托方可以公正公开地维持交易的平衡与准确。而区块链技术能够应对上述问题。区块链技术凭借其共识机制，在无第三方信托机构担保的情况下便可完成信用创造，因此可帮助金融领域降低成本，提升效率。区块链还可以通过链条上的不同区块完成溯源工作，流通资金经过的每个环节、每个经手人都将被实时记录，而且区块链技术的分布式记账与不可篡改性能够保证数据安全。

将区块链技术引入投顾领域，能够减少信息不对称问题并提升交易效率。一般来说，投顾行业的利润来自佣金和产品方给予的返利点数，在这一过程中，一些智能投顾企业可能会利用监管不完善的空隙，采取伎俩促使客户重复申购、赎回，从而重复收取相关佣金和返利。这样做既增加了客户成本，也降低了客户的信任程度。区块链技术的引入有望在这样几个方面实现智能投顾业务的升级换代：一是智能合约下的交易有条件触发，比如最大回撤（从最高点到最低点的损失）在合约中可设置为一定比例，因此交易必须在这一范围内进行；二是利用区块链技术很容易建立起虚拟的分布式自治组织，从而将投顾领域所涉及的当事人、服务机构都团结在一起，在信息相对对称的前提下进行公平合理的分工；三是利用区块链的时间戳、价值互联、不可篡改性等特性，解决上面提到的申赎经费反复的问题，减少重复收费和重复劳动，提高交易效率，增加客户的获得感和对机构的信任。当然，上述这些区块链的优势也必须跟智能风控、智能决策、大数据挖掘等技术结合起来。

作为第五轮科技革命的潜在力量,区块链技术正在引领全球新一轮的技术变革与产业变革,也正凭借着自身优势吸引越来越多的投资者加入探索应用的队伍中来。作为自带国际化光环的先进技术,区块链技术自诞生以来便引起了世界各国各类组织的广泛关注,随着"全球最宝贵的资源不再是石油,而是数据"这一理念的蔓延传播,区块链技术正在成为一项全球经济协同的重要技术,这将带动产业布局与经济结构的重大调整。

## 2.2 智能投顾的流程:打开智能投顾运作的"黑箱"

智能投顾以多种经济理论和技术原理为基础,对用户行为、市场和产品等进行详细分析,为客户推荐多元化的投资组合。目前市面上的智能投顾平台在具体操作过程中各有优势及特色,但总体遵循类似的业务流程,这些流程主要包括投资者分析、投资组合构建以及投后管理。

### 2.2.1 投资者分析

(1) 获取客户信息

智能投顾平台在向客户提供服务前,必须获得并分析客户的个人信息和投资情况,具体包括但不限于:顾客的年龄、财务状况和财务需求、纳税情况、投资目标、投资经验、投资期、流动性需求、风险偏好和风险承受能力、已有投资等。从具体做法来看,面向客户的智能投顾工具大多通过问卷的方式提出一系列问题,根据客户回答来进行客户分析。这类问题大致可归为五大类:个人信息、财务信息、投资目标、投资期和风险容忍度。获取上述信息后,智能投顾会为每一个客户建立个人档案。

(2) 信息初步处理

在回答调查问卷的过程中,客户可能提供相互矛盾的答案。有些公司对矛盾的答案取平均,或直接选择最保守的答案。取平均是不合理的,因为这可能导致客户投资于超越其风险承受能力的投资组合。相比之下，直接选择最保守的答案减少了发生不可接受的损失的可能性，但是仍然可能导致客户的投资组合无法反映其真实的风险承担意愿。

因此，明智的做法是针对矛盾的回答寻求协调方法。方法包括与客户讨论，或在纯数字化环境中使客户意识到答案的矛盾性并通过询问附加问题来处理矛盾等。

（3）评估客户的风险承受能力

个人信息、财务信息、投资目标、投资期和风险容忍度这五类问题中前四类获得的答案较为客观，而风险容忍度的评估则相对难以量化。对此，不同智能投顾产品有不同的处理方式。

风险容忍度是智能投顾进行投资者分析和提供投资建议时的重要考虑因素，至少可以分为两个维度：风险承受能力和风险承受意愿。风险承受能力衡量了投资者承担风险或承受损失的能力，它可以取决于投资者的投资期、流动性需求、投资目标和财务状况。风险承受意愿衡量的是客户对风险的态度。例如，为了更高收益愿意承受20%损失的客户比倾向于保护本金的客户有更高的风险承受意愿。

评估投资者的风险承受意愿有多种方法。最基本的方法是，让投资者从预先设定的分级中选择，进行自我评估。从最为保守到最为激进，风险承受意愿共分为多个级别。

有些评估风险承受意愿的方法是基于场景的，可能依照投资者的实际经历进行设定。例如，某个面向客户的智能投顾工具会询问以下问题："你有没有在一年内损失20%以上的投资？"如果回答是肯定的，那么下一个问题是："在我损失20%的这一年，我选择了（Ⅰ）全部卖出；（Ⅱ）卖出一部分；（Ⅲ）什么也没做；（Ⅳ）重新配置投资；（Ⅴ）买入更多。"然后根据客户的回答确定其风险承受意愿。

还有的方法要求投资者回答假设性问题。有些智能投顾工具询问投资者为达到特定收益愿意承担多少金额的风险。投资者可以使用滑块调整到他们可以接受的损失和收益水平。还有一些风险评估工具要求用户在一条假设的预算线上选择包含两个证券的组合。该工具要求用户在不同的预算下选择多次,然后汇总用户的答案来评估用户的风险承受意愿。

(4) 适时通过人工辅助与客户交流

有些客户的咨询需求不能完全通过数字化方法满足,例如纯数字化智能投顾工具可能无法帮助客户整合管理多个投资账户和多个投资目标。这时有的智能投顾平台会提供人工投资顾问与客户进行交流,从而建立更完善的投资者档案。

### 2.2.2 投资组合构建

算法是智能投顾的核心。它们利用各种金融模型和假设,例如现代资产组合理论、行为金融学理论、道氏理论等,将输入的数据转化为具体的操作建议。算法可能由提供智能投顾产品的公司进行独立开发,也可能来自第三方技术服务供应机构。算法将输入信息转化为输出的方法应该反映出智能投顾产品完成特定投资目标的方式,不同的智能投顾产品对相同的客户信息和目标,可能会有截然不同的输出结果,这也是不同智能投顾产品的核心竞争力所在。

(1) 投资、储蓄还是偿还债务?

对于投资者来说,开立投资账户的阈值问题是,投资是不是合适的做法。在某些情况下,储蓄或偿还债务也许是更好的选择。

一种有效的做法是,智能投顾在充分了解客户财务状况的基础上,帮助客户理解什么情况下投资可能不适合他们。例如,某公司为可投资资产范围为 5 000—100 000 美元的客户服务。这家公司会询问潜在客户的每月净收入,以帮助他们确定投资是不是合适的选择。另一家公司服务的客户群相对更富裕,公司使用有关投资期和风险容忍度的问题,来确定客户是否太保守而不适合投资。另外,还有公司虽然没有直接解决客户是否应该投资的问题,但它经常通过提示的方式,督促客户保持足够的储蓄,以保证其能够支付至少 6 个月的支出。

(2) 提供参考投资组合

对于适合开立投资账户的客户,智能投顾工具大多基于客户的特征,通过算法为其匹配预先打包好的组合或证券。例如,向保守型的投资者推荐保守的投资组合,向激进型的投资者推荐激进的投资组合。大多数公司会建立 5—8 种客户特征描述,少数公司则可能更多。

(3) 确认投资组合,进行投资活动

智能投顾工具将参考投资组合推荐给客户后,必须向客户披露智能投顾情况及其投资咨询服务的内容和方式,详细地说明它们存在的限制、风险以及顾问服务的运作详情。在客户充分了解智能投顾的具体情况后,确认选择的投资组合并进行投资活动。一些理财服务平台公司提供的智能投顾工具可能将资金转入第三方托管,代理用户购买投资组合。另一些传统资管公司旗下的智能投顾产品可能直接通过母公司进行投资。

## 2.2.3 投后管理

(1) 客户资料更改

智能投顾平台会要求客户及时更新自身的基本信息,随着数字化战略的发展,部分公司可能会让客户在网上修改他们的资料。如果投资者频繁更改他们的个人资料,经纪交易商的一个有效做法是联系投资者,了解投资者做这些更改的原因。客户对自身资料进行修改后,可能会给其投资者档案带来变化,原先的投资组合可能已经不适合客户更新后的信息,此时需要重新通过算法建立新的适合客户的投资组合。

(2) 投资组合再平衡

为了保持目标资产配置,投资组合再平衡是必不可少的。由于某类资产或证券的市场波动可能会导致某些资产权重过高或过低,即发生组合偏离,若投资组合的成分偏离预设的目标,或目标本身发生了变化,就需要进行再平衡。

投资组合再平衡的一种方法是使用客户的现金流。智能投顾工具可以用多种来源的资金进行再平衡,包括存款、股利和再投资等。通常情况下,公司使用投资流入和流出来恢复投资组合的目标配置。当投资组合偏离较少时,可以直接使用股息和再投资进行再平衡,因为相对头寸规模而言,股息和再投资的规模不会很大。当现金流入和流出都不足以达到目标配置时,部分智能投顾工具可能重新配置账户内已有的资产以达到目标权重。重新分配账户内的资产通常会涉及资产的购买和出售,可能使客户承受佣金费用,在应税账户中则表现为资本的收益或损失。

不同智能投顾产品的再平衡触发机制有所不同。有些公司使用了3%的明确阈值来启动再平衡,且每天都进行组合偏离监测。而另一些公司的投资管理委员会根据需要随时再平衡,以应对市场事件。另外,还有公司会实时监测客户的投资组合,并定期进行必要的再平衡,但没有明确具体的偏离参数。

## 2.3 智能投顾的主流模式:"三足鼎立"的市场现状

目前,美国主流的智能投顾平台可以归类为三种模式:第三方理财服务平台、传统金融机构旗下的智能投顾平台以及智能投顾技术服务供应商。这三类平台的服务模式和服务对象均存在一定差异。其中,第三方理财服务平台往往是新兴创业型智能投顾平台,从第三方角度为客户提供智能投顾服务;传统金融机构旗下的智能投顾平台主要依托传统金融机构,为客户设计投资组合;而智能投顾技术服务供应商则主要为金融机构提供智能投顾技术支持和数字化建议。

### 2.3.1 第三方理财服务平台

第三方理财服务平台指的是独立的中介理财机构,它们主要采用 B2C

模式,不代表基金公司、银行或者保险公司,而是站在独立第三方的立场上提供综合性的理财规划服务。通常,第三方独立理财机构会先了解客户的基本情况,包括客户的资产状况、风险偏好和投资目标等,然后根据具体情况为客户定制财富管理策略,提供理财产品,实现客户的财富目标。第三方理财服务平台的收入来源主要为资产管理费。因为在传统第三方理财平台提供服务的人员往往需要较强的专业性,成本较高,所以投资门槛较高,但随着新兴智能投顾平台的发展,其投资门槛逐渐降低。接下来我们将重点介绍 Betterment、Wealthfront 这两家具有代表性的第三方智能投顾平台。

### (1) Betterment

Betterment 是美国最早成立同时也是规模最大的第三方智能投顾公司,有着"智能投顾鼻祖"之称。Betterment 成立于 2008 年,公司位于美国纽约,是第一家通过自动化在线服务为客户提供资产管理的投资理财公司。Betterment 定位为全球投资顾问,为个人投资者服务,帮助他们更好地进行金融投资。公司的主要业务是把马科维茨提出的现代资产组合理论和其衍生模型应用到产品中,根据用户的投资倾向和风险偏好,个性化地提供资产配置组合方案。用户进入 Betterment 网站后,只需填写一些个人信息(包括投资目的、期限、目标金额、风险偏好等),网站就会根据这些参数给出最佳适配资产分配建议,用户足不出户、无须向任何投资顾问咨询,就可以低门槛、低成本地管理自己的资产。

Betterment 采用自动的投资亏损避税策略,并基于它的被动投资方法、再平衡和税收效率技术承诺客户"每年提供额外 2.9% 的投资者回报"。Betterment 的基本投资计划每年收取 0.25% 的费用,并且没有最低门槛要求,服务内容包括访问自动投资组合管理、客户服务和所有 Web 工具。Betterment 的高级投资计划价格相对更高,并设有最低账户要求,它更适用于那些有更复杂的财务状况的客户。高级投资计划的最低账户余额为 10 万美元,年费为 0.40%。除基金公司收取的费用外,Betterment 不收取任何额外的交易费用。简单便捷、不设最低投资额、低交易成本等特点使得 Betterment 很快打开市场,同时也掀起了智能投顾的浪潮。

（2）Wealthfront

Wealthfront也是第三方理财服务平台的代表之一,其前身是一家名叫Kaching的美国投资咨询顾问公司,2011年12月更名为Wealthfront,其智能投顾平台随之上线并正式转型为专业的在线财富管理公司,是另一家管理着超过百亿美元资产的智能投顾巨头。

Wealthfront致力于为客户提供与传统理财行业同等质量但进入门槛更低、费用更加低廉的理财咨询服务,且Wealthfront聘用高端财务顾问,提供高质量理财咨询服务,服务质量不低于传统理财。Wealthfront提供的主要产品和服务是自动化的投资组合理财咨询服务,主要是借助机器模型和技术,为经过调查问卷评估的客户推荐与其风险偏好和风险承受能力匹配的资产投资组合,这样既能避免客户与理财顾问之间可能的利益冲突,也能减少用户的投资理财成本支出,使投资人获得更多的收益。平台盈利来源主要是向客户所收取的咨询费。相比于传统投顾平台,Wealthfront的投资门槛更低,要求用户开户的最低金额是500美元,且前10 000美元是免费管理的,超过部分收取0.25%的年费。

## 2.3.2　传统金融机构旗下的智能投顾平台

随着全球智能投顾行业管理的资产份额不断增大,现有的传统资产管理机构并不会视而不见,甘愿被Betterment和Wealthfront等"后起之秀"蚕食市场份额,相反地,传统金融机构也在积极运用智能投顾这一金融领域内的创新,不断推出自己的相关产品。具体而言,传统金融机构会选择与相关平台合作、自行建立或直接收购平台来开展智能投顾业务。从用户基础、数据积累、牌照资质等方面看,传统金融机构涉足智能投顾似乎更具优势。

传统金融机构旗下的智能投顾平台主要采用B2C模式,依托于基金公司、商业银行、证券公司等金融机构推出各类理财产品,为客户设计投资组合,其收入来源主要为自身产品运营费和资产管理费。先锋集团旗下的VPAS、嘉信理财推出的SIP等智能投顾平台是其中的典型代表。

### （1）先锋集团：VPAS

尽管在智能投顾领域布局时间略晚，先锋集团（Vanguard）仍凭借其巨头地位、多元化的 ETFs 和基金产品等优势，实现了"后来居上"。

先锋集团在 2015 年推出其个人顾问服务 VPAS（Vanguard Personal Advisor Services），不同于智能投顾领域的现有玩家，先锋集团强调混合服务（Hybrid Solution），即将自动化咨询平台与持有国际金融理财师（Certified Financial Planner，CFP）认证的传统人工投资顾问相结合。据了解，人工投资顾问会贯穿服务流程，包括理财师辅助智能顾问完成 KYC（Know Your Customer）、生成报告后提供后续服务、通过电话视频等线上方式进行再调整等。不过，人工投资顾问的介入提高了人工成本，因此 VPAS 的起投门槛也较高，设为 5 万美元。VPAS 采取阶梯收费的方式，对于投资额度为 5 万—500 万美元的账户收取 0.3% 的费用，而对于投资超过 2 500 万美元的高净值客户，仅收取 0.05% 的费用。因此，与 Betterment 和 Wealthfront 等第三方理财服务平台相比，VPAS 更适合于高净值客户。

另外，VPAS 的所有交易均通过 Vanguard Brokerage Services 清算，意味着客户可以免除不同经纪和投资公司之间复杂结算协议的麻烦。

### （2）嘉信理财：SIP

2015 年 3 月，总部设在旧金山、有着 30 年个人金融服务历史的美国老牌资产管理机构嘉信理财（Charles Schwab）上线 Schwab Intelligent Portfolios（SIP）服务，该服务基于现代投资组合理论，通过构建差异化的 ETFs 组合，帮助资金量偏小的投资者实现全球资产配置。

对于不想背负额外成本负担的投资者来说，SIP 是一个不错的选择，其"零收费"结构吸引了很多关注，因为它不收取咨询费、账户服务费或佣金。虽然嘉信理财的账户是"免费的"，但开立账户至少需要达到 5 000 美元的门槛。

与 Betterment 一样，客户在 SIP 开户时也要填写一份风险承受能力问卷。该平台将基于目标并根据客户对问卷的回答构建一个定制的投资组合。其 ETFs 投资组合提供了各种各样的资产类别,而资产配置是嘉信理财投资哲学的基础,SIP 根据设定的标准以及一定的筛选流程,从 1 600 多只 ETFs 中选择了 54 只 ETFs 作为投资标的,每个投资组合由不超过 20 种不同种类的资产构成,包括股票、固定收益产品、房地产、大宗商品、现金,用以分散投资风险。根据 Strategic Insight Simfund 的数据,嘉信理财 ETFs 的费率从 0.03% 到 0.40% 不等,投资者支付的运营费用将根据其投资组合的构成而有所不同。

嘉信理财的智能投顾产品 SIP 在上线 3 个月后就获得了 24 亿美元资产规模和 33 000 个账户,这也体现出传统金融机构进入智能投顾行业在客户资源上具有的优势,毕竟嘉信理财拥有 2.5 万亿美元的资产管理规模和 1 000 万的活跃用户,这是独立的智能投顾平台无法比拟的。

### 2.3.3 智能投顾技术服务供应商

许多传统投资顾问由于受到技术开发等问题的制约,无法规模化开展业务,而创业公司对于市场的变化反应迅速,擅长于产品创新和提高客户体验。在这种情况下,一批面向投资顾问进行线上智能管理服务的公司应运而生。这些服务机构的互联网资产管理平台主要面向投资机构或独立投资顾问,通过提供各类智能化管理服务,如客户账户聚合管理、投资组合算法、税收优化和自动生成报告等,使得投资顾问能够大规模地扩展用户。此类智能投顾技术供应服务商主要采用 B2B2C 模式,其资产管理的收入来源包括向 B 端收取的技术服务费以及向 C 端代收的与 B 端的收入分成。

(1) Financial Engines

Financial Engines 与美国大型公司合作,为员工提供退休计划。Financial Engines 会根据客户的特定目标愿望和个人财富审查他们当前的投资,并提供适合员工需求的投资建议。Financial Engines 的投资建议和退休计划包括预算计划、雇主支持的退休计划、人寿保险、教育和大学规划、遗产规划、税收优化、医疗保健、长期照护、社会保障优化和退休分配等方面,其定价为退休投资组合价值的 0.20%—0.60%。

（2）Trizic

Trizic 于 2011 年成立于旧金山,主要面对机构用户,为机构投资者提供投资管理服务。Trizic 有两项核心业务：Trizic Digital Advisor 和 Trizic Developer。前者通过 Trizic 自己的网站为投资顾问及其客户提供服务,投资顾问可以更智能地管理自己的客户；后者为机构用户提供技术支持服务,为客户提供应用程序接口（Application Programming Interface，API）页面,将 Trizic 网站上提供的服务内嵌到机构客户的网站。

## 2.4　如何评价智能投顾？

关于智能投顾的评价标准,国内外都提出了一些可供参考的观点。美国的个人理财公司 NerdWallet 推出了一套包含十二项指标的评级体系,分析公司 Backend Benchmarking 也曾根据绩效数据等指标对主流的智能投顾公司进行排名。而在国内,《2018 智能投顾白皮书》中首次提出了智能投顾平台的九大评价标准。接下来,我们将具体介绍美国 NerdWallet 的十二项评价指标和国内《2018 智能投顾白皮书》提出的九大评价标准。

### 2.4.1　国外的观点

美国个人理财公司 NerdWallet 于 2019 年 7 月提出一套针对智能投顾平台的评级标准,他们的调查对象包括美国传统的大型资产管理公司,以及业内知名的新兴参与者。这套 NerdWallet 评级标准包括十二个指标,分别是：账户最低门槛、账户管理费、投资费用率、账户费用（年度、转账、关闭）、投资组合、账户支持、税收策略、自动再平衡、人工投资顾问、投资工具、客户支持选项（包括网站透明度）以及促销。

NerdWallet 的评级是几个类别的加权平均值,星星个数代表从差（一星）

到优秀(五星)的评级,评级四舍五入到最近的半星。如表 2.1 所示,以 NerdWallet 对 Blooom 的评级为例,首先对十二个指标分别评定星级,最后加权得出四星的综合评分。

表 2.1 NerdWallet 对 Blooom 的评级得分情况

| 评级指标 | 得分原因 |
| --- | --- |
| 综合得分<br>☆☆☆☆ | — |
| 账户最低门槛<br>☆☆☆☆☆ | 0 美元 |
| 账户管理费<br>☆☆☆☆ | 10 美元/月 |
| 投资费用率 | 没有评分。所使用的投资仅限于计划产品,但 Blooom 将优先考虑费用率最低的基金 |
| 账户费用(年度、转账、关闭)<br>☆☆☆☆ | — |
| 投资组合 | 没有评分。使用的投资仅限于计划产品,但可由客户定制,Blooom 优先考虑指数基金,偶尔使用积极管理的基金。该服务首先审查已拥有的资金 |
| 账户支持<br>☆ | 雇主赞助的计划:401(k)、457、403(b)和 401(a) |
| 税收策略 | 没有评分。在 Blooom 管理的具有税收优惠的退休账户中,不能采用典型的智能投顾策略 |
| 自动再平衡<br>☆☆☆ | Blooom 在设定的投资计划内工作,以便在风险或收益偏离既定目标时,自动实现资产的重新配置。每年重新分配 1—4 次 |
| 人工投资顾问<br>☆☆ | 注册投资顾问可通过聊天、电子邮件和短信等方式取得联系 |
| 投资工具<br>☆☆☆ | 免费 401(k)分析 |
| 客户支持选项(包括网站透明度)<br>☆☆☆ | 东部时间周一至周五上午 10 点至下午 6 点实时在线,并支持电子邮件和短信,不支持电话 |
| 促销<br>☆☆☆ | 特惠价为 99 美元/年,代码为 REETIRE |

资料来源:NerdWallet 官网。

NerdWallet 据此评价出了 2019 年 8 月份的九个最佳智能投顾(表 2.2),作为个人理财公司,NerdWallet 同时还提供了这九大最佳智能投顾各自最擅长的领域、佣金及起投金额的相关信息,以帮助投资者选择适合自己的智能投顾。

表 2.2　2019 年 8 月份九大最佳智能投顾

| 智能投顾 | 擅长领域 | 佣金 | 账户最低门槛(美元) |
| --- | --- | --- | --- |
| Ally Invest Managed Portfolio | 投资组合 | 0 | 100 |
| Wealthfront | 应税账户和最佳整体 | 0.25% | 500 |
| Ellevest | 社会责任投资 | 0.25% | 0 |
| Betterment | 应税账户和最佳整体 | 0.25% | 0 |
| SoFi Automated Investing | 财务顾问 | 0 | 100 |
| Personal Capital | 投资组合 | 0.49%—0.89% | 100 000 |
| Blooom | 401(k)管理 | 10 美元/月 | 0 |
| VPAS | 财务顾问和投资组合 | 0.30% | 50 000 |
| Wealthsimple | 社会责任投资 | 0.40%—0.50% | 0 |

资料来源:NerdWallet 官网。

接下来,我们会对这十二项指标中的一些重要指标进行详细解释,以使读者对这些评价标准的得分原因有所了解。

(1)账户最低门槛

账户最低门槛是智能投顾相对于传统投顾服务最重要的优势之一。在评分上,账户最低门槛较低的平台得分更高。例如,"最佳机器人顾问"名单包括 Personal Capital 和 VPAS,两者都提供有价值的服务,但 Personal Capital 需要 100 000 美元的最低投资,VPAS 的投资门槛也高达 50 000 美元,两者的投资门槛远远高出其他在名单上的平台,因此在账户最低门槛上均得一星。而低投资门槛的平台——Betterment、Ellevest 和 Wealthsimple 的账户最低门槛为 0 美元,得分五星,Wealthfront 账户最低门槛为 500 美元,得分四星。

(2) 人工投资顾问

不同智能投顾平台对人工投资顾问的访问权限(如果有的话)有所不同。例如,Betterment 和 Ellevest 都提供高级账户,允许无限制地通过电话访问顾问。而 Acorns 和 Wealthfront 不提供现场顾问,但提供在线工具来帮助客户设定财务目标。

(3) 投资组合

使用智能投顾的一个好处是客户不必过多考虑投资选择,但适当关注仍然是必不可少的,客户应当要确保智能投顾推荐的投资组合对自己的个人情况有意义。例如,SIP 的智能投资组合服务保留了相对较高比例的投资者现金资金——至少 6%。对于渴望利用市场长期收益的年轻投资者而言,这可能并不理想。不过,虽然合适的投资组合确实重要,但也无须为此过于焦虑。因为投资需要时间来增长和复合,开始的投资组合也许并不完美。

(4) 投资费用率

相较于传统投顾,智能投顾的投资费用大大降低,但是智能投顾平台之间的差别依然存在,选择费率低的服务可以使投资者节省投资成本。费用包括管理费和投资费,费率通常在 0.25% 和 0.9% 之间。在长期投资中,尤其是当资本量很大时,即使看似很小的费率也会产生巨大影响。因此,投资者在选择自己的智能投顾时,有必要将费用作为一个参考依据。

(5) 自动再平衡

使用投资顾问的主要原因是获得投资组合管理方面的帮助,因此找到一个提供重新平衡以保持资产组合随时间变化的方法是很有意义的。这是自动化平台的优势之一,如果股市飙升或崩溃,投资者不必弄清楚如何调整它,因为智能投顾已经作出调整。

### (6) 账户支持

大多数主要的智能投顾公司提供应税账户和退休账户,但投资者也可能正在为孩子的大学教育寻找储蓄计划。投资者需要根据自己的需求寻找适合自己的智能投顾公司,确保相应的机器人顾问提供自己需要的账户类型。

### (7) 投资业绩

除了上述 NerdWallet 所提出的评级指标外,数据分析公司 Backend Benchmarking 还根据投资业绩对智能投顾平台进行了评价。

所有的投资总是以取得收益为最终目标。在智能投顾的投资业绩的评价上,学界和业界达成了共识——衡量智能投顾的收益最好关注长期指标(5 年或更长时间),因为短期回报并不具备参考价值。Backend Benchmarking 使用了截至 2018 年第一季度的数据,测算了 16 家智能投顾平台的收益率,并将结果在官网上公布。根据测算,7 家公司的回报率数据可以追溯两年,9 家公司的数据只有一年。表 2.3 是这些公司除去投资费用后一年和两年的年度收益率,这些结果基于应税账户中 60%股票/40%固定收益证券的投资组合。

表 2.3　主流智能投顾平台投资业绩

| 智能投顾 | 一年收益率 | 两年收益率 |
| --- | --- | --- |
| Acorns | 6.93% | 7.53% |
| Ally Financial | 8.73% | — |
| Betterment | 9.68% | 10.24% |
| E*Trade | 8.61% | — |
| Ellevest | 8.78% | — |
| Fidelity Go | 9.72% | — |
| FutureAdvisor | 8.77% | — |
| Hedgeable | 9.17% | — |
| Merrill Edge | 8.25% | — |

(续表)

| 智能投顾 | 一年收益率 | 两年收益率 |
|---|---|---|
| Personal Capital | 8.42% | 9.64% |
| SIP | 9.96% | 10.98% |
| SigFig | 10.02% | 10.71% |
| TD Ameritrade | 10.64% | — |
| VAPS | 9.66% | 9.59% |
| Wealthfront | 9.92% | — |
| WiseBanyan | 9.20% | 9.98% |

资料来源：Backend Benchmarking 官网。

### 2.4.2 国内的观点

目前国内关于智能投顾评价标准的讨论还相对较少。2018 年 12 月，同济大学智能投顾实验室和羽时金融结合学界和业界的经验，联合发布《2018 智能投顾白皮书》，首次提出了智能投顾九大评价标准。

(1) 丰富的量化投资经验

优秀的智能投顾需要一个具备长期丰富量化投资经验的团队。智能投顾，不论 IT 技术如何先进，核心仍是策略和算法，只有两者紧密结合，才能大幅度提高策略和算法的效率和效果。而这些训练机器的策略和算法，在目前金融领域的人工智能技术条件下，无疑需要一个具备长期的量化投资经验和研究经验的金融工程团队。团队的核心成员，至少需要具有 5—10 年的量化研究投资经验，需要多年优秀的公开产品管理业绩，这不仅包括公募基金的管理业绩，也包括更加重视绝对收益的私募基金产品的管理业绩。尤其重要的是，由于国内 A 股市场与海外市场存在很大的不同，团队一定需要 3—5 年本土化投资经验，这种经验的积累，对于本土化智能投顾产品的开发具有重大的意义。

（2）独具特色的核心量化技术

团队的核心量化技术最好能够独具特色、自成一家。量化的研究方向很多，包括大盘择时、风格轮动、行业配置、主题配置、资产配置、选股策略、套利策略、对冲策略、交易策略、衍生品策略和程序化交易策略等。一家智能投顾公司要想获得成功，必须在某些方面具备行业独特的领先优势和持续开发能力。

（3）强大的数据库

一个好的智能投顾产品离不开强大的数据库作为支撑。这不仅包括宏观经济数据库、交易数据库、一致预期数据库、用户的轨迹数据库、用户的交易记录、上市公司基本面数据库、基金数据库和新闻数据库，还包括深度加工的特色指标数据库，如并购重组数据库、基于交易数据衍生的各类指标数据库、市场温度数据库等。优化整合好这些数据库是智能投顾非常重要的基础设施工程。

有了强大的数据库，就可以开发各类特色化的产品，例如当下备受市场热议的用户画像和推荐系统，就非常需要用户的交易数据库。有了交易数据库，就可以基于用户的历史交易记录进行用户画像，将用户进行更加精准的定位，再结合用户动态数据，从而可以通过推荐系统为用户提供更加个性化的千人千面的服务内容。

（4）强大的金融工程团队

智能投顾产品的核心是算法和策略，这需要一个具备强大金融工程研发能力的研究团队。团队领军人需要具备多年金融工程工作经验和基金管理经验，熟悉择时、选股策略、行业配置、大类资产配置等各个领域的研究，具备前瞻性的金融工程发展视野。一个强大的金融工程团队不仅需要每个成员都有基本的编程能力，团队中有计算机科班出身的团队成员也非常重要，这样的科班人才可以在算法的编写和效率的提升上作出重要的贡献。此外，这样的人才对于诸如机器学习这样的各类前沿计算机发展方向和算法学习会更加敏感,可以带动团队的整体提升。

此外,团队中具备物理学等背景的人才也非常重要。金融与物理密不可分,现在物理金融学已经作为一门交叉学科得到广泛的发展。可以借鉴统计物理、理论物理、复杂系统理论和非线性科学等学科的诸多理论,如湍流理论、分形理论、逾渗模型、伊辛模型和少数者博弈模型等,来研究金融市场的自组织性等宏观规律,进而对金融市场进行多角度深入剖析。这无疑将拓宽金融工程研究的视野,大大促进金融工程的发展。

(5)强大的人工智能 IT 团队

一个强大的智能投顾离不开强大的、具备人工智能 IT 技术开发能力的团队。近年来,多层神经网络技术和机器学习技术发展迅猛,这些技术和策略开发结合后,如何落地成为产品就成了一个关键环节。一个具备多年 IT 开发经验、具备人工智能算法开发经验、能够与时俱进的团队就显得非常重要了。一个没有良好的人工智能技术学习能力和实践能力的团队,无疑是很难做好智能投顾的开发的。

(6)精通业务的风控团队

优秀的智能投顾需要具备一个精通专业知识和业务流程的风控团队。智能投顾作为一个新兴的行业,不仅需要学习很多新的知识,还需要懂得它与传统金融行业结合后,会在哪些交叉处产生可能的风险,这不仅包括智能产品本身的风险,也包括产品的智能匹配风险、智能交易风险、智能平衡风险等各种与算法及 IT 技术有关的新型风险。这无疑需要一个更加精通人工智能知识和相关法律法规的风控团队。此外,由于多数智能投顾公司尚未获得牌照,如何在现行法规下合规地开展对外合作,也是风控团队的重要工作。

(7)出色的产品业绩

不论 IT 技术如何先进,也不论机器学习理论如何得到使用,出色的产品业绩才是市场竞争力的根本。产品的业绩主要包括收益率以及收益的稳定性,其比较对象主要为权益类市场、债券市场和货币基金。

此外，还要考虑收益情况在时间维度上的变化。智能投顾产品的短期收益可能会受到宏观经济环境的变化影响，而中长期收益情况才是检验其智能调仓能力的关键指标，这也是智能投顾最大的"卖点"之一。

（8）丰富的产品体系

对于金融市场来说，投资者看起来似乎只需要做买入和卖出两个操作即可，但是支撑投资者做买入和卖出操作的维度涉及仓位管理、行业选择、个股选择、买卖时机等一系列要素。投资者的持仓是否健康？投资者属于哪种类型？投资者是否了解自己的操作风格和弱点？这些投资者日常遇到的问题，都需要产品体系的支持。

（9）广大的用户群体

不论什么样的技术，什么样的产品，什么样的服务，最终离不开广大用户的使用和评价，这不仅包括机构用户，更包括众多的个人用户。成功的智能投顾，必然能够获得良好的口碑、受到广大用户青睐。

## 第二部分

# 他山之石,可以攻玉

# 第 3 章
# 十年磨一剑：美国智能投顾的发展历程

智能投顾起源于美国，并在美国达到了令人瞩目的规模。在美国智能投顾行业由新生走向成熟的十余年中，创业型智能投顾平台与传统金融机构先后入局，以 2015 年为界形成了鲜明的两大阶段。2008 年，首家智能投顾平台 Betterment 正式成立，并快速取得了市场的关注。随后，大量创业型智能投顾平台如雨后春笋般涌现，"新式贵族"们凭借着成本低廉、技术领先、身份中立和开放合作等方面的优势大举进军财富管理行业。在觉察到智能投顾领域的广阔市场后，2015 年前后，传统金融机构也纷纷入局，通过收购现有平台或成立自己的智能投顾部门加入竞争。在传统金融机构入局后，智能投顾迎来了真正意义上的飞速发展，整个行业的资产管理规模由 2014 年的 140 亿美元一跃达到了 2016 年的 2 000 亿美元，为 2014 年的近 17 倍。传统金融机构旗下的智能投顾平台在风险控制、客户资源以及与传统金融产品的协同等方面拥有先天优势，给创业型智能投顾平台带来了巨大打击。除了已初具规模的几大创业平台外，其他中小平台或被收购，或艰难生存，甚至被市场淘汰，传统金融机构旗下的智能投顾平台实现了全面反超。更多信息可见图 3.1。

经过十余年的发展,美国的智能投顾市场格局日益清晰,传统金融机构旗下的智能投顾平台后来居上,越来越多的市场份额集中在少数平台手中。未来,差异化优势将成为竞争的关键,各类智能投顾平台有望在市场定位、目标客群、人工参与度、资产类别和风险度量等方面形成自身特色来吸引客户,以求在激烈的竞争中胜出。

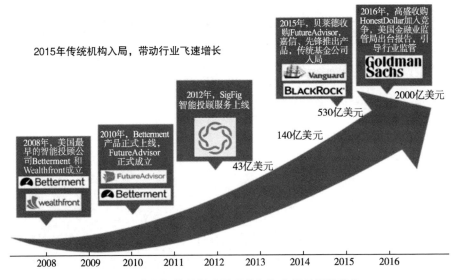

图 3.1　美国智能投顾重要事件与资产管理规模变化

资料来源:慧辰资讯、兴业证券经济与金融研究院。

## 3.1　第一阶段:"创一代"率先出击

### 3.1.1　"新式贵族"的崛起

真正意义上的智能投顾平台起源于 2008 年金融危机爆发后,不过,成立于 2006 年的薄荷网站(Mint.com,以下简称 Mint)已经显现出了智能投顾的雏形。Mint 是由阿伦·帕兹尔(Aaron Patzer)创建的一个免费的、基于网络的美国个人理财工具,它几乎可以连接到所有联网的美国金融机构。

如图 3.2 所示，Mint 通过广告、合作伙伴推介等方式获取用户。经过用户授权后，整合用户所持有的所有财务账户，如信用卡、储蓄卡、投资账户等信息，然后再将这些信息通过后台的智能终端过滤、筛选和分类，最后以一种简明易懂的界面向用户输出。用户可以用 Mint 的自有程序在各个终端上清晰明了地查看自己的所有财务状况，比如跟踪用户在其他平台的投资，并且所有的数据都会进行实时更新，确保用户清晰地知道自己每一笔报酬的来源以及每一笔开销的去处。同时，Mint 还会根据用户的生活方式以及财务目标，对成千上万条有关支票、储蓄、信用卡等的优惠信息进行分析，进而为用户提供一些节省开支或投资获利的建议。如果用户对这些建议感兴趣，Mint 将会向他们推荐一些合作伙伴，并收取一定中介费。

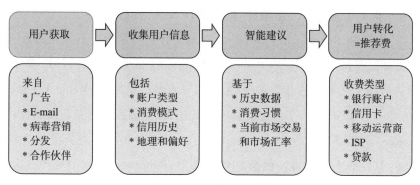

图 3.2 Mint 的商业模式

资料来源：Mint 官网。

Mint 作为个人财务管理软件的成功为未来智能投顾平台的产生铺平了道路，美国的金融行业开始意识到互联网在个人业务的零售领域可以起到强大的作用。既然我们可以将互联网与传统金融模式联合在一起，那么为什么不联合得更彻底些呢？于是，当时还在哥伦比亚商学院就读 MBA 的乔恩·斯坦（Jon Stein）大胆地设想：或许可以将人工智能与传统的人工服务联合在一起，像 Mint 一样通过对用户大数据的分析来获取用户的投资偏好，并为其选出较为合适的投资方案，这样既可以为金融机构节省一大笔的人工费用，也可以为用户减免一定佣金，从而实现双赢。乔恩·斯坦带着自己的美好设想成功拉拢了一群各个领域的翘楚作为合伙人，其中有他在学校里的程序员室友肖恩·欧文（Shawn Owen），以及在商业会议上结识的创业家瑞安·奥沙利文（Ryan O'Sullivan）。

2008年8月，乔恩·斯坦与其合作伙伴一起签署了运营协议，并将未来的公司命名为Betterment，自此，智能投顾的时代正式拉开了帷幕。

2010年5月26日，Betterment创始人乔恩·斯坦带领团队在纽约西区的旧美林大厦举办的TechCrunch Disrupt大会上正式推出Betterment。虽然相较于大会上的其他竞争对手，Betterment几乎没有任何融资，就连几位创始人都放弃了工资无偿为企业运作，但Betterment还是凭借其独特的理念以及开创性的设计成功斩获了Biggest New York Disruptor的称号，并一举成名。大会结束后的短时间内，公司就获得了美国金融业监管局（FINRA）的批准并迎来了最初的400位客户，Betterment由此开始正式运营。之后的五年内，Betterment相继进行了三轮融资，并在2015年成为世界上最大的智能投顾平台。具体来说，Betterment于2010年12月1日进行了300万美元的A轮融资，主要投资者是柏尚投资（Bessemer Venture Partners，BVP）；2012年10月3日进行了1亿美元的B轮融资，主要投资者是门罗风投（Menlo Ventures）；2014年4月15日进行了3亿美元的C轮融资，主要投资者是花旗风投（CitiVenture）。2015年之后，Betterment又在2016年和2017年进行了总共17亿美元的D轮和E轮融资。截至2019年4月，Betterment管理的资产已达164亿美元。

Betterment的主要业务是把马科维茨提出的现代资产组合理论（MPT）及其衍生模型应用到产品中，根据用户的投资倾向和风险偏好，提供个性化的资产配置组合方案（包括基金、股票、期权、债权和房地产资产等）。用户进入Betterment网站后，只需填写一些个人信息（包括投资目的、期限、目标金额、风险偏好等），网站就会根据这些参数给出最佳适配资产分配建议，用户足不出户、无须向任何投资顾问咨询，就可以低门槛、低成本地管理自己的资产。

与Betterment几乎同时创立的智能投顾公司还有FutureAdvisor，这是一家由两位华人于2010年创立的智能投顾公司。创始团队的成员们都曾从事金融与投资工作，因此他们周边的朋友们一直会向他们寻求金融投资建议。他们意识到大多数的朋友都在问同样的问题——我该如何分配我的钱，并在犯同样的错误——购买高额费用的基金。于是他们想到能帮助每个人的最佳方案就是创办一个专注于指数投资的智能投顾软件。为什么FutureAdvisor要专注于指数投资呢？因为历史表明，大多数专业的共同基金经理管理的基金在长期表现方面都无法与指数型基金相提并论，更不要说打败它了。FutureAdvisor成立至今也取得了不错的表现，在2012年接受了红杉资本（Sequoia Capital）200万美元的融资后，2015年被位于美国的全球最大的投资管理集团贝莱德集团（BlackRock）所收购。

除了Betterment与FutureAdvisor，美国还有一家家喻户晓的智能投顾平台Wealthfront（原名为Kaching）。2008年，一家小的投资顾问公司在美国成立，公司取名Kaching。起初，Kaching是社会投资网站，会员在Kaching注册后会得到1 000万美元的虚拟货币，任何股票投资者都可以在该网站开立自己的账户，公布自己选择的股票和投入的金额，随着股市的起伏，他们的真实业绩也都反映出来。其中投资回报率最高的一部分玩家，就引来一大群跟随者。跟随者无须付费就能得到优质的投资信息，赚钱的概率大大提高。2008年12月，Kaching与美国证券交易委员会（SEC）签约，正式成为注册投资咨询顾问公司。会员付给Kaching网站少数业绩优异的投资人一定比例的佣金，平台和投资人分享这些佣金，会员将其股票账户与投资人的投资组合相连，自动跟随投资人进行交易。

2011年12月，Kaching公司更名为Wealthfront，转型为一家在线财富管理公司。其运作模式主要是借助机器模型和技术，为经过调查问卷评估的客户推荐与其风险偏好和风险承受能力匹配的资产投资组合。这样投资的优势包括：避免客户与投资顾问之间的利益冲突，减少客户投资理财的成本支出、通过多元化投资组合提高投资人收益。更名为Wealthfront三年之后，智能投顾迎来了爆发性增长，Wealthfront也迎来了资本的青睐，2014年的4月、11月和2018年的1月，Wealthfront分别获得3.5亿美元、6.4亿美元和7.5亿美元的融资。2015年1月，Wealthfront的资产管理规模仅为18.3亿美元，而到2016年2月底，规模已经接近30亿美元。Wealthfront最低投资门槛只有500美元，平台借助计算机模型和技术，为客户定制包括股票配置、股票期权操作、债券配置、房地产资产配置等在内的业务，其客户包括Facebook、

Skype、LinkedIn 等硅谷知名高科技公司的员工。目前，Wealthfront 已发展成美国两大智能投顾平台之一（另一家是 Betterment）。

另外，Personal Capital 的快速扩张也令人瞩目。Personal Capital 成立于 2009 年 7 月，公司面向可投资资产为 10 万—200 万美元的中产阶层，为他们提供费用低廉的一站式整合型投资理财平台。截至目前，Personal Capital 已进行了 6 轮融资，总融资金额 1.753 亿美元，平台上跟踪的资金超过 2 260 亿美元，有 100 万名注册用户。与 Betterment 和 Wealthfront 主要通过投顾机器人自动提供投顾理财服务不同，Personal Capital 主要提供免费的在线理财分析工具和收费的专职理财顾问服务两项服务。其中，免费的在线理财分析工具是指该平台通过自动化算法为投资者分析资产配置情况、现金流量情况以及投资费用，帮助投资者清晰了解自身的财务状况，找出投资者资产配置组合中的潜在风险和不合理的投资费用，建立更加合适的投资组合。收费的专职理财顾问服务的团队由有着多年成功管理数十亿美元资产组合经验的分析师组成。投资顾问向一些资产达到 10 万美元的客户发出私人投资理财顾问服务的邀请，并通过电话、视频、邮件、面对面等方式提供投资顾问服务，分析师根据投资者风险偏好，提供个性化的投资组合计划和投资策略。

SigFig 上线于 2012 年 5 月，主要做投资组合追踪工具，帮助用户诊断现有投资账户的问题，如不尽如人意的收益、昂贵的费用等，再给出解决方案。此外，SigFig 还利用机器来根据市场波动自动调整用户的投资组合，用户赚得的分红也会被机器自动再投资。SigFig 起投资金为 2 000 美元，用户还可享受 10 000 美元的免费投资额度。

除了上述智能投顾平台，美国还有 Asset Builder、Blooom、Wisebanyan、Ture Wealth、Covestor、Motif Investing、Hedgeable、Market Riders、LearnVest、Ellevest 等创业型的智能投顾平台，它们的风格、定位、模式不一，在智能投顾领域展开了差异化竞争。这是美国智能投顾市场创业活跃的表现，也是其发展趋于成熟的一个佐证。那么，究竟是什么成就了这一群美国财富管理市场的"新贵"呢？

## 3.1.2 科技的引擎

新兴创业型智能投顾平台的发展得益于金融科技的助力,大数据、云计算、人工智能、区块链等前沿科技的应用为"创一代"们提供了坚实的技术基础。金融科技的关键是金融和科技的相互融合,技术突破是金融科技发展的原动力。结合信息技术对金融的推动和变革,我们可以将金融科技的发展分为以下三个阶段。

(1) 金融科技 1.0 阶段

金融科技 1.0 阶段又可称作传统金融科技(Classical Fintech)阶段,它主要是指金融行业通过传统的 IT 软硬件来实现办公和业务的电子化,提高金融行业的业务效率。IT 公司并不参与金融公司的业务环节,而 IT 系统在金融公司体系内属于成本部门。这一阶段的代表性产品包括 ATM、POS 机、银行的核心交易系统、信贷系统、清算系统等。金融科技 1.0 阶段的特点表现为以使用 IT 技术为主、自上而下推动以及数据封闭,科技领先并不能给传统的金融机构带来大幅的领先优势。这个阶段,金融科技所衍生出来的代表产业是网上银行。

网上银行又称网络银行、在线银行或电子银行,它是各银行在互联网中设立的虚拟柜台,银行利用网络技术,通过互联网向客户提供开户、销户、查询、对账、行内转账、跨行转账、信贷、网上证券、投资理财等传统服务项目,使客户足不出户就能够安全、便捷地管理活期和定期存款、支票、信用卡及个人投资等。在这个阶段,传统银行的 IT 部门通常较少独立开展软件产品(如网上银行系统)开发业务,而是大多会与专业的软件厂商进行合作开发,以提高管理及开发效率。在二者的合作过程中,银行 IT 部门通常负责项目监督、进程跟踪及业务开展情况的检查,软件供应商的业务团队通常按照银行的各项要求或合同约定的开发目标负责实施项目各环节的具体开发工作及技术服务工作。

## （2）金融科技 2.0 阶段

金融科技 2.0 阶段又可称作社会化的金融科技（Social Fintech）阶段。在这个阶段，金融业搭建在线业务平台，通过互联网或移动终端渠道汇集海量用户，实现金融业务中资产端、交易端、支付端、资金端等任意组合的互联互通，达到信息共享和业务撮合，其本质是对传统金融渠道的变革，代表性业务包括互联网基金销售、P2P 借贷、互联网保险、移动支付等。随着移动互联网金融的快速发展，手机成为人体的另一个"器官"，它降低了交易成本，让不用面签放款成为可能。云计算大大降低了企业创立的成本，其运算的弹性也让流量峰值算力与常备算力所需的花费大大降低，有效扩展了互联网金融企业及上下游服务企业的服务能力，让业务成指数级增长成为可能。金融科技 2.0 阶段的特点表现为互联网金融机构引领科技潮流，传统金融机构选择性跟进，自下而上推动（许多互联网金融机构管理十分扁平化）。由于为多家企业服务，一批打通数据壁垒的优秀第三方服务公司相继出现，当然业务"井喷"之后也出现了一定的乱象，该阶段整体监管环境较为宽松。这个阶段，金融科技所衍生出来的代表产业是移动支付。

移动支付是指利用移动客户端来进行电子货币支付，移动支付将互联网、终端设备、金融机构有效地联合起来，形成了一个新型的支付体系。移动支付开创了新的支付方式，使电子货币开始普及。在这个阶段，云计算的发展和大数据风控的应用为移动支付提供了强有力的支持。具体而言，云计算可以将存储和计算从移动通信终端转移到云服务器，减少移动通信设备的信息处理负担，保障了移动支付的效率。大数据风控技术基于大量风险数据和强大的机器学习技术，建立精准风控模型，通过事前预测、事中监测预警和事后关联分析，全程实时监测业务潜在威胁，精准识别资金风险以及套现、盗卡、盗号、钓鱼支付等行为，保护用户财产安全。

## （3）金融科技 3.0 阶段

随着金融科技的深入发展，目前我们已经进入了金融科技 3.0 阶段。金融科技 3.0 阶段又可称作智能化金融科技（Intelligent Fintech）阶段，也就是金融业与大数据、云计算、人工智能、区块链等前沿科技逐步融合的阶段。在这个阶段，金融业通过上述前沿 IT 技术，改变了传统的信息采集来源、风险定价模型、投资决策过程、信用中介角色等，大幅提升了传统金融的效率。在这样的背景下，真正意义上的智能投顾应运而生并蓬勃发展。

云计算、大数据、人工智能、区块链等新一代信息技术赋能金融行业，持续推动金融科技应用、创新、变革。第一，云计算是金融行业的基础设施之一，可大幅降低数据运营成本，其价值体现在成本压缩、高可靠性、高扩展性、运维自动化等方面。第二，大数据能够提供数据集成、数据存储、数据计算和数据分析等功能，可提升决策效率、强化数据资产管理能力、实现精准营销、增强风控管理等。第三，人工智能运用于金融领域，能够通过机器学习技术自动优化资产配置模型，自动调整投资策略，在规避非理性选择、防范非系统性风险和获取确定性收益方面更具比较优势。第四，区块链逐步从概念走向应用，有利于重构信用机制，助力个人隐私保护，甚至有望重塑金融行业的发展模式。

从基础设施到顶层决策，全流程科技的应用使得金融行业大规模场景下的自动化和精细化运行成为可能，为智能投顾提供了快速发展的引擎。在这一背景下，新兴创业型智能投顾平台率先出击，迅速成为财富管理领域的"新贵"，也标志着财富管理行业进入了一个新时代。

### 3.1.3 "创一代"的优势

新兴创业型智能投顾平台，由于精准迎合了用户需求的痛点，并赶上了金融科技发展的风口，因此，一经推出就获得了市场的密切关注，率先占领了智能投顾领域的市场。那么，和传统财富管理机构及由这些机构开设的智能投顾平台相比，新兴创业型智能投顾平台究竟有什么优势呢？

（1）低门槛、用户面广

传统财富管理公司的门槛非常高。国内外私人银行服务的对象一般都是富人阶层的高净值人士，要求客户拥有的可投资净资产在 100 万美元以上,摩根大通(J. P. Morgan)近年来甚至把服务门槛从 500 万美元提高到了 1 000 万美元,让大量的中产阶级投资者望而却步。作为新生事物,Wealthfront、Betterment 等智能投顾平台之所以能快速获得美国人的认同和积极参与,一个重要原因就在于它们的低门槛特性(具体可见表 3.1)。总体而言,大多数新兴创业型智能投顾平台的投资门槛集中在 500—2 000 美元,不少平台的投资门槛甚至为零。

2015 年左右,传统金融机构看到了智能投顾的广大市场后,也纷纷通过自建或并购方式推出自己的智能投顾平台。但是由于定位或成本原因,传统机构旗下的智能投顾平台的投资门槛也普遍高于新兴智能投顾平台,如 FutureAdvisor(贝莱德集团旗下)的投资门槛为 5 000 美元,VPAS(先锋集团旗下)的投资门槛为 5 万美元。

表 3.1　美国主要的智能投顾平台投资门槛

| 平台类别 | 平台名称 | 投资门槛(美元) |
| --- | --- | --- |
| 创业型智能投顾平台 | Betterment | 0 |
| | Wealthfront | 500 |
| | Hedgeable | 1 |
| | Ellevest | 0 |
| | SigFig | 2 000 |
| 传统财富管理机构的智能投顾平台(产品) | FutureAdvisor(贝莱德集团旗下) | 5 000 |
| | SIP(嘉信理财旗下) | 5 000 |
| | SIA(嘉信理财旗下) | 25 000 |
| | VPAS(先锋集团旗下) | 50 000 |

资料来源:作者根据各公司官网资料整理得到。

此外,创业型智能投顾平台提供避税服务的门槛也较低。投资亏损避税策略是智能投顾平台的卖点之一。投资亏损避税即将当期亏损的证券卖出,用已经确认的损失来抵扣所获投资收益的应交税款(主要是资本利得税),投资者可以将这些节省的税款再投资,从而使得税后收入最大化。Betterment、Wealthfront 等智能投顾平台对所有用户都提供避税服务,且不收取佣金或其他费用,而传统金融机构旗下的智能投顾平台提供该项服务的门槛往往较高,如嘉信理财旗下的 SIP 平台仅对超过 5 万美元的应税账户提供投资亏损避税服务。

在费率方面,两种智能投顾平台总体较为接近,基本都在 0.5% 以下,远低于传统金融机构 1% 的平均水平(具体可见表 3.2)。在小额理财方面,新兴智能投顾平台的费率略占优势。

表 3.2  美国主要的智能投顾平台年费率

| 平台名称 | 投资金额(美元) | 年费率(%) |
| --- | --- | --- |
| Betterment | 0 | 0.25 |
| Wealthfront | 500—10 000 | 0.00 |
| | 高于 10 000 | 0.25 |
| VPAS | 5 万—500 万 | 0.30 |
| | 500 万—1 000 万 | 0.20 |
| | 1 000 万—2 500 万 | 0.10 |
| | 高于 2 500 万 | 0.05 |
| SIP | 高于 5 000 | 0.00 |
| SIA | 高于 5 万 | 0.28 |
| FutureAdvisor | 高于 5 000 | 0.50 |
| Personal Capital | 10 万—100 万 | 0.89 |
| | 100 万—300 万 | 0.79 |
| | 300 万—500 万 | 0.69 |
| | 500 万—1 000 万 | 0.54 |
| | 高于 1 000 万 | 0.49 |
| AssetBuilder | 5 万—25 万 | 0.45 |
| | 25 万—60 万 | 0.43 |
| | 60 万—100 万 | 0.40 |
| | 100 万—400 万 | 0.30 |
| | 400 万—2 000 万 | 0.25 |
| | 高于 2 000 万 | 0.20 |

(续表)

| 平台名称 | 投资金额(美元) | 年费率(%) |
| --- | --- | --- |
| Trizic | 低于1 000万 | 0.10 |
| | 1 000万—2 500万 | 0.09 |
| | 2 500万—5 000万 | 0.08 |
| | 5 000万—7 500万 | 0.07 |
| | 7 500万—1亿 | 0.06 |
| | 高于1亿 | 0.05 |

资料来源：作者根据各公司官网资料整理得到。

但不得不承认的是，即使目前这些新兴的智能投顾平台在门槛和费率方面具备一定优势，但从长远来看，这份优势并不那么稳固。在未来普遍采用被动投资策略的情况下，智能投顾平台间的收益率差异会进一步缩小。一旦传统金融机构旗下的智能投顾平台开始降低门槛和费率，新兴智能投顾平台在这方面的优势将会荡然无存。"创一代"们想要在智能投顾市场站稳脚跟，还需从更长远的角度来打造自己的核心竞争力。

(2) 以技术见长，优化用户体验

科技巨头公司可以通过大数据精准挖掘用户信息，得到"用户画像"，根据适当性原则为用户筛选出符合其风险偏好和风险承担能力的投资产品，大大降低信息收集成本，并提高客户信息的真实度和精确度。创业型的智能投顾公司一般都是金融科技公司起家，带着与生俱来的科技基因，因此，在用户画像、算法优化、人工智能等技术方面往往会领先传统金融机构一大步。同时，由于创业型的智能投顾公司规模较小，职能机构精简，可以更为迅速地嗅察到科技的进步和迭代，及时进行产品更新。

此外，由于传统金融机构通常存在"二八定律"，即占比20%左右的高端客户贡献了80%左右的盈利，所以传统金融机构会把80%的服务重心都放在这20%的高端客户上，剩下占绝大多数的普通客户，往往得不到优质的投资服务。传统金融机构旗下的智能投顾平台也受到这种"潜规则"的影响，对于尾部客户提供的服务一般都打了折扣。而创业型智能投顾平台本来就将其市场定位瞄准了广大"长尾客户",因此,普通投资者也可以享受到较为优质的服务。

(3)身份中立

与嘉信理财、先锋集团这类传统金融机构旗下的智能投顾平台(产品)不同,新兴的创业型智能投顾平台并不拥有它们所推荐的任何基金,而只是独立的第三方平台,这意味着它们会更为中立地从客户利益出发来寻找最佳的投资组合。

(4)开放合作

新兴智能投顾平台可以向一些传统金融巨头提供白标方案和软件平台,例如摩根大通和高盛集团积极投资 Motif Investing,富国基金(Fullgoal Fund)则已与 Betterment 展开战略合作。未来,Wealthfront、Betterment 等具有一定细分市场先入优势及技术能力的平台,有望通过自身产品服务的创新及风险投资的支持继续保持一定市场份额,并通过与传统金融机构的开放合作,借助大型金融机构的品牌效应、研发优势和产品资源,给投资者提供更便利、高效的服务。

## 3.2 第二阶段:"富二代"后来居上

### 3.2.1 "老牌贵族"的反超

基于金融科技的智能投顾创业公司给美国传统财富管理机构带来了很大的挑战,也让这些传统机构看到了财富冰山的一角。为了不落后于新时代的潮流,传统财富管理机构纷纷通过成立自己的智能投顾部门或收购现有智能投顾创业平台,涉足智能投顾领域。

在 Betterment 和 Wealthfront 等线上智能投顾平台领跑数年之后的 2015 年,全球第二大资产管理公司先锋集团推出智能投顾平台 Vanguard Personal

Advisor Services(VPAS),揭开了传统财富管理机构入局智能投顾市场的大戏之幕。VPAS 根据初步调查结果,按照个性化要求制定合适的财务计划,并从先锋基金现有产品中选择基金和 ETFs 组成资产配置组合。

2015 年 3 月,有着 30 年个人金融服务历史的美国老牌资产管理机构嘉信理财上线 Schwab Intelligent Portfolios(SIP)服务,该服务基于现代投资组合理论,通过构建差异化的 ETFs 组合,帮助资金偏少的投资者实现全球资产配置。SIP 服务上线不到 3 个月,就吸引了 24 亿美元投资(创业型智能投顾平台 Betterment 做到这个规模,差不多用了 4 年时间)以及 3.3 万名客户,目前该项服务资产管理规模已经超过 40 亿美元。

2015 年 8 月,全球最大的资产管理公司贝莱德集团收购了在线智能投顾平台 FutureAdvisor。2016 年 3 月,高盛收购线上退休账户理财平台 Honest Dollar。Honest Dollar 的主要定位是帮助小型企业以更廉价、更轻松的方式向职员提供退休福利,减少大型退休计划提供商难以负担的隐含费用,其目标客户是 4 500 万名无法获得雇主发起的"退休计划"的美国人。

在经过近两年的试水后,2017 年 3 月 14 日,嘉信理财又推出了一项名为 Schwab Intelligent Advisory(SIA)的新业务,该业务综合了人工理财顾问服务和自动化智能投顾服务。借助平台的智能算法模型,投资者可通过量身定制的投资和财富管理方案,随时获得理财顾问的专业建议和基于 ETFs 的投资组合建议。SIA 目前只服务于投资总额不低于 25 000 美元的投资者,收取总资产的 0.28% 作为服务费,每季收费不超过 900 美元。

贝莱德集团、先锋集团和嘉信理财出击智能投顾市场,至少发出了两个强烈的信号:一是智能投顾代表着一种未来的趋势,必须提前布局;二是智能投顾可能会对传统财富管理格局带来比较大的冲击,必须防患于未然。它们的示范效应非常明显,进入 2017 年,美国传统资产管理机构加速布局,富国银行(Wells Fargo)、美林证券(Merrill Lynch)等传统巨头陆续进军智能投顾业务:

2017 年 1 月,瑞杰金融公司(Raymond James Financial)上线智能投顾平台 Connected Advisor。

2017 年 2 月,美林证券上线智能投顾平台 Merrill Edge Guided Investing。

2017年3月,富国银行对外宣布,将于下半年上线智能投顾平台 Intuitive Investor,目标客户为该行"千禧一代"的存量客户群。

……

2015年至今是美国智能投顾市场的第二个发展阶段。在这个阶段,传统金融公司已后来居上,成为"主角"。近年来,美国智能投顾行业集中度不断提升。根据兴业证券2019年6月发布的报告《智能投顾:技术为镐,蓝海掘金》,截至2018年,美国已有超过200家公司推出智能投顾产品,而前五大智能投顾公司(或产品)则占据了超过40%以上的市场份额。

据德国统计公司 Statista 于2017年2月发布的数据(如图3.3所示),先锋集团旗下的 VPAS 的资产管理规模达470亿美元,排名第一,嘉信理财旗下的 SIP 位列第二,资产管理规模达102亿美元,二者合计占美国智能投顾资管总规模的75.8%。最早的智能投顾创业平台 Betterment 托管资产为74亿美元,位列第三。从公众认知度上看,知道 VPAS 和 SIP 的普通民众比例达50%左右,远高于其他平台。虽然出道晚,但仅用了三四年时间,传统财富管理机构开设的智能投顾平台(或产品)就已经反超了新型创业智能投顾平台,Betterment、Wealthfront 等先行者已处于下风。

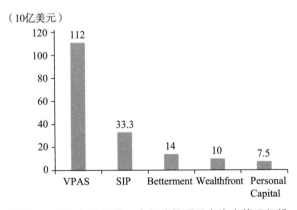

图3.3　2018年美国前五大智能投顾平台资产管理规模

资料来源:Robo-Advisor Pros、兴业证券经济与金融研究院。

那么,传统金融机构旗下的智能投顾平台又是怎么在短时间内实现迅速反超的呢?

### 3.2.2 巨人的肩膀

美国拥有一大批全球资产规模最大的资管公司,包括先锋集团、贝莱德集团等。据统计,从 1995 年到 2012 年,美国市场规模最大的 5 家资产管理公司的市场份额从 34% 提高到了 40%,排名前 25 的资产管理公司的市场份额合计达到 73%。与初出茅庐的创业型智能投顾平台不同,这些老牌的资管公司投资经验丰富、品牌认可度高、客户资源充足,且拥有丰富的产品线。因此,这些传统金融机构旗下的智能投顾公司可谓是"含着金汤匙出生"。在进一步分析这些"富二代"的优势之前,让我们先来听一听他们"父辈"的故事。

(1) 贝莱德集团

贝莱德是美国的投资管理公司,总部设于美国纽约市,并在全球 26 个国家中设立了 74 个办事处,客户遍及 60 个国家。主要业务是为客户提供投资管理、风险管理及财务咨询服务。旗下知名基金包括贝莱德环球资产配置基金、贝莱德世界矿业基金、贝莱德拉丁美洲基金、贝莱德新兴欧洲基金、贝莱德世界能源基金及贝莱德新能源基金等。

1988 年,贝莱德由前按揭债券交易员劳伦斯·芬克(Laurence Fink)创立,那时的贝莱德曾是黑石集团(Blackstone)的金融资产管理部门。1999 年,贝莱德通过首次公开发售股份在纽约证券交易所上市。2006 年 10 月,贝莱德与美林投资管理公司(Merrill Lynch Investment Managers,MLIM)合并成立贝莱德集团。2009 年 6 月 12 日,巴克莱银行以 135 亿美元(约 918 亿元人民币)的价格将旗下资产管理部门巴克莱国际投资管理(Barclays Global Investors,BGI)出售给贝莱德。贝莱德以 66 亿美元现金加价值 69 亿美元的 3 780 万股普通股的方式,以总价 135 亿美元完成收购,约占贝莱德合并后 19.9% 的权益。BGI 曾是全球最大的资产管理公司,资产规模达 1.5 万亿美元,贝莱德则管理着约 1.3 万亿美元资产。并购完成后,贝莱德集团管理的资产超过 2.7 万亿美元,成为全球最大的资产管理公司。

BGI 以买卖追踪指数(Index Tracking)产品闻名,旗下王牌业务安硕(iShares)在 ETFs 市场的占有率接近五成。2000 年,芬克将自己的分析师团队分离出来,组建了贝莱德解决方案公司(BlackRock Solutions),随后开发出了一个名为"阿拉丁"(Aladdin)的风险管理系统。阿拉丁共有五大功能,分别为:①组合与风险分析,即为客户提供每日风险评估报告、盘前分析,以及交易和资金分配模型;②交易执行功能,即为客户进行订单管理、交易指令执行,并提供实时风险和现金报告;③风险管理与控制,即对资产实行全面监控、每日风险敞口限值监控、VAR 分析、跟踪误差、压力测试等;④数据管理与监控,即对数据进行保密管理、交易确认和日志管理;⑤组合管理,即对现金和仓位进行对账,对组合的表现进行业绩归因,对净资产进行估值计算。

阿拉丁的强大之处在于能够为投资者的资产组合定制特定的风险情景。每个投资者都可以通过阿拉丁了解各自投资组合的特性,并根据需要进行调整,包括模拟某种市场情况或历史情景,以此得出在这些情况发生时投资组合的风险和收益变化。比如,投资者可以模拟"自然灾害""英国脱欧""美联储加息",甚至"朝核危机爆发"等情况,并进一步观测投资组合会有怎样的表现。又比如,投资者若是持有新兴市场债券、股票和货币资产,又想要了解黄金价格上涨会对自己持有的这些新兴市场资产带来什么影响,就可以利用阿拉丁模拟黄金价格上涨的情况。阿拉丁基于其数据储存中心里大量可靠的历史数据,将预测细化到每一天。它会根据大量的统计数据分析各种资产之间的相关性,进而运用蒙特卡洛法则模拟金融市场可能出现的情况,并且为投资者的每一项资产、每一只股票给出可能存在的风险情景,以及在风险情景下的走势。例如,若某一投资者持有大量债券,阿拉丁就会给出未来利率上升或下降时债券的走势以及债券对手方破产带来的影响。不仅如此,阿拉丁还会根据模拟出的特定情景,给出资产组合中不同资产之间相关性的变化,由此可以十分有效地帮助基金经理未雨绸缪,在风险爆发前就进行组合优化构建,并在风险来临时及时地进行风险控制。

根据《经济学人》2015 年的报道,阿拉丁这个位于华盛顿州的数据中心,每天有 6 000 台电脑日夜运作,替 170 多家银行、保险公司、主权投资者等投资机构分析可能带来损失的风险。阿拉丁官网的公开资料显示,截至 2017

年6月30日,全球有大约25 000个机构投资者依靠阿拉丁平台作出投资决策,并有超过1 000名开发人员对系统进行持续的优化。贝莱德运行着一个数据和分析仓库,拥有超过600名专家针对质量控制和分析体系的创建进行研究,并涵盖了不同资产类别的投资过程。截至2019年6月30日,贝莱德聘请了约1.4万名专业人士,其资产管理规模已经达到6.84万亿美元(约合50万亿元人民币),资管范围涵盖股票、固定收益投资、现金管理、替代性投资、不动产及咨询策略等。

(2)先锋集团

先锋集团是一家美国注册投资顾问公司,总部位于宾夕法尼亚州,管理资产超过5.3万亿美元,是全球最大的共同基金提供商和全球第二大ETFs提供商。除共同基金和ETFs外,先锋集团还提供经纪服务、可变和固定年金、教育账户服务、财务规划、资产管理和信托服务。

1974年,约翰·鲍格尔(John Bogle)离开惠灵顿(Wellington)资产管理公司之后,将自己在大学时理想中的基金公司付诸实践,创建了一家将投资者利益放在第一位的独立的基金公司,这就是现在众所周知的先锋集团。先锋集团建立在一个简单但具有革命性的想法上——共同基金公司不应该拥有外部所有者。约翰·鲍格尔将先锋集团定位为"为客户所有的共同基金公司,没有外部所有者寻求利润的基金公司"。在这一框架下,公司的领导团队和工作人员将客户放在其所有决策考虑的首位,并不断降低投资成本,因此先锋集团被广泛认为是低成本投资的领导者,并且是所有投资者利益的坚定倡导者。

集团的名字"先锋",是根据历史上尼罗河战役中打败拿破仑法国战队的英国将军纳尔逊勋爵(Lord Nelson)指挥舰队中的旗舰战船"先锋号"命名的。"先锋号"的模型就陈列在先锋集团位于宾夕法尼亚州Valley Forge的总部大楼的入口处,象征着其旗舰精神。而先锋集团的各幢大楼也是根据战役中的其他战舰命名的,例如特修斯号(Theseus)、亚历山大号(Alexander)和宏伟号(Majestic),公司中的雇员也以船员相称。

与"先锋号"一样,先锋集团在美国共同基金业的发展中也处处体现领先者的风范。1976年,集团成立的第二年,先锋集团推出第一只指数基金——先锋500指数基金,此基金现已发展成全球规模最大的指数基金。一年后,先锋集团在客户服务方面作出令业界震惊的革新:取消外包的中间销售商和基金的销售费用。1981年,先锋集团第三次采取革命性的创举,采用内部的投资管理团队管理大部分固定收益资产,改变了原先完全依赖外部基金经理的局面。

先锋集团是最早的指数化投资倡导者和实践者。其投资哲学主要体现在谨慎、着眼于长期收益和清楚界定投资目标三个方面。先锋集团声称,无论金融市场怎么变化,先锋集团都将一如既往地坚持既定的方针,对每个基金进行密切监控以保证基金的选择和投资目标保持一致。坚持合理的低费率一直是先锋集团的原则。根据晨星公司(Morningstar)的统计,先锋集团旗下股票基金的平均营运费率约为0.27%,远远低于其他基金公司的水平。

与大部分上市的基金公司或私人拥有的基金公司不同,先锋集团是持有者所有(Client-owned)。先锋集团会将规模经济的净利润惠及股东,以较低成本的形式为股东提供资金。这种安排类似于信用合作社或传统的互助保险公司,销售佣金被取消,运营费用保持在较低水平。这种独特的组织结构将基金利益与投资者利益紧密连接在一起,因此,先锋集团在维护投资者利益方面不遗余力,例如始终不渝地保持低费率。

站在巨人的肩膀上,传统金融机构旗下的智能投顾平台登高望远、后来居上,迅速赶超了先入局的创业平台,并且牢牢占据了智能投顾市场的领先地位。俗话说,"大树底下好乘凉",那么,传统金融机构究竟能为他们旗下的智能投顾平台带来哪些优势呢?

### 3.2.3 "富二代"的优势

(1) 强大的风控能力

传统金融机构旗下的智能投顾平台往往具备更完善的风控体系。美国的大型金融集团一般都有非常完善的风控部门架构及风控计划,这类金融集团旗下的智能投顾平台也从中受益。就法律风控来说,以摩根大通银行和花旗集团（Citigroup）为代表的财团就有专门的法律部，这大大降低了它们旗下智能投顾平台的合规风险。

① 摩根大通银行

法律部在摩根大通银行的公司架构中居于重要位置，负责管理整个摩根大通银行的法律风险。法律部的主要职责包括为公司重大决策进行合法性审核、为各业务条线提供高质量的法律支持、负责外聘律师的选聘与管理等。

摩根大通银行非常重视法律部的作用，法律部的负责人通常都是董事会的成员，参与银行的重大决策。摩根大通银行还根据业务条线配备法律部工作岗位，不同的律师支持不同的业务条线，各律师的工作内容互不交叉，以保证专人专用，业务精熟。各业务条线的律师分别向各自的上级汇报工作，如果在某一区域没有就某一业务条线设置区域法务主管，则该区域的律师将直接向美国或欧洲负责该业务条线的上级律师汇报。

摩根大通银行法律部在风险防控体系中发挥着重要且不可替代的作用。为确保法律部独立发表意见，避免因受制于业务条线而影响法律部工作机制的独立性，摩根大通银行为法律部设计了独立的报告与考评路径，即各业务条线的律师只向其上级法务主管汇报工作，其考评也由上级法务主管作出，不受所在分行人力资源部或其他部门意见的影响。这种相对独立的报告与考评路径，使法律部在与业务条线紧密配合的同时又能独立发表意见，不仅促进了业务的发展，还维护了法律部的独立性。

为了保证法律部人员及相关员工能够及时准确地理解最新法律法规，法律部会定期对员工进行"法律继续教育"，他们把根据最新法律法规编制的试题公布在网站上，法律部人员与相关部门的员工一起作出试题答案，并对员工提出的疑难问题进行集中答疑，从而增强员工的法律意识，提高员工识别法律风险的能力与水平。

② 花旗集团

花旗集团的法律部承担着为其五大业务板块提供法律支持的职责，并对集团的重大决策进行合法性审核，此外，法律部的主要职责还包括非格式合同的审查以及外聘律师的选聘与管理等。花旗集团法律部按照业务条线配备内部律师，并明确规定了集团内部法律事务的报告路径。

花旗集团很重视规范非格式文本的审查。集团对每一种业务或产品基本上均草拟了格式文本或示范文本。如果交易对手提出使用对方的版本或对花旗集团的格式文本进行修改，则需要送交负责该业务条线的法律部律师审核，由其对修改条款进行审查并作出风险提示，业务条线根据法律部的意见将修改事项报请有权审批人，审批人决定是否接受相关条款。

此外，花旗集团也注重新法律问题的研究与解决。在遇到新的法律问题时，区域法务主管会组织负责该业务条线的法律部人员召开磋商会议，讨论新问题的处理方式，并结合具体情况对格式文本进行修改。此外，如果集团法务主管认为某事项或某条款存在风险，其通常会采取向各区域法务主管派发调查问卷的方式了解各地域法律对相关问题的规定，并根据反馈情况选择对集团最有利的条款或法律风险最低的条款。

花旗集团还重视并强调外聘律师在防范法律风险中的作用。对具有一定代表性或具有深远影响的项目或产品，法律部通常都会建议业务部门外聘律师审查协议文本并对其出具适用法律项下的法律意见书。花旗集团的法律部在各地都备有一份合作律师事务所名录，并每年结合具体工作情况对名录上的律师事务所进行评估与复核，确保合作律师事务所具有较高业务水准与业内声誉。

(2) 客户资源雄厚，知名度与安全性高

不同于创业公司，用户基础与线下门店能大大降低传统金融机构开展智能投顾业务的获客成本，而且由于其在金融业的主导地位，传统金融机构在金融科技 1.0 阶段就已经开始在电子系统内积累大量用户数据。根据这些数据，它们能更好地根据个人投资者的收入、年龄、性别、心理特征等因素，识别用户的风险偏好及变化轨迹，为不同的用户跟踪调整不同的资产配置方案。

此外，传统金融机构旗下的智能投顾平台资本雄厚，拥有更多的试错机会，抗风险能力强。传统机构所开设的智能投顾平台可以依托母公司雄厚的资本实力，在前期投入更多研发经费与营销经费，快速抢占市场并研发新产品，并且可以较为轻易地获得融资，不必看"金主"们的脸色行事。对它们来说,短期的试错不会是致命性的,因此它们在发展中也更放得开手脚,能够大胆尝试新的模式、把握住新的机会。

(3) 传统产品和智能投顾形成协同

在指数基金和资产配置策略方面,互联网金融企业和专业资管之间实力并不对等。比如,在 SIP 的 54 只标的 ETFs 中,有 22 只是嘉信理财自己的 ETFs 基金产品;先锋基金是指数基金的缔造者,其在这类资产配置方面的经验无法被复制。此外,传统金融机构拥有一大批优秀的人工投资顾问,他们的经验可以与机器算法互为补充,提高资产管理的水平,再加上客户基数和市场认可度的优势,嘉信理财、先锋集团等传统资产管理公司旗下的智能投顾平台实现了"后发先至"。

总而言之,传统金融机构在智能投顾领域的布局具有与生俱来的优势。在传统金融公司发力后,智能投顾领域的行业集中度提升。如图 3.4 所示,从 2015 年开始,在传统金融公司发力后,Wealthfront 和 Betterment 的资管规模增速大幅下降,智能投顾行业的市场集中度提升。先锋集团用一年就实现了 Wealthfront 经营近 10 年所达成的资产管理规模的 10 倍,截至 2018 年 8 月,先锋集团私人顾问服务所管理的金额规模达 1 120 亿美元,SIP 位列第二,资产管理规模达 333 亿美元;同时,从公众认知度上看,知晓 VPAS 和 SIP 智能投顾的普通民众比例达 50%左右,远高于其他平台。未来,众多小型的平台将面临被市场淘汰的危机,市场集中度也会进一步提升。

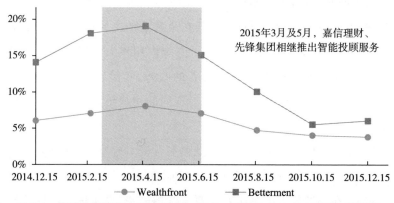

图 3.4 传统金融机构入局前后 Wealthfront 与 Betterment 资管规模增速
资料来源:兴业证券经济与金融研究院。

## 3.3 百舸争流，百花齐放

智能投顾行业在经历了两个阶段的发展后，已越过了生命周期曲线的爆发成长期，逐渐趋于成熟与完善。在这个阶段，挖掘新增长动力的关键落在了差异化竞争上。在对美国智能投顾行业的发展历程进行分析和总结的过程中，我们发现美国智能投顾市场中有一个显著的特点，就是差异化竞争。"百舸争流千帆竞，乘风破浪正远航"，这也是美国智能投顾行业逐渐成熟却依旧充满活力的重要原因。

### 3.3.1 市场定位不同

在市场定位方面，Wealthfront等平台主要面向个人用户（Consumer User，以下简称C端），Jemstep、Trizic和FutureAdvisor等平台主要面向企业用户（Business User，以下简称B端），而Betterment等平台则同时开展两端业务。

B2C智能投顾平台提供的是全流程服务，包括平台搭建、产品研发、智能投顾引擎开发、市场营销、获客、投资组合配置、交易执行、再平衡、市场监控、政策合规和政府公关等，业务线非常长，费时费力，成本高昂，绝非一般创业团队能够做到。因此，目前美国市场上在C端业务方面做得较为成功的公司主要有两类：其一是Wealthfront等智能投顾领域的先锋军，由于"先入为主"的优势，它们率先抢占了一定市场份额，且在C端业务方面积累了一定经验，与新入局的创业公司相比，其在客户画像和风险评估方面的能力较强；其二就是老牌金融机构所推出的智能投顾平台或产品，由于前期客户基础雄厚，获客成本较低，这类智能投顾平台更易于占领市场，其良好的营销、风控基础也使得投入成本进一步降低。

B2B智能投顾平台主要面向财务顾问或机构客户。智能投顾与B端的合作方式主要有两类：第一类是纯技术服务供应商，只提供完整的技术体系和配套解决方案，如Trizic平台，主要服务于B端的专业机构和投资顾问，本质是通过输出智能投顾技术提供智能投顾解决方案;第二类是与 B 端机构共同面向 C 端理财客户(其实质是 B2B2C),如在线养老金投资咨询平台 Jemstep 主要为雇主提供员工的退休计划咨询服务。面向 B 端的智能投顾平台在获客方面的难度相对较小。如果是纯技术服务供应商,则可以免去申请资质牌照的烦琐程序。此外,一些大型金融机构也正在主动与 B2B 智能投顾平台合作,以提高自身的投资管理水平。例如,2015 年贝莱德集团收购了智能投顾平台 FutureAdvisor,使之为其人工投资顾问服务,并将该智能投顾平台出租给各种银行、经纪人、保险公司和其他咨询公司使用。

此外,还有一些智能投顾平台同时兼顾了 B、C 两端的市场。例如,Betterment 在主打 C 端市场的同时,也增加了新产品线 Betterment for Advisor,瞄准 B 端市场,寻找新的增长机会。

### 3.3.2　目标客群不同

在客群定位方面,美国智能投顾市场上的平台也各具针对性,试图通过不同类别的产品来覆盖不同的目标人群,从而实现差异化的竞争策略。例如,Market Riders 主要面向 45 岁以上的中老年客户;Wealthfront 则在小额理财方面有着更大的优势,主要目标受众是 20—30 岁的硅谷高科技技术人才;Personal Capital 聚焦于具有一定消费和投资实力的 35—65 岁普通中产阶级,这部分人群由于无法在传统金融服务中为金融机构创造利润,长期为华尔街所忽视,最终给 Personal Capital 带来了机会。

### 3.3.3　人工参与度不同

根据线上服务和传统服务的结合程度,智能投顾平台又可以细分为纯智能化平台和人工投资顾问协助平台两类。

其一,纯智能化平台。这类平台通过完全自动化操作帮助客户完成用户画像、资产组合建议、组合交易、动态调整和分析报告,全过程无人工干预。其特点是智能化程度高、产品迭代快速、费率最低,其客户群体更多定位于年轻用户、科技爱好者。这一类平台的典型代表是 Wealthfront。

其二,人工投资顾问协助平台。这类平台将智能投顾与人工投资顾问相结合,为用户提供财务状况分析、投资风险评估、投资组合建立与优化等服务,具有强大的工具属性,能很好地随时跟踪用户理财及费用支出等方面的行为,可以帮助用户更好地实现理财目标,同时也向有需要的客户提供收费的私人投资顾问服务。这一类平台的典型代表是 Personal Capital 和 VPAS。具体而言,VPAS 十分强调混合服务,即结合自动化咨询平台与持有 CFP 认证的传统人工投资顾问,共同开展投资咨询服务。在 VPAS 提供咨询的流程中,人工投资顾问会多次出场,包括理财师辅助智能顾问完成 KYC、生成报告后提供后续服务、通过电话视频等线上方式进行再调整等。

### 3.3.4 资产类别不同

在美国智能投顾市场上,虽然大多数智能投顾平台都主要投资于股票和债券,但它们具体的资产类别差异很大。如表 3.3 所示,SIP 拥有 27 个不同账户类型的资产类别,并且是唯一投资于国际房地产资产的智能投顾公司;而 Wealthfront 和 Betterment 所投资的资产类别相对较少。

表 3.3 美国三款主流智能投顾产品的投资标的

| 序号 | SIP(27) | Wealthfront(11) | Betterment(13) |
| --- | --- | --- | --- |
| 1 | 美国大型公司股票<br>(U.S. Large Company Stocks) | 全美股票<br>(U.S. Stocks) | 全美股票<br>(U.S. Stocks) |
| 2 | 美国大型公司股票-基本面<br>(U.S. Large Company Stocks-Fundamental) | 外国发达市场股票<br>(Foreign Developed Stocks) | 美国高市值股票<br>(U.S. Large-Cap Value Stocks) |
| 3 | 美国小型公司股票<br>(U.S. Small Company Stocks) | 新兴市场股票<br>(Emerging Market Stocks) | 美国中等市值股票<br>(U.S. Mid-Cap Value Stocks) |
| 4 | 美国小型公司股票-基本面<br>(U.S. Small Company Stocks-Fundamental) | 股息增长型股票<br>(Dividend Growth Stocks) | 美国低市值股票<br>(U.S. Small-Cap Value Stocks) |

(续表)

| 序号 | SIP（27） | Wealthfront（11） | Betterment（13） |
|---|---|---|---|
| 5 | 国际发达市场大型公司股票（International Developed Large Company Stocks） | 政府债券（Government Bonds） | 国际发达市场股票（International Developed Stocks） |
| 6 | 国际发达市场大型公司股票-基本面（International Developed Large Company Stocks-Fundamental） | 公司债券（Corporate Bonds） | 新兴市场股票（Emerging Market Stocks） |
| 7 | 国际发达市场小型公司股票（International Developed Small Company Stocks） | 新兴市场债券（Emerging Market Bonds） | 短期国债（Short-Term Treasuries） |
| 8 | 国际发达市场小型公司股票-基本面（International Developed Small Company Stocks-Fundamental） | 国家市政债券（National Municipal Bonds） | 美国通胀保值债券（U.S. TIPS） |
| 9 | 国际新兴市场股票（International Emerging Market Stocks） | 美国通胀保值债券（U.S. TIPS） | 美国优质债券（U.S. High Quality Bonds） |
| 10 | 国际新兴市场股票-基本面（International Emerging Market Stocks-Fundamental） | 房地产（Real Estate） | 国家市政债券（National Municipal Bonds） |
| 11 | 美国房地产信托投资基金（U.S. Exchange-Traded REITs） | 自然资源（Natural Resources） | 公司债券（Corporate Bonds） |
| 12 | 国际房地产信托投资基金（International Exchange-Traded REITs） | | 国际发达市场债券（International Developed Bonds） |
| 13 | 美国高分红股票（U.S. High Dividend Stocks） | | 新兴市场债券（Emerging Market Bonds） |
| 14 | 国际高分红股票（International High Dividend Stocks） | | |
| 15 | 有限合伙企业股票（Master Limited Partnerships Stocks） | | |
| 16 | 美国国债（U.S. Treasuries） | | |

(续表)

| 序号 | SIP(27) | Wealthfront(11) | Betterment(13) |
|---|---|---|---|
| 17 | 美国投资级公司债券(U.S. Investment Grade Corporate Bonds) | | |
| 18 | 美国证券化债券(U.S. Securitized Bonds) | | |
| 19 | 美国通胀保值债券(U.S. TIPS) | | |
| 20 | 美国高收益公司债券(U.S. Corporate High Yield Bonds) | | |
| 21 | 国际发达市场债券(International Developed Bonds) | | |
| 22 | 国际新兴市场债券(International Emerging Market Bonds) | | |
| 23 | 优先证券(Preferred Securities) | | |
| 24 | 银行贷款(Bank Loans) | | |
| 25 | 投资级市政债券(Investment Grade Municipal Bonds) | | |
| 26 | 黄金&其他金属(Gold & Precious Metals) | | |
| 27 | 现金(Cash) | | |

资料来源：嘉信理财、Wealthfront、Betterment官网，华宝证券研究创新部。

## 3.3.5 风险度量不同

在风险度量方面，不同智能投顾平台采用的方式也有所差异。比如，同样是通过问卷调查来了解投资者的客观风险承受能力和主观风险承受意愿，SIP和Wealthfront在细则与侧重点上就有所不同。

SIP 使用投资者概况调查问卷（Investor Profile Questionnaire，IPQ）来了解投资者的客观风险承受能力和主观风险承受意愿。SIP 通过提出具体的客观问题，如投资者的退休时间和投资目标等，了解个人的风险承受能力；通过提出与行为倾向有关的问题，如投资者在经历重大风险后可能采取的行动，了解投资者的风险承受意愿。IPQ 为每个投资者进行风险承受能力和风险承受意愿评分，并以这两个评分的加权平均确定个体的适当风险水平。此外，SIP 还会询问投资者打算何时将资金用于某个目标。

以下是一份来自 SIP 官网的调查问卷：

---

### SIP 智能投资组合问卷

1. 我的目标是_____。

a. 为退休做准备

b. 为未来的重大开销（教育、医疗费用等）做准备

c. 为一些特殊的开销（度假、新车等）做准备

d. 建立应急基金

e. 创造收入用于开销

f. 创造长期财富

2. 我对于股票、债券、基金_____的认识。

a. 没有　　　　b. 有一些　　　　c. 有不错　　　　d. 有很好

3. 当我听到与我的财务状况有关的"风险"时，_____。

a. 我十分担心

b. 我理解这是投资过程中不可避免的一部分

c. 我看到了获得丰厚回报的机会

d. 我感受到了投资的快乐

4. 您是否曾在一年中损失了 20% 或更多的投资？

a. 有　　　　b. 没有

5. 如果在这一年中我损失了 20% 或更多的投资，我会_____。

a. 卖掉所有资产　　　　　　　　b. 卖掉一些资产

c. 什么也不做　　　　　　　　　d. 重新分配我的投资

e. 买入更多资产

6. 在作出重要的财务决策时,_____。

a. 我尽量避免做决定　　　b. 我无奈地做决定

c. 我自信地做决定,并且不会回头

7. 我现在_____岁。

8. 我的初始投资额是_____。

9. 从现在开始的一年里,如果我最初的投资在_____范围内波动,我会感到满意。

10. 我计划每月为该目标节省额外的_____金额。

11. 为了实现该目标,从 $x$ 年开始的 $y$ 年里,我需要定期获得收入,指定 $x$ 和 $y$。

Wealthfront 同样为每位客户评估客观和主观风险承受能力得分,但客观风险承受能力评分是通过估计客户在退休时是否有足够的储蓄来支持预计的支出需求来确定的,而对于客户的主观风险承受意愿,Wealthfront 则是通过询问客户更注重最大化收益还是最小化损失,或是兼顾两者的平衡评估得出。Wealthfront 还会提出一个假设性问题,用以衡量投资者对市场下跌的反应。Wealthfront 的整体风险度量是主观和客观风险的加权组合,但其并未采用平均加权的方式,而是赋予风险评分高的因子较低的权重(风险评分越高,投资者对风险的容忍能力越强)。Wealthfront 采用这种方法的原因是行为经济学研究表明,人们总是高估其真实的风险承受能力。

以下是一份来自 Wealthfront 官网的调查问卷:

### Wealthfront 调查问卷

1. 您投资的主要原因是什么?

a. 一般储蓄　　　b. 退休　　　c. 其他

2. 您为什么寻找财务顾问?选择符合条件的一种。

a. 我想有一个多元化的投资组合

b. 我想避税

> c. 我希望有人来全权管理我的投资
> 
> d. 我希望获得超过市场的回报
> 
> 3. 您目前的年龄是多少？
> 
> 4. 您每年的税前收入是多少？
> 
> 5. 您目前的家庭状况如何？
> 
> a. 单职工家庭，无受抚养人
> 
> b. 单职工家庭，至少一个受抚养人
> 
> c. 双职工家庭，无受抚养人
> 
> d. 双职工家庭，至少一个受抚养人
> 
> e. 退休或财务独立
> 
> 6. 您的现金和短期投资总额是多少？（例如储蓄、定期存款、共同基金、个人退休账户、401(k)养老计划、国家债券）
> 
> 7. 当决定如何投资时，您最关心的是什么？
> 
> a. 收益最大化　　b. 损失最小化　　c. 收益和风险兼顾
> 
> 8. 全球股票市场经常动荡，如果在股市下跌期间您的整个投资组合在一个月内损失了其价值的10%，您会怎么办？
> 
> a. 卖掉所有投资　　　　　　b. 卖掉一些投资
> 
> c. 保留全部投资　　　　　　d. 买入更多投资

当风险承受能力和风险承受意愿一致时，投资顾问的任务最简单。当风险承受能力低于平均水平，且风险承受意愿高于平均水平时，投资者的总体风险承受能力应评估为低于平均水平。当风险承受能力高于平均水平，但风险承受意愿低于平均水平时，投资组合顾问可以向顾客讲述风险与收益的关系。例如，顾问可以向客户概述其被认为具有较高的风险承受能力的原因，并解释当不愿承担足够风险时，利润率会下降的后果。然而，投资顾问不应试图改变客户的风险承受意愿，因为如果这并非由于错误估计或误解造成，那么人格要素的修改不在投资顾问的职责范围内，谨慎的方法是根据两个因素（能力和意愿）中的较低者来选择风险容忍度。

此外，智能投顾还可能会尝试其他的行为测试来检验投资者在实际交易活动中的风险容忍度。例如，从客户经纪账户转移资产的智能投顾可以利用投资者过去交易活动的数据来分配主观风险评分。还有一种更具争议性的方法，即允许智能投顾的客户对由智能投顾管理的一小部分资产进行小规模的市场试验，然后智能投顾可以直接评估投资者的主观风险承受能力。

第 4 章

# 如虎添翼：美国智能投顾的产学研体系

美国智能投顾之所以能够迅速发展，与其相对成熟的产学研体系是分不开的。因此，本章将重点阐述美国智能投顾的产学研体系，以期为我国相关产业的孕育与发展提供启示。首先，我们将介绍美国高校与智能投顾相关的学研体系，包括高校开设的相关课程，以及涉及智能投顾发展研究的金融工程实验室。在对智能投顾的学研体系进行介绍后，我们将以摩根大通和摩根士丹利为例，介绍业界的产研体系，主要包括其金融科技发展战略，以及这些战略对智能投顾业务发展的支撑。

## 4.1　高校的学研体系

美国是世界上高等教育最为发达的国家。美国一流大学完善的课程教育体系和实验研究中心建设，为其人才培养和科学研究提供了坚实的保障，也促使其学研一体化进程不断加快。美国智能投顾的发展离不开高校学研体系的支撑，因此，我们在本节中将会着重介绍美国高校开设的一些与智能投顾相关的课程和金融科技实验室,探究其智能投顾学研体系的建设,为我国高校完善相关学科体系以及建设金融科技研究中心提供参考和借鉴。

### 4.1.1 课程教育

(1)纽约大学

斯特恩商学院是纽约大学(New York University,NYU)最著名的学院之一,在经济、商业和管理等领域有着非常突出的学术成就。纽约大学智能投顾相关的课程就是由斯特恩商学院负责开设的。

为了研究机器做决策是否优于人类这一问题,斯特恩商学院开设了"智能投顾和系统性交易"(Robo-Advisors & Systematic Trading)这门课程,旨在解释智能投顾能够出现并快速发展的原因。课程涉及人工智能的理念以及人工智能在现代交易决策系统中的应用,主要内容是如何利用人工智能和大数据来设计自动化程序,从而为投资决策提供服务。课程将覆盖三部分:基本交易策略、交易策略评估及交易策略实施。交易策略的制定需要基于各种形式的数据:价格、基本面以及从新闻媒体等渠道中获得的非结构化数据。本课程的核心目标是理解系统性交易的实质、关键要素以及考虑如何控制伴随系统性交易产生的各种风险。

课程有两个主要学习目标和一个次要目标。其中,第一个主要目标是培养学生进行拓展性、综合性思考,例如,学习如何将脑海中的一个交易策略转换为用标准化格式描述的交易策略模型,标准化格式可以进一步用于各种不同的交易策略,并且可以发展出更高级的策略模型;第二个主要目标是在将想法变为模型的同时,学习如何根据模型和数据描述交易策略,并且对交易策略进行评估。次要目标是训练学生进行高效口头交流的能力:每个学生都应该能以恰当的方式进行口头表达并能回应听讲者。

课程的教学大纲如表4.1所示。

表 4.1 "智能投顾和系统性交易"课程教学大纲

| 周次 | 话题 |
| --- | --- |
| 1 | 简介和课程目标 |
| 2 | (1) 智能贝塔指数(Smart Beta)和智能投顾<br>(2) 信号、噪声和随机交易<br>(3) 市场和绩效的基本度量方法<br>(4) 如何比较交易策略 |
| 3 | 系统性交易:趋势跟踪系统和未来市场 |
| 4 | 技术交易:股票市场的分散交易和配对交易 |
| 5 | 配对交易回顾:基本规则和货币交易策略 |
| 6 | 货币:(1) 基于流动的策略及套利交易<br>(2) 协整的配对交易和一篮子交易 |
| 7 | 金融预测中的机器学习和人工智能 |
| 8 | 基于消息的交易系统 |
| 9 | 高频交易 |
| 10 | 来自金融业界的声音(邀请外来演讲者) |
| 11 | 复习及邀请部分同学汇报作业 |

资料来源:纽约大学官网。

课程的参考书目如下:

①《打开量化投资的黑箱》(*Inside the Black Box*: *The Simple Truth About Quantitative Trading*),Rishi K. Narang,2009,Wiley.

本书旨在说明,虽然量化交易存在复杂性,但只要训练得法,投资者是可以克服困难并得到收获的。本书的主要内容包括三个部分:一是简单介绍量化交易策略;二是说明许多人称之为"黑盒"的量化交易策略事实上是透明、直观、明智且易于理解的;三是解释量化交易策略可以如何帮助读者进行投资组合。

②《新的交易系统和方法》(*New Trading System and Methods*),Perry J. Kaufman,2005,Wiley.

考夫曼(Kaufman)是当今最受尊敬的期货专家之一。和考夫曼之前的著作相比,本书增加了更多的交易策略和风险分析技术。全书内容如下:首先介绍一些基础内容,包括定义、使用哪些数据、如何创建索引、一些统计和概率,以及其他将在本书中使用到的工具;然后介绍对市场交易最重要的技术:如何识别市场趋势和市场动量;最后通过常见分组比较解决问题的不同方法,主要是用图表比较各种模型和系统方法。

(2)麻省理工学院

由于金融市场理论和实证进展飞速,使得金融产品和服务大量增加,需要越来越复杂的量化工具来正确评估和管理风险与回报。因此,麻省理工学院(MIT)于2001年率先开设了金融科技系列课程(Financial Technology Option,FTO),为金融领域培养前沿人才,以更好地应对日益深化的金融市场。

该系列课程主要由六门课程组成:其中四门金融专业课程由斯隆管理学院开设,另两门金融相关技术课程由电子工程和计算机科学等学院开设。这四门金融专业课程分别是"金融理论""定量投资管理""期权和期货市场""金融选修课"。其中"金融理论"这门课程是专门为FTO计划设计的,面向具有较强计算机分析技能但宏观经济学和微观经济学基础较差的学生。除以上四门金融专业课程外,学生至少还需要学习两门与金融相关的技术性课程。

FTO计划与MIT的研究生学位课程同时进行,通过后会授予学员结业证书。它的目标受众包括工程及相关专业的博士生、MBA(工商管理硕士)学员及金融工程专业的学生。

FTO计划在2006年6月终止。之后,MIT在2015年推出了一个为期7周的金融科技课程。该课程由MIT创业中心旗下的马丁信托中心、斯隆商学院金融系、电气工程系、计算机科学系和哈佛大学法学院共同开设,被誉为全美首个以培养创新金融科技人才为目标的硕士课程。参与这门课的学生将有机会涉足金融科技的各个细分领域,包括消费者金融、支付、交易和虚拟货币等。学生要写出一份完整的小组商业计划,并在2016年4月初参加MIT的金融科技比赛。

## 4.1.2 研究中心

目前,北美的智能投顾发展水平在全世界范围内首屈一指,这背后离不开高校金融实验室的研发支持。金融实验室通过搭建一个覆盖金融投资分析、金融衍生品研究、金融模型构建以及模拟交易的研究支持平台,为开展金融策略模型、量化投资研究等高端金融研究提供有力支持,切实推动了高素质金融人才的培养。

(1)北美金融实验室简介

截至2018年,在北美金融工程专业[①]排名前20的大学中,共8所大学拥有金融实验室。表4.2列举了这20所大学金融工程相关项目所隶属的院系以及金融实验室的开设情况。

表4.2 北美20所大学的金融工程相关项目及金融实验室

| 大学名称 | 院系 | 项目 | 是否有金融实验室 | 实验室名称 |
|---|---|---|---|---|
| 卡内基梅隆大学 | Tepper 商学院 | 计算金融 | 否 | — |
| 普林斯顿大学 | Bendheim 金融中心 | 金融学 | 是 | 金融计量实验室(Financial Econometrics Lab) |
| 哥伦比亚大学 | 工学院工业工程与运筹学系 | 金融工程 | 否 | — |
| 纽约大学 | Courant 数学科学研究所 | 金融数学 | 否 | — |
| 纽约市立大学巴鲁克学院 | Zicklin 商学院 | 金融工程 | 是 | 金融创新实验室(Financial Innovation Lab) |
| 斯坦福大学 | 数学系 | 金融数学 | 否 | — |
| 加州大学伯克利分校 | Hass 商学院 | 金融工程 | 是 | 社会科学实验室(Experimental Social Science Laboratory)金融科技创新中心(Computational Infrastructure for Financial Technologies) |

---

① 该榜单排名的对象不仅是狭义上名为"金融工程"的项目,还有一些项目尽管不叫"金融工程",但由于其课程内容与金融工程相关,也会被列入榜单,如计算金融、金融数学等项目。

（续表）

| 大学名称 | 院系 | 项目 | 是否有金融实验室 | 实验室名称 |
|---|---|---|---|---|
| 康奈尔大学 | 工学院运筹学与信息工程系 | 金融工程 | 否 | — |
| 麻省理工学院 | 斯隆管理学院 | 金融工程 | 是 | 金融工程实验室（Laboratory for Financial Engineering） |
| 罗格斯大学 | 数学系 | 金融数学 | 否 | — |
| 芝加哥大学 | 数学系 | 金融数学 | 否 | — |
| 佐治亚理工学院 | — | 定量与计算金融 | 是 | 金融分析实验室（Financial Analysis Lab） |
| 多伦多大学 | 数学系 | 金融数学 | 是 | 多伦多实验经济学实验室（Toronto Experimental Economics Laboratory） |
| 密歇根大学 | 安娜堡分校Rackham研究生学院 | 金融工程 | 是 | 托兹电子商务和金融中心（Tozzi Electronic Business and Finance Center） |
| 波士顿大学 | 金融数学系 | 金融数学 | 否 | — |
| 北卡罗来纳州立大学 | 数学系 | 金融数学 | 否 | — |
| 克莱蒙研究大学 | — | 金融工程 | 否 | — |
| 伊利诺理工大学 | — | 金融数学 | 否 | — |
| 肯特州立大学 | 商学院 | 金融工程 | 否 | — |
| 佛罗里达大学 | 工学院 | 定量金融 | 是 | 风险管理与金融工程实验室（Risk Management and Financial Engineering Lab） |

资料来源：作者根据各高校官网资料整理得到。

在了解了上述高校金融实验室的开设情况后，下面我们将从多个角度对这些金融实验室的特点进行概述，包括实验室的建立方式、软硬件设施、开放程度等。

从金融实验室的建立方式来看，通常有自建和校企共建两种方式，其中校企共建的方式比较具有代表性。例如，MIT 的金融工程实验室（Laboratory for Financial Engineering，LFE）就属于校企共建模式，它由 MIT 和一些金融界机构共同发起成立。具体来说，金融界发起人和投资人包括摩根士丹利、美林证券、瑞士信贷（Credit Suisse）、路透集团（Reuters Group）等国际知名机构，它们负责为金融领域的基础研究提供资金支持、购买并维护学术研究和教学所需的计算机软硬件及金融数据库、针对选题不定期地举行研讨会并以报告的形式传播研究成果。此外，发起人和投资人还需向 LFE 提供需要解决的复杂问题以及与之相关的实际经验方面的意见和专家的建议，相应地，解决问题的方法也由捐助者享有。从资金的来源看，金融实验室也可能得到基金的资助。例如，美国佛罗里达大学的风险管理与金融工程实验室得到了安大略研究与发展挑战基金的资助。加州大学伯克利分校的金融科技创新中心（Computational Infrastructure for Financial Technologies，CIFT）也得到了国家基金的资助。

从金融实验室的软件配备来看，北美高校金融实验室一般拥有 10 个左右的金融终端，此外还有数量较多的分析软件和模拟软件，且建立时间短，发展潜力巨大。北美金融实验室所使用的软件主要有两种用途，分别是分析用途和模拟用途。其中分析软件使用率最高的有 Morningstar、Bloomberg、Capital IQ、Telemet Orion 和 Fact set。北美金融实验室同样使用 Matlab、SPSS Software、SAS 以及 Mathematica 等数学分析软件来对经济和金融数据进行实时分析。使用率较高的模拟软件有 Financial Trading System、StockTrak 和 TraderEx。

就硬件设施配备而言，北美金融实验室通常有电脑、控制终端、股票自动报价屏幕等硬件设备。加州大学伯克利分校的 CIFT 在硬件方面最为领先。由于建立在国家实验室下，CIFT 拥有高性能的电脑以及其他非常先进的硬件设备，具备超高的集成度和强大的算力，能够处理高度复杂的问题。

从金融实验室的开放程度来看，具备教育用途的实验室都向学生开放，具备研究用途的实验室都向教职工以及研究人员开放。此外，与企业共同建立的实验室，例如 MIT 的 LFE，不但向学生、教职工以及研究人员开放，还向资助企业中从事开发与研究的员工开放，从而让企业从金融实验室的研究结果中获利。

（2）MIT 的实验室

在北美所有的金融实验室中，MIT 的实验室以其完备的研究体系和卓越的研究成果，牢牢占据着第一梯队的位置。接下来，我们将对其进行更为详细的介绍，进一步探究美国高校金融实验室对于金融科技领域的推动作用。

MIT 素来以顶尖的工程学和计算机科学而著名。在 2018—2019 年 US News & World Report 全美研究生院排名中，MIT 的工程学和计算机科学均位列第一，与斯坦福大学、加州大学伯克利分校一同被称为工程科技界的学术领袖。依托于如此强大的技术背景，MIT 的金融实验室发展迅速，充分满足了金融类专业尤其是金融工程类专业的金融衍生产品研究、投资风险管理、金融建模设计等学术实验及金融创新活动的需要，是北美金融实验室中的翘楚。

MIT 的 LFE 由学术界和金融界共同创建，主要用于金融工程学和计算金融学的量化研究，旨在通过数学、统计以及计量模型对金融市场进行定量分析。具体的研究项目包括：运用大量统计数据检验各种定价模型、期权以及其他金融衍生品的定价，对冲、风险控制与管理，交易技术以及市场微观结构，金融时间序列的非线性模型，神经网络以及其他非参数估计技术，高性能计算以及金融技术的公共政策含义等。研究项目主要有以下五个不同的学科领域。

其一，金融行为基础和适应性市场。现代投资理论和实践主要基于有效市场假说（Efficient Markets Hypothesis，EMH），该假说认为金融市场是完全有效的，并能立即将所有可用信息纳入市场价格。但是，该假说的基础是市场参与者是理性的。虽然金融市场在大部分时间都可能是这样的，但繁荣、萧条和金融危机时期的情况却并非总是如此。适应性市场假说（Adaptive Market Hypothesis，AMH）是一种将有效市场假说与人类行为相协调的跨学科方法。适应性市场假说认为，竞争、变异、再生产和自然选择等力量对金融机构和市场参与者的影响决定了市场的效率，同时也决定了产品、企业、行业金融制度以及个人财富的变化。此外，适应性市场假说意味着市场有效的程度与市场环境有关,例如与市场中的竞争者数量、利润机会的大小以及市场参与者的适应性等有关。

其二,风险管理与系统性风险。LFE 积极研究衡量和管理系统性与非系统性风险的方法。风险管理一直是金融学界和业界积极研究的一个领域,2007—2009 年的金融危机以及随后的主权债务危机进一步引发了各界对系统性风险的兴趣。系统性风险可能表现为金融机构之间在短时间内的一系列相关违约,并引发流动性的退出以及整个金融体系普遍丧失信心。历史上的金融危机表明,恐慌不仅会影响金融机构,也会影响非银行实体,如货币市场基金、保险公司、对冲基金、政府资助的企业和经纪人、交易商等。因此,风险监管不仅要重视金融体系,更要重视各个实体之间的联系,进而制定防范系统性风险的正式措施。

其三,大数据和金融技术。技术的进步以及计算机的更新换代使得市场参与者之间具有更大的关联性,并且市场参与者在交易过程中也产生了大量的数据。在大数据时代下,交易算法更复杂、交易成本更低、执行速度更快、交易量更大,这给投资者带来了许多新的好处。然而,大数据也带来了意外的后果,包括隐私和身份盗用、"闪存崩溃"以及商业错误交易等问题。在相关研究计划中,研究者同时关注大数据和金融技术的积极与消极方面,试图识别和衡量新出现问题的严重程度,并开发新技术来解决这些问题。这项研究的成果包括消费者信用风险管理的机器学习模型,该模型可以应用于金融安全监管。

其四,资本市场动态。毫无疑问,对冲基金为投资者提供了独特的投资机会,并为投资者带来了巨大且多元化的收益。但是和传统投资相比,对冲基金的风险敞口也更为复杂,人们对于对冲基金也充满了误解:要么认为对冲基金包含的资产都是同类的,要么认为对冲基金都是不同的,彼此的收益间无法找到相关性。相关研究计划将通过更详尽的风险分析和更广泛的实证研究来探究对冲基金在不同时间、市场的风险回报特征,从而消除人们的误解。

其五,医疗金融。LFE 研究人员正在努力探索新的商业模式和融资结构来筹集和部署资金,从而能够以可规模化且有利可图的方式支持生物医学研究。这项工作研究了包括癌症在内的罕见疾病、中枢神经系统疾病、疫苗计划以及其他社会挑战。在这些领域,只有通过公私合作,将基础科学研究与正确的金融模式及适当的公共政策相结合,才能取得革命性的进展。

2000—2019 年,LFE 共发表学术论文和工作论文 30 余篇,对金融领域的研究作出了突出贡献,其中一些研究成果如下。

(1)论文:《市场动量、均值回归和社交媒体:从 StockTwits 和 Twitter 平台获得的证据》(Momentum, Mean-reversion, and Social Media: Evidence from StockTwits and Twitter)

作者:Shreyash Agrawal, Pablo D. Azar, Andrew W. Lo, Taranjit Singh

摘要:在本文中,作者分析了股票市场流动性与从社交媒体平台 StockTwits 和 Twitter 获得的实时市场情绪之间的关系。作者发现,极端情绪对应于较高的流动性需求和较低的市场供给。其中,负面情绪对需求和供给的影响要大于积极情绪。对盘中事件的研究显示,当看涨和看跌情绪分别达到极端水平时,市场繁荣和恐慌就会结束。在极度情绪化之后,价格变得更加均值回归并且价差变窄。为了量化这些影响的大小,作者对市场中性均值回归策略进行了历史模拟,该策略使用社交媒体信息来确定其投资组合分配。结果表明,流动性需求和市场供给受到投资者情绪的影响,并且做市商能够通过在社交媒体中使用极端看涨和看跌情绪作为实时晴雨表来获利,将交易成本保持在最低水平。

(2)论文:《对冲基金的持有和股票市场的效率》(Hedge Fund Holdings and Stock Market Efficiency)

作者:Charles Cao, Bing Liang, Andrew W. Lo, Lubomir Petrasek

摘要:在本文中,作者研究了持有对冲基金与从日常数据中获得的股票定价效率之间的关系,研究结果表明,对冲基金可以作为减少市场错误定价的工具。当对冲基金增持定价相对低效的股票后,这些股票的定价效率有所提高。与其他类型的机构投资者的所有权相比,对冲基金所有权对有效定价的贡献更大。但是,在几次流动性危机期间,对冲基金持有的股票定价效率大幅下降。

除了 LFE,2018 年,MIT 计算机科学与人工智能实验室在其高校合作伙伴年会上正式宣布成立 MIT 金融科技实验室。该实验室最具代表性的项目当属 FinTech @ CSAIL。该研究项目致力于开辟新的商业模式，获取新的金融数据，并提高金融技术的安全性。该计划涵盖了包括人工智能、加密货币、区块链基础和应用、机器学习、数据管理和分析、自然语言处理以及网络风险管理等在内的多个学科。该计划的参与者包括校方研究人员和金融机构工作者。校方研究人员将集中于研究几个关键领域，包括网络安全和安全计算、自然语言处理、机器人技术、替代技术和遗留系统等。此外，ANT 金融、花旗、伦敦证券交易所集团、纳斯达克、Ripple 等公司将为研究人员提供相关的信息，并对各种实际应用进行开发创新。

FinTech @ CSAIL 项目由 MIT 的教授 Andrew W. Lo、Silvio Micali 和 Shafi Goldwasser 领导。他们通过经济学、计算机科学和网络安全的综合性专业知识来指导这项工作。Andrew W. Lo 的研究主要集中在使用计算工具作出更好的财务决策，包括金融工程和风险管理、交易技术和市场微观结构，以及为个人风险偏好、金融市场和情报创建计算模型等领域。具体来说，他讨论了人工智能的早期工作，这些工作主要关注非常具体的问题和任务以及与这些任务相对应的尽可能多的各种场景。Andrew W. Lo 的研究理念是：只有关注人的实际行为，才能真正发挥金融技术的作用。

Silvio Micali 和 Shafi Goldwasser 都是图灵奖的获得者，他们专注于网络安全领域，引领了金融科技创新的新风向。他们的研究工作侧重于增强信息安全性以及计算和数据的隐私性与正确性。这些工作在开发诸如零知识证明（Zero-Knowledge Proof，即不需要密码的身份验证方法）和安全的多方计算系统方面起到了重要作用，这些系统被用于许多网络安全系统和财务应用程序。

## 4.2　业界的产研体系

美国智能投顾的迅速发展一方面得益于高校智能投顾的学研体系，另一方面也离不开业界的产研结合。业界产研一体化研究的选题直接针对行业带有普遍性的技术问题进行探索,并最终将研究成果投入应用。目前美国许多大公司都积极布局金融科技,为智能投顾的发展奠定了良好的基础。下面我们主要对摩根大通和摩根士丹利的金融科技战略进行详细介绍。

### 4.2.1 摩根大通的金融科技战略

(1) 战略概述

在数字化进程中,银行业发展缓慢。但摩根大通已经取得了令人瞩目的成绩。这家见证了美国金融业两百多年发展历程、服务近一半美国家庭、拥有超过 2.5 万亿美元资产、业务遍布全球的金融集团正在积极投入力量,创新产品和商业模式,力图实现传统银行业务的转型和发展。

摩根大通的成功之道可以总结为重视技术、重视创新。摩根大通高管多次在投资者大会和季度盈利电话会议上强调他们"移动至上,使一切数字化"(Mobile First, Digital Everything)的科技战略,公司网站上写道:"我们正基于现有的数字化成果进行更加积极的战略转型,尝试通过不断创新来吸引用户,增加客户对电子渠道端服务的满意度,为客户创造更大的价值。"

在摩根大通"移动至上,使一切数字化"的背后,是整个公司对技术全方位的重视。在 2017 和 2018 年中,摩根大通在数字化银行、智能投顾、自动化交易和网络安全等领域投入了两百多亿美元。集团董事会主席兼 CEO 杰米·戴蒙(Jamie Dimon)频繁造访硅谷,和金融科技公司在点对点支付、小额贷款、在线抵押等领域展开多项合作。面对新兴的金融科技公司,摩根大通并没有把他们当作敌对的颠覆者,而是与他们积极开展合作,并投资了很多个初创公司。杰米·戴蒙在《机构投资者》(*Institutional Investor*)杂志的独家采访中表示,摩根大通的真正对手并不是某家银行或金融科技公司,而是亚马逊。

在一份 2018 年发布的战略更新报告中,摩根大通详细介绍了集团"使一切数字化"的科技战略,用一系列的经营业绩和调研结果表明了公司进行数字化的信心和决心,并总结了数字化转型的四个原因。

第一，客户是数字化的关键驱动因素。摩根大通称集团的所有工作都是围绕客户需求展开的，其目前有大约 4 670 万名客户通过电子渠道进行存取款，每位客户每月平均使用超过 15 次。摩根大通着力在四个领域为客户提供价值：全方位多渠道的产品服务；隐私保护、交易护航和欺诈监测等安全服务；良好用户体验、低延时、高集成的便捷服务；智能、全面、灵活的理财个性化服务。在摩根大通实施数字化战略、加大线上产品投入以后，客户净推荐指数增加了 19%，客户保留率增加 10% 以上，客户刷卡消费增加了 118%，存款和投资份额增加了 40%。

第二，集团自身可以从数字化中获益。数字化转型不但可以优化产品，提高营业收入，还可以提高企业自身的工作效率，减少运营支出。摩根大通每天要处理 5 万亿美元的批量转账业务，其中 99% 实现了直通处理（Straight Through Processing, STP），加快交易速度的同时减少了业务差错。此外，摩根大通通过无纸化报表节省了 3.65 亿美元的成本，通过数字化交易降低了 94% 的支票存款成本，通过业务电子化将很多交易的边际成本降到了 0。

第三，数字化为个人客户带来更多价值。通过高效的数据处理能力、智能的分析技术以及多样的服务渠道，摩根大通为客户提供了一种更加简单的方式来获取、理解信息，支持用户进行更加多元的投资组合配置、更加方便的转账和证券交易、更加复杂的投资组合建议，帮助客户在资本市场获得更大收益，也实现了摩根大通自身投资服务业务的不断增长。

第四，数字化让企业客户获得更好的服务。摩根大通为各种规模的企业提供可靠且可持续的服务。依靠摩根大通的数字化平台，企业用户可以获得国际化的服务交付能力，可以在线开立账户，自助获取很多金融服务，例如便捷的贷款服务、实时的外汇信息、集成的可定制的报告和分析数据、实时的流动性管理方案等。

正是由于摩根大通对技术的重视，公司科技能力显著提升。这不但带来了用户数量的增加、资产规模的增大，还显著降低了集团运营成本，保证了摩根大通良好的盈利能力。在 Interbrand 发布的"2018 年全球最佳品牌榜单"中，摩根大通位列第 34 名，是金融业排名最高的公司。

(2) 战略的落地措施

在集团 CEO 杰米·戴蒙的带领下,摩根大通已经全面接受了技术正在改变所有传统业务的想法。这家公司正在多管齐下地发展金融科技,不拘一格地鼓励业务创新。为了发展金融科技,摩根大通在资金、人才以及组织架构等方面都进行了有针对性的倾斜和调整,并通过自主研发、孵化合作、积极投资金融科技企业等方式落地金融科技战略。

其一,资金投入。2017 年摩根大通的技术投入总额达 95 亿美元,占 2016 年营业收入的 9.6%,净利润的 38%。而 2018 年的技术预算总计为 108 亿美元,占 2017 年营业收入的 10%,净利润的 44%。这些资金主要投入了数字银行、在线投顾、网络安全等领域的技术应用和产品开发中,其中更有相当一部分资金被指定用于新技术的投资,例如人工智能、云计算等领域。常规 IT 投入只是用来维持系统现状,对新技术的投入力度更能体现企业对金融科技的决心。持续的巨额投入不但帮助摩根大通打造了数字银行、电子钱包、流程自动化机器人和智能投顾等产品,维护了全球 31 个数据中心、近 67 000 台物理服务器和近 28 000 个数据库,也吸引了大量尖端技术人才。

其二,人才招揽。摩根大通在吸引、培训、挽留优质技术人才方面采取了许多措施,包括不断改进培养方案以及和金融科技公司合作。摩根大通 2017 年年报披露,其全球 25 万名员工中,有近 5 万名技术人员,其中超过 3 万人从事开发和工程类工作。截至 2018 年 7 月底,摩根大通的招聘网站上开放了 2 314 个技术类型岗位、148 个产品经理岗位和 63 个相关岗位,包括机器学习工程师、UX 设计师、API 开发者等。

除传统招聘渠道外,摩根大通还积极从高校和科技公司引入技术专家。据 CNBC 报道,摩根大通聘请了谷歌云的人工智能产品管理负责人 Apoorv Saxena 担任机器学习服务以及资产和财富管理人工智能技术的负责人。

其三,组织建设。2019 年年初,摩根大通开始在北美地价最贵的帕罗奥多(Palo Alto)新建一个"金融科技园区"。该建筑位于斯坦福工业园区,北邻 Facebook,南接 Google,同在园区里的还有惠普和特斯拉。金融科技园区计划于 2020 年投入运营,这是摩根大通继 2017 年收购支付行业初创公司 WePay 之后的又一个重大举措。届时,WePay 及其近三百名员工将从位于红木城附近的公司办公室搬到帕罗奥多。

为了方便技术人员和业务人员沟通协作,摩根大通打破了传统银行前台和后台、业务和技术的分界,将产品人员和技术人员集中在一个办公室工作,以促进团队协同工作。其资管部门还要求全部资产管理分析师学习 Python 编程语言,以开发更好的理财产品服务客户。

在调整了资金、人才以及组织架构的基础上,摩根大通也在通过自行开发或是合作孵化的方式落地金融科技战略。摩根大通和美国金融服务创新中心(Center for Financial Services Innovation,CFSI)共同创立金融解决方案实验室(Financial Solutions Lab,以下简称 FinLab)就是合作孵化的典型案例。设立该实验室的目标是发现、测试和培育有价值的创新项目,打造高质量的金融产品及服务方案,促进金融市场健康发展,提高普惠金融水平。

FinLab 实际上是一个虚拟实验室,外部参与者和摩根大通专家通过定期开会或者有需要时随时沟通的方式协作。任何运用信息技术、以提高美国金融普惠水平为目的的金融公司、初创型科技企业和创新型非营利组织均可报名。

FinLab 对报名者采用挑战赛的形式进行筛选,主要从消费者影响力、产品质量、管理团队、可扩展性、创新度及合作意愿等六个维度对各机构进行评价。对挑战赛中表现优异的胜出者,FinLab 将给予每家 25 万美元的奖励。来自 CFSI、摩根大通、风投公司、营销公司乃至大学的 FinLab 咨询委员会专家,将为胜出者提供为期 8 个月的指导,助其研发有价值的金融产品。

已举办的两届挑战赛涌现出了许多优秀金融产品,例如固定收入转换器 Even、子女消费父母分担平台 SupportPay、医疗账单错误及高额收费修正平台 Remedy、免费智能金融顾问 WiseBanyan 等。在摩根大通的支持和帮助下,这些产品的客户群已经超过了 100 万人,是加入 FinLab 前的十倍之多。

摩根大通不但通过自主研发、孵化合作等方式发展金融科技,同时积极投资金融科技企业,广泛布局,充分吸收外部的创新技术,优化在线银行客户体验,丰富移动端接入功能,实现客户应用程序定制化、客户与投资顾问实时互动等。

自 2009 年以来,摩根大通投资了上百家金融科技企业,涉及支付、投资、P2P、资产管理等领域,包括移动支付公司 Square、在线投资平台 Motif、P2P 平台 Prosper、云服务平台 InvestCloud、云支付平台 Bill.com 等。通过与金融科技企业强强联合,摩根大通正大力改善客户服务能力。

2017 年,摩根大通还首次完成了对金融科技企业的并购,将在线支付服务提供商 WePay 收入麾下,计划利用 WePay 为 400 万小企业客户提供在线支付服务。WePay 是一家 2009 年成立的支付服务初创企业,主要为在线商城、众筹网站、募捐网站等企业客户提供 API。该公司的主要盈利模式是向企业客户收取费用,费用为每笔交易金额的 2.9% 额外再加 0.3 美元。

(3) 技术创新成果

在持续的投入下,摩根大通在大数据风控、人工智能服务、移动金融产品等方面硕果累累,获得了丰厚的回报。

技术的发展已经深刻改变了摩根大通法律和财务工作人员的工作方式。2017 年年初,摩根大通开发了一款金融合同解析软件(Contract Intelligence,以下简称 COIN),这款工具利用机器学习技术驱动,并运行在摩根大通的私有云平台上。COIN 只需要几秒钟就可以完成原先律师和贷款人员每年需要上万小时才能完成的工作,并且大大减少了以往人工分析可能出现的错误。在引入 COIN 之前,摩根大通每年由于人为失误造成的合同错误超过 12 000 例,COIN 的应用大大降低了这类错误。而 COIN 只是摩根大通在工作流程自动化方面众多尝试的一个案例。

针对越来越多的年轻人不喜欢到银行办业务的情况,摩根大通推出一款名为 Finn 的移动银行,主要面向习惯只用智能手机进行转账交易且具有储蓄意愿的年轻客户群。其当前提供的服务包括活期存款、定期存款、私人财富管理和 24 小时的客户服务。其中,最有趣的功能当属为教育消费者养成储蓄意识而推出的保守储蓄项目。例如,定期将一定额度的资金从活期账户转移到储蓄账户。Finn 也作为线下支行的补充渠道,为没有线下支行的地区提供金融服务。

摩根大通使用 X-Connect 程序来检索电子邮件,以帮助员工找到与潜在客户关系最密切的同事,并帮忙介绍认识。2016 年,摩根大通还向机构客户提供一些云支持技术,允许像贝莱德这样的公司自助获取财报、研报和交易工具等常规信息,解放了销售和客服。

2018 年年初,摩根大通和亚马逊公司合作,向华尔街的用户提供了一种新的访问其研究报告的方式,让用户可以通过亚马逊公司的智能语音助手 Alexa 获得分析师报告以及证券价格等相关信息。摩根大通的 Alexa 项目于 2017 年启动,是在鼓励创新的内部竞争中形成的创意。公司首先向其研究团队开放了数据,并增加了来自银行、托管和基金服务等其他部门的反馈。如果这种自动化服务得到普及,公司的销售人员就不必再回答客户提出的常规问题了。目前 Alexa 智能语音助手还只能根据客户请求完成对应的信息查询,摩根大通的下一步计划是让机构客户能够根据他们得到的信息采取行动,并通过 Alexa 发送指令。

为了在企业支付业务上更进一步,2018 年,摩根大通推出了网络虚拟助理,以更好地满足客户进行资金业务结算的需求。目前,用户需要在摩根大通的 1 200 多个网页中查找银行资金汇款的入口,随着智能助理的推出,客户只需要向虚拟助理简单地咨询,就能够得到账户余额的信息。这个网络虚拟助理不仅能从与客户的交流中不断学习,而且会将获得的问题进行归类总结,以便很快找到相应的答案。最终,这一助理将能够作出主动行为,例如向可能推迟支付的客户的对手方提前打电话通知。

在摩根大通近年来所有的技术创新成果中,有一个名为 You Invest 的智能投顾平台尤其值得关注,该平台综合运用了上述多种金融创新产品,可以称得上是摩根大通在金融科技领域众多应用的集大成者。在下文中我们将对此进行详细介绍。

(4)智能投顾平台:You Invest

2018 年,摩根大通宣布推出新的零售投资服务——You Invest,该投资解决方案由摩根大通的子公司大通银行(Chase Bank)运营,其本质就是一款智能投顾产品。这项新的零售投资服务已经在纽约的 27 家分行试运行了 12

个月,目前正在将其全面推向客户。

用户可以在大通银行的网站或 App 上使用 You Invest 这款产品,在平台的智能指导下,You Invest 的用户可以在几分钟内完成个人投资账户的开设流程。You Invest 平台为客户提供经纪指导服务(You Invest Tradc)和投资咨询服务(You Invest Portfolios)。其中,You Invest Trade 是摩根大通于 2018 年开发出的产品,可以方便客户在线轻松研究、交易和管理自己的投资;而 You Invest Portfolios 是摩根大通 2019 年年初推出的服务,可以为客户提供量身定制的智能投资组合。

You Invest 的用户可在第一年内免费进行 100 次股票或 ETFs 交易,一年后,拥有 15 000 美元及以上的高级银行账户(Premier Checking Account)的客户每年将继续获得 100 次免费交易,而持仓 10 万美元以上的大通银行私人客户(Chase Private Client)可获得无限次免佣金服务。

在 You Invest 智能投顾平台上,客户可以随时在线进行账户管理,用低成本交易数千种证券,获得来自摩根大通对于投资的见解和指导,使用 You Invest Trade 创建自己的投资策略,通过 Portfolio Builder 实现多元化投资。在该平台上,客户可以同时投资股票、ETFs、固定收益产品、共同基金等产品。

作为 You Invest 产品的一部分,摩根大通在 2019 年年初推出在线产品组合管理服务 You Invest Portfolios,该服务可以基于摩根大通的专业知识和技术帮助客户获得量身定制的智能投资组合。具体来说,客户可以使用摩根大通的模拟工具查看通过该智能投顾平台在一段时间内可以获得的潜在收益,之后用户通过回答几个问题,包括输入风险承受能力、收益预期和投资时间期限,就可以获得该服务所提供的多元化投资组合。这些投资组合由摩根大通的 ETFs 基金组成,旨在在管理风险的同时实现回报最大化,帮助客户实现投资目标。此外,摩根大通的投资团队还时刻关注市场事件、投资趋势和行业新闻,随着时间的推移不断调整客户的投资组合。这款智能投顾服务 You Invest Portfolios 将目标瞄准初学投资用户,其最低投资金额为 2 500 美元,每年将收取 0.35% 的咨询服务费用,平均能为用户省下约 0.15% 的服务费用。

### 4.2.2　摩根士丹利的金融科技战略

（1）战略概述

摩根士丹利的金融科技战略是通过数据驱动和金融科技生态布局，来实现财富管理模式的转型并服务于客户。从摩根士丹利近几年的 IT 投入和诸多系统建设可以发现，公司的业务一直是紧紧围绕提升客户黏性、提升投资顾问服务能力开展的。摩根士丹利的技术创新之所以能一直保持领先，并不仅仅因为公司在内部组织架构中增设了首席数据官、首席数字官、技术创新官等职位，而且还因为建立了一种良好的技术创新生态，一种与金融科技公司互相成就的持久、健康生态。摩根士丹利很清楚自己的能力边界，也知道扩充能力边界的方法。摩根士丹利不去与金融科技公司竞争，而是与金融科技公司合作，然后利用它们的技术优势，持续提升自身在金融行业的竞争力。换而言之，"引进来、共成长"是摩根士丹利对待现代信息技术的态度。

传统意义上，很多金融机构创新都是基于内部驱动的，摩根士丹利曾经也这样认为，但随着社会节奏的加快，摩根士丹利现在已经改变了看法。摩根士丹利现在坚信，为保持自己在行业内的创新领先，公司需要通过引入外部视角来挑战自我，这样才能使公司向客户提供最好的、可用的技术和解决方案。而很多领域的初创公司，能够从独到的视角看待客户需求，通过敏捷的工作流程来满足这种需求，这会给摩根士丹利金融科技战略带来促进作用。每年公司都会组织内部技术专家花费一周的时间去参与西海岸的外部技术会议，来与软件和基础架构的新兴公司建立关系。摩根士丹利在技术选择上的理念是，只要市场上有更好的科技产品，公司就会选择与其合作。具体来讲，公司主要通过以下两个途径来构建金融科技生态。

一是首席技术官创新峰会（Chief Technology Officer Innovation Summit，以下简称 CTO 创新峰会）。自 2000 年开始，摩根士丹利就在美国本土大规模邀约新创科技公司参与公司的 CTO 创新峰会，使自己的管理者及员工能够与前沿科技公司和商业领袖面对面沟通，以此来发掘新的趋势和新的产品，并期望与他们建立合作共赢的商业模式,取得非凡成绩。2010年以来,公司已经累计约见了800多家科技公司,其中的很多公司已经成为公司技术生态系统的一部分。通过发布CTO创新奖,挖掘潜在合作伙伴,摩根士丹利的技术平台获得了持续的进步。鉴于该模式的日益成熟,2018年,摩根士丹利将该模式引入印度的班加罗尔。峰会每年会聚焦特定主题,然后从报名的初创公司中进行筛选并邀请参会。摩根士丹利会基于成熟度、创新性、服务能力等维度来评价入围选手。合作往往以模型认证(Proof of Concept,POC)开始,一旦双方达成一致,就会建立长期的合作关系,最终实现共赢。这种合作方式一方面可以帮助初创公司快速成长,另一方面可以使摩根士丹利的技术实力始终保持在行业前沿。

二是金融科技峰会(Fintech Summit)。自2015年开始,摩根士丹利每年都会举办金融科技峰会,邀请各个细分领域或有创意的金融科技公司参会,给符合条件的公司颁发金融科技创新奖,然后会在其中选择中长期的合作伙伴,实现共赢。2017年的金融科技峰会有60余家金融科技公司参加,在市场、客户服务、数据分析处理、支付、合规、欺诈和安全等领域探讨技术协作机会。2018年的金融科技峰会有100余家金融科技公司参加,在资本市场和证券、银行和支付、投资和财富管理、合规和风控、跨业务和金融架构五大领域探讨技术合作机会。

获得这些奖项的金融科技公司将对摩根士丹利的客户服务和业务创新使命带来重要影响。比如,2017年获得摩根士丹利金融科技创新奖的Brighterion公司(后被Mastercard收购)就为摩根士丹利基于机器学习模型提供反欺诈解决方案给予了很大帮助。2017年被授予CTO创新奖的Cloudera公司,为摩根士丹利的财富管理平台提供了在股市异常波动时可以根据不同顾客的需求提供个性化服务。实际上,摩根士丹利把参会的金融科技公司分成了三类,一类是没合作机会的,一类是有合作机会但是目前不适合的,一类是马上就可以合作的。上一年获奖的金融科技公司,下一年都会立即着手开展合作。

摩根士丹利的下一步金融科技计划,其实从其每年举办的CTO创新奖获奖公司的名单就可以看出端倪。2018年第18届CTO创新奖颁给了以下三家公司,其中有两家公司的业务都是围绕"数据"展开的:Delphix,用于质量保障和产品管理领域,能够更快和更高效地获取数据;Illumio,网络安全提供者,在基础架构领域保护公司的数据中心环境;Qualtrics,用于财富管理领域,帮助公司评估员工、客户并跟踪用户体验。

(2) 组织架构

摩根士丹利全球员工约 6 万名,其中注册投资顾问(Registered Investment Advisor,RIA)约 16 000 名,技术人员约 6 000—7 000 名。公司信息技术组织架构主要采用了矩阵式、伞形结构为主的管理方式,公司层面和业务条线均设立首席信息官(Chief Information Officer,CIO)职位,业务层面的 CIO 受该业务条线负责人和公司层面 CIO 的领导。不同地区也会根据实际情况设置 CIO,比如亚太地区科技 CIO 等。随着公司金融科技应用的快速推进,技术条线高管近两年调整较为频繁,尤其是与公司愿景相呼应的财富管理领域,关键职位变动如下。

2016 年 1 月,公司聘用曾任嘉信理财投资服务和平台部副总裁的 Naureen Hassan 担任财富管理业务首席数字官(Chief Digital Officer,CDO)。

2016 年 3 月,公司聘用曾在美林和瑞士信贷工作过的 Jeff McMillan 担任公司财富管理业务的 CDO。

2017 年 10 月,时任投行技术和国际事业部负责人的 Robert Rooney 被任命为公司 CIO 兼国际事业部负责人。

2018 年 3 月,Sal Cucchiara 被任命为财富管理业务技术负责人,其在美林具有 20 年的技术背景,未来主要负责桌面端、移动端和投资系统的优化,并对 Robert Rooney 汇报。

2018 年 7 月,为聚焦并提高技术战略,公司创造性地设立了与新技术变革有关的职位,并任命普华永道 CIO Sigal Zarmi 担任公司技术分支的新职位——技术变革负责人,希望通过具有决定意义的变革来最大化公司的技术投资,为客户和业务提供创造性的产品和解决方案。

2018 年 7 月,公司雇用宾夕法尼亚大学计算机科学教授 Michael Kearns,负责领导公司的人工智能研究。

(3) 对金融科技的投入

摩根士丹利一直高度重视现代信息技术对业务的变革、引领和融合，CEO James Gorman 于 2018 年 6 月表示，摩根士丹利将每年花费 40 亿美元投资科技，该费用是公司 2017 年 103 亿美元预算（不包括人工费用）的 40%，占 2017 年营业收入（379 亿美元）的 10.6%，也是竞争对手花旗在信息技术投入的 2 倍左右。不管从营收占比还是绝对金额来看，如此大的投入力度都是目前国内经营机构所望尘莫及的。

美国的《首席信息官》（Chief Information Officer）杂志曾对公司规模与 IT 投资进行了调研。结果显示，小公司（年收入少于 5 000 万美元）的 IT 投入一般占年收入的 6.9%；中型公司（年收入界于 5 000 万美元至 20 亿美元）一般为 4.1%；大型公司（年收入 20 亿美元以上）一般为 3.2%。摩根士丹利每年的 IT 投入远远高于与其同一级别的其他公司，也高于每年营收 3%（或利润 6%）用于 IT 投入的行业建议。

IT 预算及信息技术有关岗位的设置，体现了摩根士丹利对金融科技的重视程度和认识高度。需要强调的是，摩根士丹利近几年的 IT 投入是根据公司愿景，紧紧围绕公司财富管理转型展开的，虽有部分费用投向了固定收益业务电子化交易系统建设等，但大部分费用都投向了财富管理领域的平台建设。

此外，摩根士丹利在全球有 8 万余台物理服务器，一直是在通过服务器外包的方式节省 IT 投入。2004—2009 年，公司在原来合约的基础上，又与 IBM 签订了 5 年共计 5.75 亿美元的外包协议，借助 IBM 的专业力量，进一步提升公司桌面支持效率、丰富计算资源和存储资源等。

(4) 典型应用

摩根士丹利在云计算、大数据、人工智能、生物特征识别等现代科技领域全面铺开。根据 Bankingtech 网站公布的信息，2018 年，摩根士丹利是入围银行技术奖（Banking Technology Awards，BTA）应用最多的公司，其入围的主要系统如下：

生物特征识别、语音识别和来电识别防止诈骗领域：Leveraging Voice Biometrics and Pindrop in the Call Center/IVR to Prevent Fraud；

财富管理领域:全球计划系统(Global-based Planning System)；

借贷领域:Leveraged Loans Processing、Warehouse Resi Client Portal；

云计算领域:MIFID II ISIN/TOTV Services；

支付领域:Money Movement Strategic Transformation；

大数据领域:Equity Trade Plant Monitoring；

监管科技领域:RegW Processing on Big Data Technology Stack；

人工智能领域:Next Best Action。

此外,摩根士丹利始终认为数据是他们最重要的资产,坚信数据驱动和数字化转型的重要性。摩根士丹利每年会发布约5.5万份研究报告,加上海量的客户和业务数据,比如客户日常事件、生日、老人护理、借贷提醒等,摩根士丹利已经有了自己的数据湖(Data Lake)。传统数据库和网格计算技术已经很难高效处理这些数据,需要借助大数据、人工智能、云计算等技术来处理各种结构化和非结构化数据。为此,摩根士丹利自2010年开始使用Hadoop技术搭建基础架构,在过去几年,该架构很好地满足了公司快速增长的大数据需求。往常几个月才能运行出来的结果,现在几乎能实时完成,这使得公司能够及时发现问题,并能够知道谁做了什么,如何做的,什么时间导致了该事件等。Hadoop技术也给公司提供了可扩展、灵活、强大的解决方案,以供公司用于投资组合分析,也可用于分析整个网站和数据库日志以发现问题。一旦市场突发某一事件,公司就能够快速、实时地掌握并判断这些事件的影响。公司借助Hadoop等开源架构搭建的敏捷系统生态,在生命周期和创新性等方面都比HP、IBM的产品好得多。

在大数据应用方面,摩根士丹利正在探索通过网络真实数据(Wire Data)来发现应用内部的错误。Wire Data通过实时地将海量网络中传输的数据重组成结构化数据,帮助IT运维人员创建行为基线、检测异常行为,进行实时的性能故障定位和排除,进而帮助员工直观地了解业务运行状况。Wire Data既贴近业务,又不需要触及开发团队修改应用,对生产系统零影响。不同于互联网大数据,它更为实时、全面、有深度,不仅可以展现应用程序栈的状况,更可以展现整个交付链的状况。在未来五年内,Wire Data将被证明是监测系统可用性和性能管理最重要的数据来源。2017年,摩根士丹利公司开发了自动化技术来应对金融工具市场指令(Markets in Financial Instruments Directive,MiFID)和压力测试,2018 年还在继续加强这方面的工作。此外,公司持续跟进量子计算,认为该技术在加速风控模型效果、改善安全性方面将大有用武之地。虽然 UBS 等金融机构在测试区块链技术,但摩根士丹利认为区块链技术还处在概念证明阶段,用于常规金融环节仍尚需时日。

(5) 财富管理核心平台:NBA

虽然摩根士丹利一直在将机器学习、预测分析、工作流等现代信息技术应用到财富管理领域,但其始终坚信,客户仍然需要人性化的、有温度的人工客户服务。根据公司的经验,很多客户在与投资顾问沟通时会谈及复杂的生活话题,而摩根士丹利认为这也是投资顾问应该回应的,投资顾问也能够借此发现商机。当然这可能与公司财富管理客户整体年龄较大、更富有的特点相呼应。但摩根士丹利的调查显示,不仅年长的客户,"千禧一代"(一般指 1984—1995 年出生的人)也大多支持人工投资顾问。总之,摩根士丹利不打算用机器投顾完全代替人工投资顾问,他们希望借助机器学习、预测分析等现代信息技术帮助投资顾问更迅速、更敏捷、更高效地服务客户。他们追求的是机器和人工的平衡,从而达到最佳的服务效果。摩根士丹利在财富管理领域的金融科技应用紧紧围绕解放投资顾问、提升客户服务体验开展。

财富管理和人工智能的结合促进了 Next Best Action(NBA) 系统的研发,NBA 是摩根士丹利财富管理业务的核心平台,其他系统都与该系统对接,这也是公司 16 000 名投资顾问的主要工作平台。摩根士丹利花费 6 年时间研发这个系统,此后又迭代运行了多年。2017 年之前的版本基于特定规则向投资顾问和客户提供可供选择的投资建议。规则的固定性使得公司很难为客户开展定制化服务。2017 年,新版本使用了分析预测、大数据、人工智能等现代信息技术,显著提高了投资顾问与客户的沟通能力,可以根据不同客户的需求提供个性化服务。

通过分析研究报告、客户数据和市场数据,NBA 系统可以向投资顾问或客户提供有关市场事件的信息,并深入分析这些事件对客户投资组合的影响,能够有效提高与客户的会话质量和效率。基于每日的相关信息,系统可以像投资顾问一样思考并持续修改建议。系统在几秒钟内就可以查找到客户的资产分布、税收情况、爱好和投资喜好，帮助投资顾问在很短的时间内给成千上万的客户发送定制的信息，构建个性化的客户关系，比如，如果股市突然暴跌，投资顾问可以同时给成千上万客户发布不同的投资建议。总之，NBA 平台目前有三大功能：一是提供投资建议；二是提供操作预警；三是辅助解决客户日常事务。除此之外，NBA 正在打算将公司的投资知识通过系统输出给客户。

为了帮助投资顾问加强客户关系管理，减少投资顾问的琐碎事宜，该平台也集成了 Hassan 软件，构建了场景背后的直通式工作流，基于工作流系统，客户一次输入的信息多次可用，简化了客户操作流程。比如客户发起一个请求后，系统会自动给该客户的手机发送确认信息，客户通过指纹确认后，交易将自动执行。而且该系统的后端集成了防欺诈数据分析引擎，用来检测客户的位置信息，并进行用户行为比较。此外，该平台也采取了大量其他措施来保障安全性。

摩根士丹利的财富管理计划为客户提供上学、就业、旅行、家庭、购房、退休、遗产继承等方方面面的管理。为此，公司构建了 GPS（全球定位系统）系统，该系统是让投资顾问发现和量化客户的长期投资目标。其主要功能包括：为投资顾问提供满足客户需求的投资流程建议；提供节税方案，让客户以更节税的方式管理证券；周期性的跟踪进展，如果储蓄或消费偏离了预定的理财轨迹，那么系统会给出建设性意见和建议，适时调整路线。GPS 系统也集成在 NBA 平台中。

与此同时，为符合潮流，摩根士丹利也与许多大型金融机构一道加入新型支付系统、手机支付网络 Zelle（由行业财团开发，被美国银行、摩根大通、富国银行等采用，类似于国内的微信支付），同时上线可以帮助投资顾问安全地给客户发送文本信息的 Twillio 工具。2017 年 11 月，摩根士丹利财管部门上线最新版本财富管理软件 Morgan Stanley Send Money with Zelle，该软件支持个人对个人的支付服务。用户在手机端就可以安装使用，这将使得客户只需利用接收人的邮件地址或手机号码，就能够从任何一个美国的银行账户进行转账，且操作免费，满足了客户每日管理现金的需求。

# 第 5 章
# 双管齐下：美国智能投顾的监管体系

通过前述章节的介绍我们了解到，智能投顾以其低成本、高效率等特点，迅速成为各路资本争相涌入的资产管理"蓝海"。但是，作为一种新型的投资方式，智能投顾也存在着许多新风险，如技术不确定性、权责划分模糊等问题，给监管机构带来了重大的新挑战。因此，构建健全的智能投顾监管体系是智能投顾发展亟待解决的问题。

美国作为智能投顾的发源地和目前最大的应用市场，其成熟的业务发展模式催生了较为健全的监管体系，为其他国家提供了一个良好的参考框架。因此，本章将在探讨智能投顾监管必要性的基础上，研究分析美国智能投顾现行的监管体系，即政府监管和行业自律相结合的模式。其中，在政府监管这部分，我们将着重介绍美国证券交易委员会（SEC）及其监管政策，而在行业自律这部分则突出美国金融业监管局（FINRA）的职能，并对其发布的监管报告进行阐述。

## 5.1 监管的必要性

近年来,作为金融科技创新的典型代表,智能投顾的发展十分迅猛。与传统的投顾模式相比,智能投顾的独特优势主要体现在透明度较高、投资门槛较低、管理费率低廉、用户体验良好等方面。但是,作为一种新型的投资方式,智能投顾也存在着许多新风险,如互联网的技术风险、平台操作风险、权责划分风险和信息安全风险等问题,给监管机构带来了巨大的新挑战。因此,构建健全的智能投顾监管体系和高效的监管实施制度是智能投顾发展亟待解决的问题。

### 5.1.1 互联网技术风险

智能投顾的运行原理是在大数据背景下,根据客户所填写的投资偏好,通过计算机算法提供最优投资组合和资产配置的建议,并向客户提供账户管理服务。智能投顾业务的开展必须依托互联网和大数据。从这一角度来看,智能投顾与其他线上投资形式一样,也不可避免会遭遇互联网存在的技术风险。无论是美国的"5·6闪电崩盘""骑士资本"事件,还是我国的"8·16光大证券"事件,众多风险事件的发生都表明智能投顾业务在运营过程中可能存在互联网技术风险。互联网技术风险通常表现为两个方面。

其一是网络内部风险。这一风险是算法本身的固有缺陷所引发的,其中包括因编程漏洞或网络维护问题所导致的缺陷、因投资者的实际风险偏好与算法导出的投资组合不匹配所导致的缺陷,以及投资模型因市场波动因素而导致有效性被削弱的缺陷等。这些固有算法缺陷的存在,导致智能投顾在实际操作时会出现不同程度的风险问题。

其二是网络外部风险。网络外部风险是所有金融科技都会面临的风险,其中主要包括病毒侵入、黑客攻击、网络异常或瘫痪、交易迟延等风险。

网络外部风险与算法缺陷所导致的技术风险的不同之处在于,网络外部风险的存在具有普遍性和系统性,即只要使用该系统的投资者就都有可能遭受该类风险,而内部算法缺陷导致的风险则具有特定性,只针对使用该算法或模型的个人投资者。

## 5.1.2 平台操作风险

智能投顾的整个服务过程,从对投资者偏好的评定、服务合同的成立和生效,到平台进行相关指令的操作,都是通过线上形式进行的。这样的投资服务模式有着高效、便捷、低价等优点,但由于涉及的主体复杂,使得其在业务开展过程中投资组合的产生和投资资金的流向更加不透明,这很可能会产生操作风险。操作风险主要包括以下两类。

第一类是一般投资者的操作风险。对投资者来说,完成投资过程通常只需要几个简单的点击动作,就可以完成服务合同的成立和生效。这种情况下,如果投资者的自我保护意识不强,没有仔细阅读合同条款或者未仔细分辨合同内容是否符合自己的意思,就会在无形中加强投资者的风险责任承担。例如,智能投顾平台将自身完全免责条款、全权委托业务的授权条款加入服务协议当中,构成格式条款,以此来减轻或免除平台自身的法律责任。而普通投资者由于缺乏相关投资知识,与智能服务平台间存在信息不对称,以及由于投资者对电子契约的认识不足,不能很好地识别契约中格式条款的含义,签订了不符合其真实意愿的合同,这些情况不利于对投资者合法权益的保护。

第二类是营运者的操作风险。该类风险主要表现为程序缺陷造成的指令执行失误、违背信义义务为投资者带来不符合其投资偏好和风险承受能力的操作风险。智能投顾营运者操作风险的特点是涉及风险资金金额巨大,一旦出现操作失误,很可能给投资者造成巨额的投资损失,导致民事赔偿责任的产生。如果出现内部人员故意操作失误,则可能伴随有内幕交易、操纵市场等行为的出现,都会给投资者造成巨大的损失。

### 5.1.3 权责划分风险

技术的应用,在促进金融服务去中介化的同时,也使得服务过程呈现碎片化趋势,由于多家金融机构或科技公司共同为智能投顾工具提供支持,每个公司可能仅负责某一环节的运营工作。当发生纠纷时,不易确定具体的责任承担主体,从而加剧了相关机构的营运风险;另外,在缺乏有效的法律制度来明确金融机构与外包服务商权责划分的情况下,金融机构往往会凭借"甲方地位",加重外包服务商的责任,从而引发相关机构之间更多的法律纠纷。

此外,因智能投顾业务过程复杂、涉及业务领域众多,在法律法规适用上也难以集中,需要通过多个法律法规及规范性文件对不同阶段的业务操作进行规制,这容易导致实际操作过程中的监管界限不明,为各监管部门在监管执行过程中的许可界定增加了难度。监管界限不明可能导致实际监管过程中出现监管真空或相互推诿的现象,而很多智能投顾平台也因为缺少有效的、有针对性的监管,纷纷出现超越主营业务范围开展经营活动的现象。

### 5.1.4 信息安全风险

近年来,在巨大的商业利益诱导下,个人信息被非法利用的案件频繁发生。通过事前的个人信息调查问卷等方式,智能投顾平台通常能够掌握到投资者的大量个人信息,比如年龄、家庭成员、收入状况、投资偏好及风险容忍度等,而在投资交易过程中又获取投资者的交易信息、账户信息等。这些信息关系到投资者财产的安全,如果因为平台内部管理不善或者遭受外部网络攻击致使投资者的个人信息泄露,可能会使投资者的利益遭受极大的损失。

基于以上这些理由,充分关注智能投顾的监管问题是非常有必要的。美国作为全球智能投顾发展最领先的国家,在该领域的监管体系相对也最为成熟,因此,下文我们将对美国的监管体系进行详细剖析。

## 5.2 美国现行监管体系

美国作为智能投顾的发源地和目前最大的应用市场,其成熟的业务发展模式催生了相对较为健全的监管体系,为其他国家提供了一个良好的参考框架。本节主要对美国与智能投顾相关的监管机构和政策进行梳理,包括政府监管和行业自律,以期对我国智能投顾行业监管体系的完善提供借鉴。

### 5.2.1 政府监管

根据政府与市场力量在监管中的不同作用,可以把世界各国的资本市场监管模式划分为三种类型:政府主导型、自律主导型和中间型。美国的证券监管模式属于政府主导型的典型代表。即使同属于政府主导型证券监管模式,美国与日本、中国的政府主导型监管模式又有着显著的不同:中国、日本等国的证券市场监管由政府下属的一个部门来承担,而美国则由 SEC 这样一个独立于行政当局、超党派、准司法性的管理机构承担。

#### (一) 主要监管机构:SEC

美国的证券监管包含了 SEC 监管、州政府监管,以及联邦证券交易所和美国证券交易商协会自律监管三个层次,其中 SEC 监管居于核心和关键地位,联邦证券交易所和美国证券交易商协会自律监管统称为行业自律,属于第三层次的监管。

美国的 SEC 及现代证券监管法律制度建立于大萧条后的罗斯福新政时期。在罗斯福新政期间,美国国会相继通过了以贯彻"披露原则"为主的《1933 年证券法》(Securities Act of 1933)与《1934 年证券交易法》(Securities Exchange Act of 1934),这两部法律连同随后几年通过的《1935 年公共事业控股公司法》(Public Utility Company Act of 1935)、《1940 年投资公司法》和

《1940年投资顾问法》共同构成了美国证券监管制度的基本框架,美国证券监管体系由此走向以登记、披露为主的证券监管模式。此后,又通过了《1970年证券投资者保护法》(Securities Investor Protection Act of 1970)、《1978年破产改革法》(Bankruptcy Reform Act of 1978)、《2002年萨班斯-奥克斯利法》(Sarbanes-Oxley Act of 2002)和《多德-弗兰克华尔街改革与消费者保护法》(Dodd-Frank Wall Street Reform and Consumer Protection Act)等法律以及与SEC配套的规章制度,这一模式不断走向完善。

(1) 设立SEC的动因

美国在立国后长达一百多年的时间里,政府一直奉行自由经济政策,思想界和舆论界也推崇自由经济主义,联邦政府对经济的干预和管制也维持在较低的限度。罗斯福总统之前的柯立芝总统和胡佛总统都信奉自由放任的经济政策。柯立芝有一句名言:"这是一个商业国家……因此,它需要建立一个商业性的政府。"胡佛对美国经济进行了有限度的、不彻底的干预,但始终是摇摆不定的。因此,在美国整个国家的思想、舆论、政策都尊崇自由放任而对政府干预抱有敌视和怀疑态度时,《1933年证券法》和《1934年证券交易法》的出台以及SEC的成立势必有其深厚的经济、政治动因,也势必会经历激烈的交锋。之所以将三者并列,是因为SEC是《1934年证券交易法》的直接产物,而《1934年证券交易法》(主要监管证券交易)则是《1933年证券法》(主要监管证券发行)的必然的逻辑延续,在时间间隔上也不到一年。SEC设立的主要背景和动因有以下几点。

其一,经济动因:1929年大股灾的爆发和持续。1929年9月1日至1932年7月1日,纽约股票交易所上市股票总市值从900亿美元缩水至160亿美元以下,损失高达83%。同期,纽约股票交易所上市的债券总市值也从490亿美元降至310亿美元。主要的蓝筹股,如通用电气、美国钢铁公司在这期间也曾几度出现市值缩水90%的情形。在1929年大股灾之前,美国股市是一个大牛市。在20世纪20年代的前8年时间里,纽约股票交易所的所有上市证券价格几乎都翻了一番。但这并没有明显偏离上市公司的利润增长:在整个20年代,上市公司的利润增长了80%。只是在1928年——柯立芝总统执政的最后一年,股票市场才开始狂涨起来。1928年3月以后,各种股票的价格仅仅用18个月就又翻了一番。柯立芝总统未对股票市场的狂热采取任何措施。胡佛总统虽然意识到了"不断增长的投机浪潮"的可能后果,并且在理论上同意联邦政府进行适度的干预,但是在具体行动上犹豫不决,以致错失良机。

其二,政治动因:佩科拉听证会。1932年4月11日,参议院银行业与货币委员会对1932—1934年间证券交易行为的调查结果举行了听证会。由于参议院银行业与货币委员会法律顾问费迪南德·佩科拉在这次调查中发挥了决定性作用,这次听证会被人们称为佩科拉听证会。正是通过佩科拉听证会,花旗银行、摩根财团、英萨尔公司等的一系列丑闻得以揭露。佩科拉听证会的目的是找出证券市场价格暴跌的原因,并提出立法建议,避免类似的股灾再次发生。从这个意义上,佩科拉听证会较完美地达到了目的:它直接影响了《1933年证券法》的性质,同时也影响了SEC的性质。根据佩科拉的调查,SEC的一项重要的、长期的任务应该是:强迫上市公司披露与证券市场相关的信息。

其三,法律动因:《蓝天法》的失败。在《1933年证券法》和《1934年证券交易法》出台前,美国并没有一部联邦层级的证券监管法律,对公司证券发行的管辖权主要由各州行使。在19世纪,公司股票发售主要受各州公司法的监督。但各州为了自身利益逐步放松公司法对股票发行的各种限制,如允许发行低面值或无面值股票、允许发行"掺水股票"(股票价格高于认购股票所需财产的价格)。松弛的州公司法显然无法对防止证券欺诈行为起到作用。1911年,堪萨斯州颁布了第一部州证券法,又被称为《蓝天法》。堪萨斯州的这种立法模式迅速传开,美国各州竞相模仿。1917年,堪萨斯类型的《蓝天法》的合宪性得到最高法院裁定肯定,这项运动迅速波及全国,到1933年年底,除内华达州以外的州都通过了《蓝天法》。但是实际上投资银行通过邮政系统发售证券就可以轻易规避《蓝天法》的约束,而且由于投资银行的游说,《蓝天法》对很多类型的证券发行进行了豁免。

其四,思想动因:披露理念。路易斯·D. 布兰代斯(Louis D. Brandeis)是对美国首次联邦证券监管立法的披露产生最大影响的人。在1914年出版的《他人的钱财》(*Other People's Money*)中,他坚定地推崇公开是救治一般社会和行业疾病的良方,即"阳光是最好的消毒剂,电灯是最有效的警察"。同时,布兰代斯认为,法律不应试图使投资者避免做吃亏的生意,更不应承担(与铁路和公共事业有关的少数情况例外)保证银行家利润的任务。他在著作中以《食品卫生法》为例说明其观点:该法并不保证食品的卫生或价格,但确实有助于消费者通过要求披露食品的成分来判断其质量。披露理念最终成为《1933年证券法》和《1934年证券交易法》的主要立法理念。

以上动因中,经济动因,也就是1929年股灾的爆发和持续无疑是主导因素。此外,值得指出的是,在证券立法的过程中,以纽约股票交易所为代表的金融界保守势力自始至终进行了激烈的反抗,最终出台的两部法律也是妥协和折中的产物。妥协性和折中性在稍后出台的《1934年证券交易法》上体现得尤为明显。

一方面,旧法案中的几个实质性条款都被弱化了:①推翻了草案最初设置的固定保证金贷款限制,该限制规定投资者的初始保证金贷款限额不能超过该只证券当前市价的55%或过去36个月最低价格的100%,并且联邦储备委员会有权增加或减少限额;②卖空行为没有得到禁止或严格限制;③在交易所会员制度方面没有进行实质性改革:在遵守SEC批准的规则下,场内交易商被允许继续存在;专家经纪人制度几乎不变;经纪商和交易商功能分离的设想也没有得以实现。在这一系列有争议的问题上,国会采取了一种明智的策略,要求SEC在1935年完成对纽约股票交易所会员制度的研究;在1936年完成对经纪商与交易商功能分离制度的研究;在1936年前完成对非上市证券的研究。国会只是宽泛地定义了SEC的专业领域,并允许它在授权范围内自己去打造具体架构。

另一方面,新政派还是取得了重大胜利,这首先体现在成功地"在华尔街上设置了一个巡警",即SEC。《1934年证券交易法》的核心是第四条,该条款创造了SEC,并授权它作为执行机构,承担对《1933年证券法》的管辖权。此外,新政派的胜利还体现在:要求股票交易所注册登记;授权SEC批准股票交易所的规则;发行证券并在某个交易所挂牌交易的公司,必须向SEC提交注册文件,并提供年度报告和季度报告;最重要的是,要求SEC"在认为必要的时候以适当的方式在涉及公众利益和保护投资者利益方面"行使发布规则的自主权。

(2) SEC 的监管职责

SEC 是依据《1933 年证券法》和《1934 年证券交易法》于 1934 年成立的联邦独立监管机构。这两部奠定美国证券监管基石的法律要求：①公开发行证券的公司必须就其商业经营、证券发行、投资风险等信息作出真实披露；②证券交易买卖方——证券经纪人、交易商、交易所等——必须公平、诚实地对待投资者，并将投资者利益置于首位。

SEC 负责监管美国证券市场及主要的参与主体，包括证券经纪人、交易商、投资银行、投资顾问、清算机构、过户代理人、信用评级机构、证券交易所等。SEC 还负责监管以下机构：美国金融业监管局（FINRA）、市政证券规则制定委员会（Municipal Securities Rulemaking Board, MSRB）、公众公司会计监督委员会（Public Company Accounting Oversight Board, PCAOB）。根据《多德-弗兰克华尔街改革与消费者保护法》，SEC 管辖权进一步扩大至衍生品市场的特定参与者、私人基金顾问、市政债券顾问等。

SEC 每年对证券违法者采取数以百计的执法行动，这些违法行为包括内部交易、会计舞弊、虚假和误导性信息披露等。

(3) SEC 的机构设置

SEC 总部位于华盛顿特区，并在纽约、波士顿、费城、芝加哥、旧金山等地设立 11 个地区办公室。地区办公室主要负责调查和起诉违反证券法的行为，同时负责检查投资顾问、投资公司、证券交易商、经纪人等被监管主体。

SEC 由五个主要的下属部门组成：执法部，公司融资部，交易与市场部，投资管理部，风险、战略与金融创新部。主要机构的组成和职能如下。

① 执法部。该部主要职责包括：负责审核和指导地区办公室的所有执法行动，监督依据联邦证券法律所实施的调查，采取禁止措施，还负责审核移交给司法部以提起刑事诉讼的案件。从人员编制和经费预算来看，执法部是 SEC 最重要的部门。

② 公司融资部。该部主要职责包括：协助委员会制定 SEC 管辖下所有公司的经济和财务报告的披露准则，并要求其遵守；根据《1933 年证券法》《1934 年证券交易法》《1939 年信托契约法》（Trust Indenture Act of 1939）及《2002 年萨班斯－奥克斯利法》等法律要求实施披露要求。

③ 交易与市场部。该部主要职责包括：协助委员会监管美国全国证券交易商协会（National Association of Securities Dealers，NASD）等自律性组织、全国性的证券交易所，以及根据《1940 年投资顾问法》登记的经纪商和交易商。

④ 投资管理部。该部主要职责包括：协助委员会施行《1940 年投资公司法》《1940 年投资顾问法》以及《公共事业控股公司法》等法案。

⑤ 风险、战略与金融创新部。该部主要职责包括：为委员会制定规则提供经济分析支持；为规则审查、检查和执法项目提供数据支持等。

（二）监管政策

2017 年 2 月，SEC 投资管理部发布《智能投顾合规监管指南》，依托于美国《1940 年投资顾问法》，将智能投顾纳入对投资顾问的监管体系中，并且对智能投顾作出了额外的详细规定（全文详见附录 1）：

（1）信息披露的内容与表述方式

客户从投资顾问处获取的信息，对于他们是否能作出明智的决定至关重要，他们需要具体决定的内容包括是否参与投资以及如何管理与投资顾问的关系。

作为受托者，投资顾问有义务充分且公平地披露所有信息，并且尽到合理的强调义务，以避免误导客户。他们提供的信息也必须是具体的，必须以一种客户可以阅读（如果是书面形式）并且理解的方式呈现，使客户能够理解投资顾问的商业操作习惯和利益冲突。

客户是在人机交互的环境下和智能投顾建立关系，这一过程中可能会存在很多限制。在现有模式下，投资咨询关系的建立可能严重依赖于邮件、网站、手机应用等电子媒介，同时也离不开它们所披露的信息。因此，智能投顾应充分考虑客户在人机交互的过程中能否作出合理的投资决策(参与或终止投资)。更进一步地说,智能投顾的业务模式是十分特殊的,这种特殊性体现在对算法和网络媒介的高度依赖。这些特性也决定了智能投顾应该寻求更为有效的方式去和客户讨论并解释有关咨询服务的风险和局限,以及操作方面的问题。因此,正如下文我们所讨论的,当智能投顾在设计披露内容时,应考虑到如何向客户解释业务模式和投顾范围,以及如何为客户提供实质性信息。

首先,在业务模式的解释方面,由于客户在理解智能投顾如何提供服务时会有潜在的偏差,为了解决这些问题,除了披露必需的信息,还应该披露与智能投顾有关的特殊商业习惯和关联风险。智能投顾业务应提供的信息包括:

① 对管理客户账户的算法的说明。

② 对管理客户账户的算法功能的描述(例如,产生推荐投资组合的算法,投资和调整个人客户账户的算法)。

③ 对管理客户账户的算法的假定和限制的描述(例如,如果此算法是基于现代投资组合理论,那么就需要提供关于这个理论的假定和限制的描述)。

④ 对管理客户账户的算法所固有的特定风险的描述(例如,算法程序可能在调整客户账户时没有考虑市场环境或者比客户的预期更大程度地依靠市场环境,算法程序可能无法处理市场环境的长期变化)。

⑤ 对任何可能导致智能投顾算法程序失控的环境的描述(例如,智能投顾可能会在紧张的市场环境中停止交易或者采取其他的临时防御措施)。

⑥ 对任何第三方参与开发、管理或者持有的用于管理客户账户的算法程序的描述,包括对某项安排所产生的利益冲突的解释(例如,如果第三方一方面为智能投顾提供一个算法程序,并在费用的收取上打了折扣,另一方面却引导客户去投资第三方可以赚取费用的产品)。

⑦ 应说明直接收取的所有费用以及客户会直接或者间接承担的所有其他花费(例如,客户向投资顾问咨询时可能支付的费用,保管费用或共同基金的费用,经纪业务和其他交易业务的费用)。

⑧ 相关人员参与监督和管理个人账户的程度的说明(例如,投资顾问可

以监督算法程序,但是可能无法监控每个客户的账户)。

⑨ 对智能投顾如何利用从客户处收集的信息产生推荐的投资组合,以及可能产生的缺陷的描述(例如,如果使用了问卷调查的形式,那么对于问卷调查的反馈可能是智能投顾提供建议的唯一根据;再例如,智能投顾可否获得客户的其他信息或者相关账户,如果可以,又是如何利用这些信息产生投资建议的)。

⑩ 对客户需向智能投顾更新原有信息的方式和时间的说明。

其次,在投顾的范围方面,智能投顾应该明确描述它们所提供投顾服务的内容和范围,并且尽到合理的注意义务,避免在描述这些服务范围时产生错误的暗示或意思以致误导客户。基于此,至少应该做到:

① 必须为客户提供一份详尽的财务计划(例如,充分考虑客户的税务情况或债务承担)。

② 在投资亏损避税服务中提供较全面的税务建议。

③ 通过问卷调查所收集的信息都需要在提供投资建议时被考虑在内(例如,关于智能投顾及其分支机构或第三方掌控的客户的其他账户的信息,客户提交的补充信息)。

最后,在披露的展示方面,智能投顾可能不会像投资咨询人员那样向客户重点阐述或解释重要概念,客户可能也不大愿意阅读或者了解密集且难懂的披露内容,而且因为智能投顾较为依赖通过在线披露的方式为客户提供信息,所以在交换关键信息、风险信息以及发布免责声明时可能会出现某些方面的问题。因此,智能投顾在披露时应尽可能注意以下几个方面:

① 关键信息的披露应该在注册环节之前完成,以便客户在参与并通过智能投顾进行任何投资之前就知晓投资决策所需的信息。

② 关键信息应该特别突出(例如,通过像弹出框一样的设计来显示)。

③ 一些附加信息应该伴随着互动文本(例如,设计提示框)或者通过其他方式提供给需要更多信息的客户(通过设置常规问题与解答)。

④ 披露的内容和形式应该能够恰当地应用在移动网络平台上。

(2) 提供适当的建议

投资顾问的诚信义务包括满足客户最大利益的义务和提供最合适投资

建议的义务,投资顾问应始终如一地履行这些义务,并且必须合理地评断出其提出的投资建议是恰当的,而且是基于客户的财务状况和投资目标而作出的。

首先,可以通过问卷调查收集客户信息。绝大多数智能投顾都主要是基于客户对网上问卷的回复来提供投资建议的。这些问卷在长度和内容上各不相同,问题内容可能包括客户的年龄、收入、投资期限、风险承受能力等。但一些调查问卷的设计并没有给予客户一个提供更多信息和背景的机会,此外,智能投顾可能不会跟进或者再次确认客户的回复,或者在客户填表时提供帮助,因此,鉴于这种有限的交互作用,应考察调查问卷的设计是否能够获取足够的信息以保证智能投顾提供适当的投资建议,具体可考虑以下因素:

① 通过这些问题是否可以获得足够的信息,以便智能投顾能根据客户的财务状况和投资目标,作出适合客户的投资建议。

② 调查问卷中的问题是否充分、清楚和准确,或者调查问卷是否能够在必要时向客户提供附加声明或所需范例(例如,设计一些功能,如工具提示或弹出框)。

③ 是否采取了一些措施来解决回复不一致的问题,比如,在调查问卷中加入一些设计,使得在客户的答复出现内在矛盾时提醒他,并告知希望其重新考虑并作出回答;或者使得系统可以自动标记客户提供的明显不一致的信息,以供智能投顾审阅或跟进。

其次,要制定客户导向的投资策略。许多智能投顾为客户提供了选择其他投资组合的机会,而不是仅仅推荐单一组合。然而,在一些智能投顾平台上,客户并没有机会与咨询人员进行商讨,以确定该组合与自己陈述的投资目标和风险概况相匹配。这可能会导致尽管某个智能投顾的选择是基于客户对调查问卷的回复作出的,但其实并不是一个适合该客户投资目标和风险预测的投资组合。

因此,为了使智能投顾的行为能符合客户的最大利益,应该考虑提供评注功能,用以说明它为什么认为特定的投资组合可能更适合于某一特定目标和风险预测。就这一点而言,当客户所陈述的目标与智能投顾所选定的投资组合之间存在不一致时,智能投顾可以考虑通过弹出框或其他功能来提醒客户。

(3) 有效的合规管理方案

在制定合规管理方案时,智能投顾应该注意其业务模式的特殊方面,例如,其对算法程序的依赖、在人际交互中的限制,以及通过互联网提供咨询服务可能会为智能投顾制造或增加的风险,这理应通过书面政策和程序加以解决。因此,除了通过书面政策和程序来解决与传统投资顾问有关的问题,智能投顾还应考虑是否可以通过书面政策和程序来处理以下问题:

① 算法代码的开发、测试和回溯以及后期运行阶段性能的监控(例如,代码在编入智能投顾平台之前,需要进行充分的测试;代码上线后,仍需要对其进行定期的测试,以确保代码的运行表现与之前所描述的相一致;对代码的任何修改都不能对客户的账户产生负面影响)。

② 调查问卷提供了充分的信息,使智能投顾能够根据其财务状况和投资目标,判断出其初步建议和正在进行的投资建议是否适合该客户。

③ 向客户披露可能对其投资组合产生重大影响的算法代码的更改。

④ 对开发、拥有或管理智能投顾所使用的算法代码或软件模块的任何第三方进行适当的监督。

⑤ 预防、侦测和应对网络安全威胁。

⑥ 与咨询服务营销有关的社交和其他形式的电子媒体的使用。

⑦ 有关客户账户与核心咨询系统的保护。

总而言之,本指引旨在向智能投顾提供建议,以便智能投顾充分履行法律规定的义务。由于投资咨询业在不断创新,并力争通过多途径多方法地向客户提供咨询服务,因此相关工作人员将会对这些创新履行监管职责,并在有需要时实施保障措施,以协助推动这种创新发展并保护投资者合法权益。

## 5.2.2 行业自律

自律组织(Self-regulatory Organization, SRO)是一类非政府组织,有权制定和执行独立的行业法规与标准。对于金融行业自律组织(如证券交易所),优先考虑的是通过制定促进道德、平等和专业精神的法规和程序标准来保护投资者。在美国,金融行业自律组织主要包括纽约证券交易所(New York Stock Exchange, NYSE)、财务规划协会(Financial Planners Association, FPA)、芝加哥期货交易所(Chicago Board of Trade, CBOT)、美国人寿保险理事会(American Council of Life Insurers, ACLI)、美国金融业监管局(FINRA)等。

由于这些自律组织对行业或专业具有一定的监管影响力,因此它们通常可以作为防范欺诈或不道德行为的监督机构。政府将行业监管的某些方面委托给自律组织,虽然这些自律组织是私人组织,但其制定的法规和标准可以成为政府监管体系的有效补充。

一旦自律组织制定了指导行业行为的规则和条款,这些规则就具有约束力,不遵守规定的企业和相关人员可能会受到制裁。此外,这些自律组织通常设定了企业或专业人士准入的标准,例如具有特定的教育背景或以业界认为合乎道德的方式工作。

金融行业自律组织的另一项职能是向投资者介绍合规的商业行为。自律组织将提供信息并允许会员对其关注的领域提出意见,其中可能包括对于欺诈等行业行为的警示等。自律组织还可以帮助投资者了解他们的投资如何运作,并就减轻与证券业相关的潜在风险提出建议。

### (一) 监管机构:FINRA

(1) 概况介绍

FINRA 是目前全美最大的独立非营利监管机构,对全美 4 200 多家经纪公司、16.2 万家分支机构及约 63 万名注册证券从业人员进行监管,其职责是确保证券行业公平和诚信的运营,从而保护全美投资者。FINRA 的独立监管在美国的金融体系中扮演了极其重要的角色,其监管范围涉及证券业务的方方面面,包括从业人员的注册和培训、证券公司合规检查、业务规则的制定和执行、投资者教育和宣传、信息服务的提供和金融基础设施建设等。

FINRA 是实行会员制的非营利组织,理事会是其最高决策机构。FINRA 超过半数的理事为公众理事,代表公众投资者利益。FINRA 理事会下设若干委员会和顾问委员会。

FINRA 在美国华盛顿特区、纽约及其他地区共设有 20 个办公室,约 3 400 名员工,内设 3 个子公司。FINRA 接受 SEC 监管,SEC 负责批准 FINRA 制定的所有规则,以及定期对 FINRA 的运作进行检查。

(2)机构设置

FINRA 内设监管公司、争议仲裁公司、投资者教育基金等子公司,各自履行相应的专项职能。

① 监管公司。FINRA 监管公司(FINRA Regulation)承担美国金融业的行业自律监管职能,包括:制定和解释自律规则;决定美国金融业的自律监管政策;通过考试、检查、调查、执法、纪律和其他项目等措施来管理和执行法律法规;管理专业听证官;组织实施资格考试和继续培训项目;运营中央结算登记第三方;决定申请者是否达到 FINRA 会员入会标准;监督其所有地区办公室建立投诉内部调查程序;管理场外交易市场等。

② 争议仲裁公司。FINRA 争议仲裁公司(FINRA Dispute Resolution)是证券业最大的仲裁机构,在美国特拉华州注册,拥有 7 000 多名仲裁员和 1 000 多名调解员。争议仲裁公司代表 FINRA 理事会管理争议仲裁业务,提供仲裁和调解服务,包括伦敦和圣胡安(波多黎各首都)各 1 家,以及全美 50 个州每州至少 1 家,专门解决投资者和证券交易商之间的资金、业务及雇佣纠纷。该公司行使以下职权:制定、解释规则和规章;决定仲裁相关政策;管理仲裁、调解和其他争议项目;编制争议仲裁公司的年度预算和业务计划;管理仲裁费用;协调争议仲裁外部关系等。

③ 投资者教育基金。2007 年 FINRA 成立时,接手了美国全国证券交易商协会(NASD)的投资者教育基金,后来该组织更名为 FINRA 投资者教育基金(FINRA Investors Education Fund)。投资者教育基金的运作与 FINRA 相对独立。一方面,投资者教育基金通过官方网站发布大量的投资指南和研究报告,为投资者提供帮助;另一方面,投资者教育基金注重投资者教育的资金支持和培训研究,通过设立大学奖学金来资助投资者教育研究、创新教育项目及相关后续项目评估。自成立以来,投资者教育基金获批的金融教

育和投资者保护项目金额已超过了6 300万美元。

(3) 主要职能

FINRA致力于保护投资者利益和促进市场完整性,履行会员监管、市场监管、制定和执行相关法律法规以及产品广告审查等职能,并提供会员服务、争议调解和仲裁以及投资者教育等服务。

其一,会员监管。FINRA主要通过其分布于全国的地区办公室(District Offices)以及风险监督和运营监管办公室(Office of Risk Oversight and Operational Regulation)对会员进行监管。在市场准入方面,证券交易商需要在美国SEC注册,同时还需注册成为FINRA的会员。在2007年7月的全美证券业协会和纽约证券交易所的部分职能合并过程中,根据相关资产购买协议规定,FINRA承接了纽交所的会员监管和风险评估等职能。对已注册的会员,FINRA通过地区办公室对会员的商业行为是否符合监管要求、会员资本是否充足和交易记录等进行监管。地区办公室的地理位置也反映了各地区交易商的集中情况。对于大型的清算公司会员和大额全球交易商会员,FINRA通过风险监督和运营监管办公室进行监管。FINRA也对会员券商进行现场检查,主要包括审核原始文件及回答重点问题等。检查人员对每个检查要点写出意见,最终形成检查报告。此外,FINRA还有一系列非现场检查措施,包括审核报表与年度审计报告,要求会员上交公司特殊事项和客户投诉报告、客户盈余报告等文件和报告。FINRA针对损害投资者的行为进行调查,对注册会员违规操作、投诉等信息进行审核,并通过执法部门(Office of Enforcement)对违法行为进行处理。

其二,市场监管。2010年5月,FINRA根据协议承接了纽交所的市场监管及相应的处罚职能(纽交所保留交易规则制定及相应的处罚职能)。此外,FINRA为几乎所有的股票期货交易所提供签约的市场监管服务及内幕交易监控,并依法监管场外市场(Over-the-counter Market,OTC Market)。FINRA主要通过市场监管办公室(Office of Market Regulation,OMR)和欺诈交易监测及市场信息办公室(Office of Fraud Detection and Market Intelligence,OFDMI)实施市场监管职能。其中,欺诈交易监测及市场信息办公室专门打击内幕交易和欺诈交易。市场监管办公室监管除内幕交易和欺诈交易的其他市场活动,包括交易报告、报价和交易指令的执行与审查等。市场监管办公室通过成立不同的子办公室,对各种类型的市场活动进行跟踪。

其三,制定和执行行业法规及联邦证券法律法规。在 SEC 的监督下,FINRA 总顾问办公室(Office of General Counsel)负责制定、修改及解释 FINRA 监管法规。除了制定法规,FINRA 最重要的职能之一是执行美国金融业监管局、美国市政债券决策委员会(Municipal Security Rule Board,MSRB)制定的业务规则以及联邦证券法律法规。通过会员监管部、市场监管部和其他部门(如产品审查部)的监管,FINRA 执法部门对监管中发现的违规行为进一步处理。FINRA 的自律处罚主要分为两个层次:一是情节不严重的,采取警告性处分;二是如果情节严重,则由执法部门向 FINRA 听证中心提出正式控诉,由听证中心组成陪审团进行听证。如违法情况属实,由 FINRA 对违法会员进行处罚,处罚措施包括谴责、罚款、暂停或撤销会籍、暂停或撤销执业人员从业资格。FINRA 可要求违规人员或公司对受害者进行补偿。受到处罚的公司或个人有权就 FINRA 的处罚向美国裁决委员会(National Adjudicatory Council, NAC)提起申诉。

其四,产品广告审查与备案。FINRA 执行广告监管职能,负责会员公司金融产品广告审查和备案,以便向公众保证其宣传的客观性和无误导性。FINRA 规定,包括政府债券、期货、期权等在内的所有广告和销售手册都必须以清晰、客观的方式进行列示,向 FINRA 申请备案审查。与共同基金、信托产品有关的广告和销售手册除了遵守 FINRA 的规定,还必须符合 SEC 的相关规定,如强制披露的信息和信息的及时性等。2011 年,FINRA 共审查了 105 329 起投资宣传广告,并协助会员监管部、市场监管部和执法部门的相关工作。

其五,会员服务。会员服务主要包括会员单位会籍注册管理、资格考试、后续培训、合规教育、信息透明服务等。会员单位会籍注册管理职能主要涉及会员入会申请、会籍日常管理和备案等业务。根据监管协议,FINRA 还可以为其他自律组织代为处理其会员单位会籍申请,如为美国证券交易所、纽约证券交易所、纳斯达克证券交易所等交易所代为处理其会员入会申请业务。FINRA 要求所有的证券经纪人都在 FINRA 注册,并通过资格认证考试。FINRA 对执业及从业人员进行后续培训,主要设置监管基础(The Regulatory Element)和公司基础(The Firm Element)两个培训项目,培训内容包括行业规范、合规要求、职业道德、监管主体和实务等方面。在合规教育方面,FINRA 通过建立研究中心(The FINRA Report Centre)及举办研讨会、视频会议、个人课程、在线课程等形式提供合规教育资源,帮助证券公司及个人合规经营、合规执业。FINRA 主要通过以下三个系统为会员和自身监管需要提供信息透明度:①交易报送及合规系统(Trade Reporting and Compliance Engine,TRACE),该系统报告 OTC 二级市场固定收益类证券、按揭抵押证券(Mortgage-backed Security, MBS)以及资产支持证券(Asset-backed Security, ABS)的交易情况;②自动报价和成交信息发布系统(Alternative Display Facility, ADF),该系统仅适用于未在美国证券交易所发布报价及交易的 FINRA 会员单位,证券公司可通过 ADF 发布交易报价;③交易报告系统(Trade Reporting Facilities),该系统报告成交时间 90 秒内的 OTC 挂牌交易数据,其目的主要有两方面,一是通过公共数据服务机构向公众发布信息,二是用于监管需要。

其六,争议调解和仲裁。FINRA 设有证券行业最大的争议调解仲裁机构,处理全美 99% 以上的证券纠纷案件。争议调解仲裁机构分别在纽约、伯克莱屯、芝加哥、洛杉矶设有 4 家办公室,并在全美及世界其他地方共设有 72 个听证点,其中包括波多黎各和伦敦,并通过与交易所签订合同协议,为其提供争议调解服务。纠纷解决包括调解和仲裁两部分。调解由当事人自愿提起,需要提交调解协议。调解主任对于争议事项是否符合调解条件行使唯一决定权。同意调解后,当事人可自行选定调解员,然后由调解员选定调解日期,对争议事项进行开庭调解。当调解不能解决纠纷时,当事人可选择仲裁程序,要求当事人提出请求并提交书面协议。如果当事人要求的索赔在 2.5 万美元以下,则只需仲裁员根据双方提交的相关资料作出决定并宣读即可。如果当事人要求的索赔在 2.5 万美元以上,或者虽低于 2.5 万美元但要求举办听证会的,仲裁员将尽快安排听证。如果争议由仲裁小组进行仲裁,那么仲裁决定将基于该小组大部分成员的意见作出。FINRA 的仲裁决定为最终决定,即使之后有新的证据出现,此决定也不可更改。

其七,投资者教育。FINRA 设有投资者教育基金来管理证券经纪人诚信系统(Broker Check System)。投资者可通过该系统了解经纪人的执业和合规等信息。同时,投资者教育基金通过官方网站发布大量的投资指南和研究报告,从自我保护、明智投资、市场数据等方面为投资者提供帮助。FINRA 投资者教育基金主导的投资者教育工作侧重于投资者教育的资金支持和培训研究。自成立以来,投资者教育基金获批的金融教育和投资者保护项目金额已超过了 6 300 万美元。2011 年,FINRA 投资者教育基金推荐并管理了 112 项补助支持的项目,研究并促进金融和投资者教育;同时就高等教育中大学生贷款问题开展研究合作;并于 2011 年 8 月与斯坦福大学合作发起设立防范金融诈骗研究中心(Financial Fraud Prevention Research Center)。

## (二)监管建议:《DIA 报告》

2016 年 3 月 15 日,FINRA 发布了《数字化投顾报告》(Report on Digital Investment Advice,以下简称《DIA 报告》)。虽然这份报告不是正式的法规,但作为美国首个与智能投顾相关的官方监管文件,其具有明显的前瞻性和指引作用(全文详见附录 2)。

(1)对一些基本概念的说明

首先,FINRA 的《DIA 报告》用"数字化投顾"(Digital Investment Advice)而不是用"人工智能投顾"(Artificial Intelligence Investment Advice)或其他带有"robot"的概念,体现了其本身是从监管层面视角来考察的立场,明确了监管的对象和目标。作为监管层,FINRA 没有办法也没有必要对服务商提供的人工智能艾真体(Agent)的"智能"进行明确的度量,因此,FINRA 从外部来看,无论这些服务商采取什么样的方式实现"智能",它的输出都具有统一的表现形式,即"数字化投顾"。

FINRA 确定了其监管的理念:不关心服务商的人工智能是如何做的,而主要关心它向用户提供了什么,即它的输出。与此同时,FINRA 也无法区分一些"在线投顾"的数字化投资建议到底是纯机器产生的,还是有人类参与的。因此,采用"数字化投顾"的概念,就涵盖了提供"在线投顾"服务的各种"人+机器"混合投顾业务。

其次,FINRA 的《DIA 报告》使用了一个非常新颖和重要的概念:"数字化投顾工具"。FINRA 指出"数字化投顾工具"应该可以支持一项或多项下列投资管理价值链的功能:客户分析、大类资产配置、投资组合选择、交易执行、投资组合再平衡、税收规划以及投资组合分析。这些"数字化投顾工具"可被分为两种:一种为金融从业者使用,也就是"面向金融从业人员";另一种为客户使用,即"面向客户"。

FINRA 的执行副总裁 Dan Sibears 对"数字化投顾工具"概念进行了比较直接的说明:FINRA 是从功能的角度来监管新型投顾工具的。使用这个概念,突出了其"过程监管"的视角,旨在审查新技术在投资管理价值链上各个环节的功能及影响。这一方面增加了政策的包容性,兼顾了已经存在、正在发展及创新的投顾工具类型和商业模式;另一方面采用了"技术中性"的立场,即不对行业采用哪种技术做偏好性指引,给业界在投资管理方面采用包括人工智能在内的各种新技术提供了更广的政策空间。

虽然业界比较期待 FINRA 对新出现的"Robo-Adviser"或其他"智能投顾"进行正式的定义,但在这份报告中,FINRA 显然一方面注意到这种关切,但另一方面,也非常审慎地采用了一种描述的方式而非官方定义来回应:能够支持前七项功能(即从客户分析至税收规划)的面向客户的"数字化投顾工具"通常被称为"Robo-Adviser"。

(2) FINRA 对"数字化投顾工具"监督管理的重点内容

对于"数字化投顾工具",FINRA 在《DIA 报告》中说明了其关注的两个方面:数字投资咨询工具中嵌入的算法,以及利用数字投资咨询工具为客户创建投资组合(包括这一过程中可能会出现的利益冲突)。

首先,在算法方面。FINRA 认为算法是"数字化投顾工具"的核心组成部分。开发者需要用大量的金融模型和假设将输入数据转化成投资建议。FINRA 提出,能够将输入转化为输出的算法应体现公司对于实现特定任务的方法论,这些特定任务包括投资者分析、投资组合调整或税务规划等。投资建议价值链包含的几个主要步骤、每个步骤所需要的数据、假设以及模型都非常不同。FINRA 要求提供"数字化投顾工具"的公司对其在每一个步骤中所使用的算法进行格外的关注。这是因为如果一个算法设计不合理或者编程不正确,就可能会导致与预期输出的偏差超出合理范围,对投资者造成不利的影响。

数字化投顾工具依赖数据和算法输出投资建议。因此,有效的治理和监督框架对于确保所产生的建议与证券法及 FINRA 规则相一致非常重要。这种监督框架应包括:

◆ 初步审查

① 评估数字化投顾工具所采用的方法,包括相关的假设是否与目标任务相适应。

② 了解将会使用的数据输入。

③ 测试输出并评估其是否与公司预期相一致。

◆ 持续审查

① 评估数字化投顾工具所使用的模型是否依旧适用于发生变化的市场。

② 定期测试数字化投顾工具输出的结果以确保其正在按预期运行。

③ 识别管理数字化投顾工具的责任人。

此外,FINRA 还强调,使用数字化投顾工具提出投资建议的注册代表必须符合适应性原则,并且不能完全依赖数字化投顾工具作为向客户提出适当建议所需要的证券知识和客户信息的替代品。

除了上述讨论的有效管理和监管措施,公司还应能够解决如下问题:①算法是否是由独立的第三方进行测试?②企业是否能对数字化投顾的工作原理及其合规性向监管机构作出解释?③是否有异常报告来识别数字化投顾的输出偏离预期的情况?如果有,触发异常报告的标准是什么?

其次,在客户投资组合的构建、监督及利益冲突方面。大多数数字化投顾工具会向投资者提供一个与其个人特征相符合的投资组合,例如,向保守的投资者提供保守的投资组合,向激进的投资者提供激进的投资组合。

FINRA认为,建立与给定投资者特征相符的投资组合是极其重要的。但与此同时,投资组合的构建是引起利益冲突的源头,例如,公司向客户出售从关联方取得的产品或服务,或者公司从这些产品或服务的供应者处取得收益。针对这一问题,FINRA指出,对公司来说,一个有效的方法是对数字化投顾工具提供的投资组合建立一套管理和监管机制,该机制应包括:

① 对于给定类型的投资者,确定向其推荐的投资组合的特征,如预期收益、分散投资偏好、信用风险及流动性风险。

② 制定向投资组合中添加证券的标注,如费用、指数追踪风险、流动性风险及信用风险。

③ 选择适合于各个投资组合的证券,如果此过程由算法完成,则按上面所述的算法监管流程实施。

④ 监督投资组合以评估它们的业绩和波动性等风险特征是否与客户类型相适应。

⑤ 识别和分散向投资组合中加入特定证券导致的利益冲突。

审查机制中还应包含独立于相关业务且可以在总体投资组合策略和单一证券选择两方面提供建议的人员担任复核职能。

# 第 6 章
# 择善而从：中国智能投顾往何处去

美国智能投顾的发展历程为我国智能投顾行业的发展提供了宝贵的经验与启示，本章将着重于从监管机构、金融机构及高等学校这三个主体的角度来进行分析和阐述。首先，在监管机构方面，我们梳理了我国智能投顾所涉及的多方主体之间的法律关系，以及智能投顾业务所面临的合规性风险，并提出五大监管建议。其次，在金融机构方面，我们讨论了传统金融机构布局智能投顾的优势和路径，以及智能投顾行业差异化竞争的重要性，并通过与美国金融机构的对比，分析国内产研一体化的不足与未来的发展方向。最后，在高等学校人才培养方面，我们详细介绍了目前国内高校人工智能学科建设的现状，以及部分高校的金融科技实验室，并分析提出国内高校与智能投顾相关的学科发展和人才培养的建议。

## 6.1 监管机构如何管理

美国智能投顾快速发展的最直接驱动因素是大量未被传统投顾覆盖的中低端人群的理财需求。由于智能投顾将大量问题进行标准化处理，极大地降低了机构的运营成本和用户的使用成本,从而解决了财富管理市场的一大痛点。在此基础上,监管体系的完善也促进了美国智能投顾的快速发展,为智能投顾的普及提供了坚实的支撑。截至2017年年底,包括国际证监会组织(International Organization of Securities Commissions,IOSCO)、美国证券交易委员会(SEC)、美国金融业监管局(FINRA)、欧盟金融业监管局(European Supervisory Authorities,ESAs)等在内的多家国外金融监管机构,先后针对智能投顾发布了多份专项研究报告或监管指导意见。

与美国较为成熟的智能投顾监管体系不同,国内对技术金融的监管仍然处于摸索阶段,行业监管机构尚未出台明确的针对智能投顾的监管条例。2010年,证监会发布的《证券投资顾问业务暂行规定》中提到,投资顾问仅能提供投资建议,不得进行全权委托管理。这也成为国内智能投顾行业监管发展中一个难以逾越的障碍。

为了保障国内智能投顾市场能够实现健康且长远的发展,相关领域的监管政策必须与时俱进、不断完善。"他山之石,可以攻玉",作为全球智能投顾领域的领头羊,美国的监管体系已经在实践中得到了检验和发展,可以为我国制定相关政策和条例提供参考和启示。

但是,借鉴美国的监管体系并不意味着盲目照搬照抄,我们也必须清醒地看到中美金融市场和投资者在投资习惯方面的差异。美国民众的理财意识根深蒂固,特别是养老金方面,每个公民都有自己的账户,这类账户通常不能提现,但需要民众自己打理。因此,在管理养老金账户上,美国民众大多追求投资期限较长、收益相对稳定的组合配置,而非短期投机。另外,海外金融市场的发展已经颇为成熟,市场波动相对较小,追求超额收益的难度很大,被动投资理念深入人心。与此同时,由于美国的个人账户种类繁多,税收规则各不相同,而且美国也存在很多种合法避税的途径,这也使智能投顾"分散投资"的核心理念得到很好的运用。

反观国内证券市场,散户居多,大多数投资者理念还不成熟,且多追求短期利益,无论是股市还是基金投资,都体现出明显的投机风格,A股换手率远高于全球其他国家的股票市场。因此,我国应在借鉴美国相关经验和教训的基础上,结合具体国情,建立相关监管体系,为智能投顾的发展保驾护航。

### 6.1.1　我国智能投顾所涉法律关系与合规风险

截至目前,美国联邦层面的监管者已经出台了一系列规范性文件,主要包括 SEC 和 FINRA 联合发布的《投资者警示:自动化投资工具》(Investor Alert: Automated Investment Tool)、FINRA 发布的《数字化投顾报告》、SEC 发布的《智能投顾合规监管指南》和《投资者公告:智能投顾》(Investor Bulletin: Robo-Advisers)。在州层面,马萨诸塞州在智能投顾的监管问题上回应较为积极,发布了该州智能投顾监管政策声明、智能投顾外包服务商监管政策声明等。通过研读和梳理上述规范性文件,我们发现美国对于智能投顾的规制主要从两方面展开:一是对于智能投顾营运人的监管,二是对于投资者的保护。美国对于智能投顾营运人的监管,主要包括以下五个方面:市场准入、更高的信息披露要求、逃避信义义务的免责条款无效、建立内部合规程序以及完善问卷测评;对于投资者的保护,主要包括以下两个方面:投资者警示和投资者教育。

按照国际通行做法,智能投顾作为投资顾问的一种业务模式,应当遵循投资顾问相关的法律法规要求。虽然我国尚未出台专门针对智能投顾的法律法规,但我国现行的许多法律法规对智能投顾领域仍具有一定规范意义,主要包括《证券法》《证券投资基金法》《证券公司监督管理条例》《期货交易管理条例》《证券、期货投资咨询管理暂行办法》《证券投资顾问业务暂行规定》《关于加强对利用"荐股软件"从事证券投资咨询业务监管的暂行规定》《证券期货投资者适当性管理办法》《证券公司客户资产管理业务管理办法》和《关于规范金融机构资产管理业务的指导意见》等。

由于监管政策和市场特点不同,我国智能投顾在模式和运作上与美国存在较大差异。接下来,本节将对智能投顾所涉及的法律关系与合规风险进行详细阐述。

(1) 智能投顾在我国涉及的法律关系

智能投顾业务不是一个单一的环节,而是会涉及多个环节和主体。智能投顾所具有的提供投资组合建议、进行证券交易和自动调仓等功能，都能够在证券服务领域得到相关的匹配，即投资咨询建议服务、执行指令服务以及资产管理服务等。由相关证券服务的内容可知，智能投顾在营运过程中也必然会涉及诸多利益主体，其中主要包括平台营运者、券商、基金销售者、资产管理公司（以下统称为"营运者"）和平台监管者等。智能投顾平台与这些营运者之间所存在的信托、委托、居间和监管等法律关系，是我们需要重点梳理的对象，只有首先明确了各方主体间的法律关系，才能够发现智能投顾营运过程中可能存在的风险，然后有针对性地予以规制。

① 平台与营运者间的法律关系

智能投顾营运者的营运模式和业务范围的不同会导致其法律地位的不同。本节中我们以智能投顾营运者是否持有从事投资理财业务的相关牌照为标准，将现有的智能投顾的营运模式分为以下三类：第一类是仅提供"通道服务"的业务模式（纯通道服务业务模式），第二类是"自营平台"的业务模式（纯自营模式），第三类则是前两类业务模式的混合形式（混合服务模式）。接下来我们按纯通道服务业务模式、纯自营模式或混合服务模式这两类来对平台与营运者间的法律关系进行讨论。

第一，独立的第三方智能投顾平台——纯通道服务业务模式——的特征较为明显，那就是平台不持有任何投资理财业务的相关牌照，仅仅提供咨询服务而非专业的理财服务。在这种业务模式下，智能投顾平台作为居间人为投资者和投资咨询公司、证券经纪公司等主体之间搭起合作的桥梁，或者作为中介平台在委托人和第三人之间进行斡旋，按照交易额的一定比例或者其他收费基准收取必要的服务费用。平台除一般的服务协议外，并不以自身名义与投资者签订任何与资产管理服务有关的法律关系方面的合同。

这类营运模式的优点在于服务体系较为完善，能够为用户提供更全面的服务，用户体验较好。同时作为第三方独立平台，营运者与用户和投资公司相对独立，不实际参与投资操作过程，相互之间利益冲突较小。但这类营运模式也存在着一定的风险。一方面，针对这类独立第三方智能投顾平台的政策法规还相对较少，且在法律层级的规定仍是一片空白，最高层级的规范性文件为证监会发文。现阶段,对线上投资理财平台进行规范的主要依据是证监会 2013 年 3 月 15 日发布的《证券投资基金销售机构通过第三方电子商务平台开展业务暂行管理规定》和 2015 年 6 月 12 日发布的《证券公司外部接入信息系统评估认证规范》,其中对于平台主体的责任未有明确规定,一旦出现纠纷,平台很容易被当作责任主体进行追责。另一方面,因为第三方独立平台只提供一个投资渠道,对于投资者而言很多时候难以真实了解提供服务的主体的身份和资格,这就埋下了一个隐患。如果第三方独立平台未尽到对服务主体的审慎审查义务,且平台提供的服务机构资质不明,则用户的账户安全很难得到保障,投资利益也可能受到损害。所以独立的第三方智能投顾平台应当对服务机构的相关性、用户信息的真实性、投资组合的合理性等信息进行审查,严控风险。

第二,相关持牌机构延伸的智能投顾平台——纯自营模式或混合服务模式——与独立的第三方智能投顾平台的区别之处在于,营运者自身持有从事相关投资咨询、资产管理、理财推荐等业务的牌照,有条件自行提供相应的服务,并且因为持有牌照,其在服务过程中的法律地位以及与用户间的法律关系有所不同。当服务主体想要通过平台为投资者提供投资服务时,首先需要与平台持牌者就服务范围和内容达成协议,然后平台为其提供通道服务。但如果平台想要以自身的名义直接为投资者提供投资理财服务,并与投资者签订相应的投资理财服务合同,那么就要求平台必须取得相应业务的资质和牌照。现阶段我国这一类自营模式的智能投顾平台的代表有广发证券推出的贝塔牛智能投顾 App、浦发银行推出的财智机器人。

这类营运模式的优势之处在于,如果平台利用自身已有业务进行交易,那么在持牌范围内进行合规操作即可。同时因平台与投资者直接对接,在发生事故时,投资者的追责主体明确,投资收益安全保障相对较高。但该类业务模式也存在一定的缺陷。一方面,因牌照内的服务范围限制,平台只能为用户提供特定类型的服务而非综合的理财服务,用户体验感相对较差。另一方面,因营运者直接作为基金销售者或经纪人与投资者建立关系,很可能出现营运者为自身利益而采取"双方代理"等越权操作,损害投资者的投资利益,这便要求平台内部建立起完善的"隔离墙"制度,来防范此类风险的产生。

② 客户与营运者间的法律关系

事实上,无论智能投顾平台选择第三方独立运营模式还是自营模式,其业务操作都不可避免地会涉及同一类基础法律关系——客户与营运者之间的法律关系。这一基础法律关系不是仅存在于智能投顾业务的某一个阶段,而是贯穿智能投顾业务的整个服务过程。下文将按服务过程中所涉及的各个环节对客户与营运者间的法律关系进行分析。

第一,签订智能投顾投资服务协议。客户与营运者之间签订的服务合同并不完全相同,会根据营运平台的身份定位和提供的服务内容不同而有所改变,但无论营运平台以何种身份提供何种投资服务,智能投顾服务协议均需要遵守《合同法》和《证券法》中的相关基本原则和规则。

第二,提供资产配置组合建议与发布交易指令。客户和第三方独立智能投顾平台签订服务协议所获得的仅为投资咨询服务。而客户与持有相关资产管理业务的营运主体所签订的智能投顾服务协议所能包含的服务类型则可分为如下两类:

一类是营运平台主要充当为客户提供资产配置建议的角色,客户在接受投资建议后自行决定是否进行投资,并且自行发出具体的交易执行指令,营运者并不参与客户的具体操作过程。此时营运平台与投资者之间仅存在证券投资咨询法律关系,这一证券投资咨询法律关系受到《证券、期货投资咨询管理暂行办法》《关于加强对利用"荐股软件"从事证券投资咨询业务监管的暂行规定》等相关法律法规的调整,需要满足这些法律法规中对于证券投资咨询主体的要求,例如必须获得从事相关资产管理服务的资质和牌照、定期进行软件报备等。

另一类是客户授权营运者在一定的"自由裁量范围"内运用智能投顾软件为其管理投资账户,平台不仅提供资产配置组合建议,同时可以在约定范围内自行发出交易执行的指令以使客户获得投资收益,并收取一定比例的管理费用。在这种服务模式下,智能投顾营运者与客户之间更类似于一种账户全权委托关系。账户全权委托关系下,智能投顾营运者有权在未经客户允许的情况下代替客户作出交易执行的指令,但前提是营运平台必须先获得客户的全权委托,不然这种代为交易的行为不具有正当性。但鉴于我国证券市场还不成熟的现状,《证券法》规定,证券公司办理经纪业务,不得接受客户的全权委托而决定证券买卖、选择证券种类、决定买卖数量或者买卖价格。这意味着全权委托的业务模式在我国暂时是违法的。随着我国金融市场的发展和成熟,在未来这种模式很有可能会开放,从而实现真正意义上的智能"顾"+"投"。

第三,执行证券交易指令。证券交易指令的发出无论是由客户自行操作,还是由智能投顾平台代为操作,都必然会因执行投资者交易指令而产生证券交易关系。在投资交易前,智能投顾平台的客户首先需要与资产咨询公司、证券投资公司等资产管理机构签订相应的证券开户协议、网上证券委托交易协议和风险揭示书等文件。通常情况下,交易指令的执行并不会由客户自行操作完成,而是由相应的证券经纪公司或基金销售公司代为完成,因此就需要这些资产管理机构具备从事相应业务的资质和牌照,并且严格遵守应尽的各项义务。

第四,业绩分析及相关报告。在证券交易过程完成后,智能投顾平台会根据资产投资组合的收益情况以及市场行情的走势对客户的投资情况进行分析,并形成相应的业绩分析报告,以便对客户的投资组合作出及时的调整,保障客户的投资收益。此时,智能投顾营运者与投资者之间存在的是证券投资分析关系,受到《证券分析师执业行为准则》《发布证券研究报告暂行规定》等证券业务相关规定的规范。

③ 监管者与营运者间的证券监管关系

此处所言的证券监管关系包括两方面,一方面是监管者为了保障金融市场安全而产生的监管关系,另一方面是监管者为了推动金融市场发展、鼓励金融创新而起到的调节关系。智能投顾这一新型投资形式的出现充实了普惠金融的内容,为投资者提供了更多的投资途径。但不可避免的一点是,由于智能投顾扩大了金融服务的边界,其中涉及的法律关系更加复杂,因此对它的监管显得困难重重。对于智能投顾,需要在准入门槛以及防范非法集资、非法经营、证券欺诈等方面进行重新定义,这就对监管部门提出了更高的要求。同时,智能投顾因其营运模式的创新也增加了金融商品的复杂性,这一点也要求监管者定期对投资者开展投资风险教育,帮助投资者正确认识智能投顾业务过程中可能涉及的风险,并尽量规避这些风险可能引起的损失。监管者在关注智能投顾提升效率的同时也需要对其提出更高的监管要求,例如,对智能投顾营运主体在从事资产管理服务业务中应当拥有的资质、智能投顾做投资组合配置时使用的算法模型进行定期备案等。

(2) 智能投顾在我国面临的合规风险

① 从业资质牌照与市场准入门槛

当前我国智能投顾发展面临的首要障碍为市场准入障碍,具体体现在牌照短缺和从业资质认定困难两方面。

在准入牌照方面,根据《关于加强对利用"荐股软件"从事证券投资咨询业务监管的暂行规定》,向投资者销售或者提供"荐股软件",并直接或者间接获取经济利益的,属于从事证券投资咨询业务,未取得证券投资咨询业务资格的任何机构和个人不得利用"荐股软件"从事证券投资咨询业务。《关于规范金融机构资产管理业务的指导意见》也明确规定金融机构运用人工智能技术,采用机器人投资顾问开展资产管理业务应当经金融监督管理部门许可,取得相应的投资顾问资质,直接指向了智能投顾。《证券、期货投资咨询管理暂行办法》第3条明确规定经营证券投资咨询业务必须经过证监会业务许可。可见,开展智能投顾业务,证券投资咨询的牌照不可或缺。但是目前证监会已经收紧证券投资咨询牌照的发放,市场上的牌照数量不升反降。

经统计,2004年市场上共有108张证券投资咨询牌照,而到2018年2月仅存84张。传统金融公司因牌照齐全,故不涉及合规风险。但是其他新兴的互联网科技类公司和第三方智能投顾公司都因缺少必要牌照而存在合规性风险,"合规困难"成为这些公司面临的最大问题之一。这些创新型科技平台是智能投顾市场的重要力量,如果合规性问题迟迟得不到解决,无疑会严重挫伤其积极性,不利于我国智能投顾市场的长远发展。

在机器人从业资质认定方面,《证券、期货投资咨询管理暂行办法》对于证券投资咨询人员设定了严格的考试与注册制度。从业人员首先要通过中国证券业协会组织的全部三科考试,同时满足一定的工作年限、获取证券从业资格、在中国证券业协会注册等多项条件。机器人及其背后的算法程序显然不可能去参加证券从业考试,也无法满足当前法律所设定的门槛要求,譬如国籍、工作经验等。是否需要以及如何构建一个针对算法的"从业资格考试",目前法律仍是空白。智能投顾业务在主体资质上存在一定的不确定性。

另外,由于智能投顾平台不仅提供投资意见,也会代理客户进行资产配置,那么平台也须按照《证券公司客户资产管理业务管理办法》,向证监会申请客户资产管理业务资格。平台如果想要从事公开募集基金的销售,则必须取得基金销售的许可。智能投顾平台在其平台上设置购买某公司基金的链接,点击链接后即进入该基金公司的网站,这在业界被称为"第三方引流"模式,这一模式存在较大合规风险。如果智能投顾平台并未取得销售基金牌照,却与被接入公司联合提供销售服务,则很有可能受到证监会的查处。2017年4月,山西证监局就点名批评了部分智能投顾平台的此类行为。2017年11月17日中国人民银行、银监会、证监会、保监会、外汇局发布的《关于规范金融机构资产管理业务意见(征求意见稿)》更是明确划出了智能投顾的"红线":资产管理业务作为金融业务,属于特许经营行业,必须纳入金融监管。非金融机构不得发行、销售资产管理产品,国家另有规定的除外。

② 全权委托业务模式与《证券法》第171条的冲突

2011年起施行的《证券投资顾问业务暂行规定》明确指出,投资顾问业务的服务行为仅限于提供投资建议和辅助决策,不包括接受全权委托管理,证券投资顾问必须告知投资人自己不能代其决策。《证券法》第171条同样规定投资咨询机构不得代理委托人从事证券投资,不得买卖本咨询机构提供服务的上市公司股票。因此,证券公司虽然可以开展投资经纪、投资咨询和代理资产管理的业务,但是必须严格明确业务之间的界限,无法进行全流程的自动化交易。在智能投顾企业无法找到可以作为其业务开展依据的可供遵守的法律规范的情况下,若贸然进行全权委托这一"业务创新",很可能触及监管的"红线"。

禁止证券投资咨询全权委托可能存在以下两个问题：一是阻碍智能投顾的智能化理财，使得自动化投资和动态调仓不得不被强行中断，束缚了其优势发挥；二是资产配置建议型智能投顾平台被迫采用"基金引流"的方式向投资者推介基金产品，从而引发另一个合规性风险——涉嫌非法基金销售。接下来我们将对这两点进行具体讨论。

通过分析中美典型的智能投顾运行流程可知，资本市场机会稍纵即逝，智能投顾必须时刻紧盯客户账户，及时实现账户再平衡。智能投顾的高度智能化要求其在投资建议、执行指令、自动调仓和即时再平衡服务等环节具有联动性与连续性，而这只有在全权委托账户中才能得到真正实现。

全权委托的禁止性规定还迫使我国许多智能投顾平台另辟蹊径，用"基金引流"的方式向投资者推介基金产品，从而带来了违法违规的风险。举例而言，由于无法操作客户账户进行基金购买，部分智能投顾平台选择采取"基金引流"的方式将投资者引至相应的基金销售机构，与基金销售机构共同为投资者提供财富管理服务。虽然从表面上看，智能投顾平台只是负责流量引入，投资组合的设计和基金的购买均在基金销售平台进行，但是实际上智能投顾平台已经根据用户提供的信息，提前设计好了基金产品组合，而基金销售平台基本只是照搬了该投资组合进行销售。由于投资建议具有高度个性化特征，智能投顾平台在很大程度上决定了客户对于基金产品的选择，因此这种操作极易被认为是参与了实际上的基金推介行为。而根据相关法规，基金的推介只能由基金销售机构来完成，如果智能投顾平台不具备基金销售资格却开展实质上的推介推广行为，则已涉嫌违规。

③ 智能机器人的责任承担问题

相较于传统的投资顾问，智能投顾最大的特点是基于大数据算法程序，无须人类的介入与交互就可以向投资者提供投资建议。然而在现有的法律框架下，由算法驱动的机器人并不具有民事主体资格，一般被视作工具，是人类能力的延伸物，机器人的任何行为和决策都是其控制人的意志体现。如果出现算法失灵，引发赔偿纠纷，最后的法律追究将落在机器人所属机构和开发者身上。

然而，对于这些主体施加严格责任也不尽合理，因为该处理忽视了人工智能具有的与一般机器工具明显不同的深度学习和自主性特征。智能投顾出现的时间尚短，目前阶段其对于投资建议的算法研究还处在人类行为的控制之下，其复杂的程序是人类智慧在算法编程上的体现；但必须承认，算法自身的深度学习功能使其拥有非常大的自主性。随着智能机器人算法自我更新和自主学习能力的强化，未来机器人设计者可能都很难解释机器人的行为。

目前，我国的监管体系尚未对主体责任的划分提出具体的指导建议，随着人工智能和机器学习的深入发展，必须建立一个与时俱进的监管框架，厘清相关权利、义务以及归责问题。

④ 对投资顾问信义义务的挑战

智能投顾对原有投资顾问信义义务的挑战，集中体现在投资者适当性测评难以到位、信息披露不充分、投资者保护缺失这三方面，这类问题目前在我国尤显突出。

首先，投资者适当性测评难以到位。智能投顾向客户收集信息时，在财务状况适当性、持续性评估适当性和留痕处理机制方面存在一定欠缺。在财务状况适当性方面，智能投顾的风险测评问卷问题十分有限，且未考虑客户账户外资产状况，信息查证手段薄弱，无法全面涵盖客户的客观财务状况。在持续性评估适当性方面，智能投顾对于客户的风险测评大多为静态而非动态追踪，而在传统人工投资顾问中则建立了持续性评估制度，定期追踪与调整针对客户的投资建议和资产配置计划。在留痕处理机制方面，部分智能投顾平台未对客户风险测评进行记录保存，客户一旦退出该应用，再次登录就无法调阅自己的测评记录，而传统投资顾问则会进行留痕保存，同时将投资者信息录入评估数据库。

其次，信息披露不充分。智能投顾凭借算法等新兴科技为用户自动生成投资建议，但由于监管缺位或不明确，多数智能投顾并没有披露其算法函数、算法假设条件、算法源代码、外包服务商背景信息、收费信息、管理人员的背景信息等多项关键信息。而信息披露的缺失，一方面会滋生智能投顾和客户的利益冲突，引发智能投顾服务的信义危机；另一方面也使得该市场鱼龙混杂，大量披着"智能"外衣的投资机构进入，打着人工智能的旗号，实则其自身算法质量低下,根本无法为投资者提供最优的投资建议,给投资者的收益乃至财产本身带来严重隐患。

最后,投资者保护缺失。投资顾问的信义义务要求其为客户的最佳利益行事,然而现实中智能投顾平台往往凭借格式合同中的不平等条款,对投资者利益造成侵害。具体而言,不平等条款主要包括:

(Ⅰ)客户协议规定强制仲裁条款,进而剥夺投资者向法院寻求救济的权利。使用智能投顾的客户大多为中小投资者,其在专业能力、财务状况上与智能投顾营运者相比明显处于劣势地位,而强制仲裁条款倘若被滥用,会限制投资者的诉权,不利于其权益保护,实际上违背了投资顾问为客户最佳利益行事的基本原则。

(Ⅱ)客户协议中嵌入免责条款,严重侵犯投资者权益。智能投顾平台如果依靠完全免责条款规避各种风险,是严重的不平等条款;而其寻求限制责任的程度也表明,平台并不认为自己有义务根据客户的最佳利益行事,而是首先确保自身的损失最小化。

实践中,智能投顾营运者普遍采用电子合同和客户签订协议。和传统投资顾问服务合同手签不同,电子合同使得免责条款更具隐蔽性,因而"霸王条款"凭借电子合同的土壤,很有可能会成为智能投顾平台格式合同中的"常客",损害投资者的利益,违背客户利益最大化的宗旨。

## 6.1.2 监管建议

当前,投顾业务对人工智能技术的应用尚处浅层阶段,投资建议虽然是工具自动生成的,但仍需要依靠人工预先设定程序;投顾业务对人工智能技术更深层次的应用,如使机器或程序具备人类思考能力等,仍处于实验阶段。因此,美国监管机构的一般做法,是针对投顾业务出台专门性的行政法规,并根据对智能投顾等创新活动的评估,适时制定相应的监管指引,从而在有效规范投顾业务的同时,为智能投顾业务的监管提供依据。参考国际经验并结合国内智能投顾行业现阶段的特点,对于我国智能投顾业务的监管和规范,我们提出如下建议:在宏观监管层面上,采取政府监管与行业自律结合的主要监管模式;在微观操作层面上,把控准入门槛、重视算法监督、落实信息披露、转变监管理念。

(1) 政府监管与行业自律相结合

我国的智能投顾市场是一个尚处于发展初级阶段的新兴市场,政府同时承担着培育和监管市场的多重职能。由于不同智能投顾平台的规模与运作模式不同,而且智能投顾市场参与者的资质良莠不齐,智能投顾监管工作极为艰巨,仅依靠证监会是难以实现有效监管的。因此,在发挥政府监管的主导作用的同时,也应充分发挥自律组织的辅助作用,提高市场管理效率。

首先,行业自律是智能投顾监管体系的重要一环。智能投顾市场中的各类行为主体,出于追求利益最大化的目的,会自发地产生维护市场秩序的需要。如果无视市场行为主体这种维护市场秩序的愿望,忽视证券市场的自律功能,代之以政府事无巨细的直接监管,那么,一方面,信息不对称等因素可能导致政府监管效率低下;另一方面,各类市场行为主体只能被动接受监管、应付监管,游走在监管灰色地带甚至违反法律。此外,政府监管往往发生在严重违规行为之后,是事后追究,但此时违规行为的损害结果已经发生。自律机制恰恰可以弥补这方面的缺陷。政府监管与行业自律相结合,能够使监管的触角延伸到证券市场的各个角落,同时行业自律机制还能通过建立行业规则预先防范违规行为的发生。

其次,行业自律是市场深入发展的必然。作为一个新兴市场,智能投顾在发展之初难免有法律体系不完善、收益巨大但违规约束却有限等问题,因此,有必要以政府主导的集中统一监管体系为主。但是在市场规模迅速扩大、法律体系逐渐完善、投资者风险意识增强之后,集中统一监管所需成本较高,而且管理方式缺乏弹性,可能导致市场活力和创新动力不足等弊端逐渐暴露出来。因此,要建立完善的智能投顾市场监管体系,就要发挥行业自律的作用,使政府监管和行业自律有机地结合起来,两者之间相互协调、互为补充、密切配合。自律组织作用的充分发挥,不仅可以减轻政府监管的工作负担,而且还可以为政府监管机构提供各种丰富的信息资源和咨询意见。行业自律还有利于更好地维护投资者的利益,促进智能投顾市场的公平、公正和有序竞争秩序的建立。

最后,行业自律能够以其非官方化的性质、刚柔相济的特点促进监管目标的实现。行业自律的好处包括:自律组织对市场运作和行为的了解更为深入,专业程度更高,对市场变化的反应比政府机构更快速、更灵活;自律组织能更深入地理解证券业各机构的利益与需求,其制定与执行规范更注重可行性,也易为智能投顾机构所接受;自律组织除要求其成员遵守政府法规外,还以一定的道德规范约束成员的行为。总之,自律组织的规范运作,更能体现有效监管原则的监管适度要求。

(2) 完善市场准入制度

我国智能投顾的市场准入困境主要体现在牌照短缺和从业资质认定困难两方面。

在平台准入(即牌照发放)方面,开展智能投顾业务,基础的合规性要求是获得证券投资咨询的牌照,但现状是证监会收紧证券投资咨询牌照的发放,市场上的牌照数量不升反降。而在从业资质认定方面,机器人及其背后的算法程序显然不可能满足当前针对从业人员的法律要求,如通过考试、拥有一定的工作经验等,是否需要以及如何构建一个针对算法的"从业资格考试",目前法律仍是空白。

因此,为了促进我国智能投顾的发展,必须要完善市场准入制度。在主体监管方面,国际监管惯例是将智能投顾纳入原投顾监管框架而适用注册制。如 SEC 明确规定,美国的智能投顾展业机构,通常应为已经注册的投资顾问机构,否则即为违法;部分国家,如澳大利亚、英国及新加坡等,在注册制的基础上推出了"监管沙盒测试"措施,允许尚未获得牌照的金融科技公司,在规定期限及可控环境下,对智能投顾服务进行真实或虚拟的测试。

借鉴上述经验,在牌照发放方面,中国应当研究启动证券投资咨询牌照的重新发放工作,满足市场研发需求。建议监管部门明确展业机构应具备的业务牌照,并配套相应的审核标准与流程等具体要求,禁止非持牌机构开展与智能投顾业务相关的任何活动,同时,规定对违法违规机构及人员的罚则与执行机构。另外,为鼓励智能投顾业务发展并确保风险可控,建议先期开展业务试点,允许部分具备资质和能力的机构先试先行,打造行业标杆。在从业资质认定方面,加快形成智能投顾的专业能力测试行业标准,涵盖对于智能投顾在建立客户档案、配置客户资产、执行客户指令、自动调仓服务等核心功能方面的考察;加强对于智能投顾投资决策能力的外部审核,优化与提高算法的准入门槛,保障投资者利益。

(3) 高度重视对算法的监管

智能投顾作为金融科技领域的一块"试验田",其效用的发挥依赖于特殊的技术环境,所以对于智能投顾运行中的信息技术监管,是监管机构在智能投顾的风险控制、投资者保护等方面所要考虑的一个重要问题。在对智能投顾进行的"过程式监管"中,需要重点关注技术手段在智能投顾运行各环节上的功能及影响,其中,对算法有效性的检验又是重中之重。2016年FINRA发布的《数字化投顾报告》从功能的角度搭建了新型投顾工具的监管手段,并阐明了其在算法、用户画像尤其是风险评估、投资组合建立的方法论与潜在的利益冲突等方面的监管重心。

相对于最后作出的投资策略来说,投资者的财务状况和风险偏好、宏观经济形势和客观市场环境等都是形成这一结果的变量,这些变量经过量化投资模型这一"管道"由进到出的过程,伴随的是上述变量所内生的较大不确定性。然而智能投顾在本质上也是一种算法程序,无论算法设计得多么精确,算法本身依赖的都是历史信息,所得结果仅是在此基础之上的大概率事件。在瞬息万变的客观环境下,算法程序在风险识别与控制、决策模型调整上的及时性和有效性都是存疑的,且存在错误判断的可能。对于这一疑虑更进一步的担忧,就是算法策略可能会失效。但是投资者,甚至智能投顾运营方都无法预料到算法会在何种情况下、因何原因而失效,这就引发了监管机构对于投资者保护的隐忧。一个适宜的做法就是明确要求智能投顾定期检测算法模型的有效性,并根据市场动态波动和变化对模型进行不定期校验,开展情景分析与压力测量,并在及时更新、修改后向监管部门备案。

关于算法模型,包括技术源代码的备案管理,目前我国在法律、行政法规层面尚无直接要求。但在一些部门规章、规范性文件及行业协会自律规则中,则有要求系统或软件开发商以及进行程序化交易的参与者披露相关源代码的规定。例如,《证券期货市场程序化交易管理办法(征求意见稿)》规定,证监会可以根据执法需要,要求相关方提供交易程序源代码。再如,根据《证券投资基金销售业务信息管理平台管理规定》《证券投资基金服务机构业务管理办法(征求意见稿)》以及行业协会的行业规范,系统、软件等使用者应当要求开发商提供源代码或对源代码实行第三方托管。通过算法和模型的备案管理,监管机构一来可以掌握智能投顾的运行机理和技术手段的应用细节,从而把控潜在的技术风险;二来通过对所涉算法的大致分类,对处于同质化、可能造成客户资源一个甚至多个数量级差异,进而产生另一种形式的羊群效应的算法进行监管上的调控,从而避免可能出现的风险集聚,并且避免蕴藏在背后的有碍市场稳定运行因素的发酵。

(4) 落实信息披露及适当性义务,构建风险防控体系

智能投顾凭借算法等新兴科技为用户自动生成投资建议,但由于监管缺位或不明确,我国多数智能投顾平台并没有披露其算法函数和假设条件、业务相关的潜在风险和利益冲突、外包服务商背景信息、管理人员背景信息等多项关键信息。此外,在信息披露的时点和呈现方式等方面也缺乏规范。

智能投顾的核心优势就是能够根据客户的特质提供"千人千面"的投资建议,即充分符合适当性原则。适当性是指"金融中介机构所提供的金融产品或服务与客户的财务状况、投资目标、风险承受水平、财务需求、知识和经验之间的契合程度"。从这个概念出发,投资者适当性原则要求智能投顾平台有义务在对证券和投资者进行合理调查的基础上,向投资者推荐符合其投资目的和投资需求的证券。但如前所述,目前我国的智能投顾平台向客户收集信息时,在财务状况适当性、持续性评估适当性和留痕处理机制方面存在一定欠缺。

此外,我国的许多智能投顾平台处于初创阶段,尚不具备完善的风控体系,且由于智能投顾对于投资者而言是一个"黑箱"系统,潜在的风险层出不穷。因此,不论是对于平台而言,还是对于投资者而言,都要具备充分的风险意识。监管机构在制定相关法律法规时,也要注重相关风险管控体系的

建立和对投资者的保护。

鉴于上述问题，参考美国的经验并结合国内的具体国情，我国的智能投顾风险防控体系应从以下几个方面来进行完善。

首先，优化智能投顾问卷设计，建立格式合同备案与稽查制度。在智能投顾的调查问卷设计方面，监管部门应当设立风险测评调查问卷最低标准。该最低标准应全面涵盖客户的收入水平、支出水平、消费习惯、税务比例、负债情况等信息，以全面准确地测评投资者风险偏好与风险容忍度。同时借鉴美国经验，建立问卷弹出机制和自动标识机制，确保客户信息填写无误且符合自身实际情况，减少错误输入的可能。此外，需要建立智能投顾格式合同备案与稽查制度，对其提供给投资者的电子合同进行事先审查。如果存在显失公平的智能投顾营运者免责声明，则应要求其修改相应条款。

其次，建立多层次的智能投顾信息披露制度。智能投顾信息披露应坚持三个原则：充分披露、准确披露、持续性披露。这就要求智能投顾营运者全面披露公司的各项信息，可借鉴美国的 ADV 表格①和《智能投顾合规监管指南》，详细规定披露细节；建立投资顾问公开披露数据库，扩大披露范围；要求智能投顾公司广泛采用弹窗设计，用清晰简洁的语言，使投资者清楚地知晓关键信息；要求公司对客户的信息矛盾进行查证，一旦捕捉到异常，应当由智能投顾机器人进行跟踪和审查。

再次，构建适当的智能投顾企业风险管理系统。该系统由企业内部控制系统和企业风险控制系统两大部分组成。在企业内部控制建设上，要尽快设立公司首席风险官，建立有效的企业内部合规稽查体系，对各项业务进行操作风险与忠实义务方面的监督和审查；在企业风险控制建设上，要建立适当的风险管理体系，生成系统设计文件，采用文件化测试策略，明确算法的目的、设计与范围；加强对于任何更改记录、交易留痕处理的有效控制与检测，对算法进行持续性的更新和审查。

---

① ADV 表格(Form ADV)是投资顾问在向 SEC 注册时提交的一种表格。表格分为两部分：第一部分是一张可以勾选的格式化表格，披露投资顾问的业务、所有权、客户、雇员、商业惯例等内容；第二部分是说明书和补充说明书，在说明书中，投资顾问必须对 18 项内容进行详细披露，补充说明书则披露为账户提供服务的专业人员的信息。ADV 表格是美国智能投顾信息披露体系的重要组成部分。

最后,完善智能投顾的投资者保护。参考美国的经验,由中国证监会出台全国性的投资者警示公告,重点提示智能投顾在人机交互上存在的欠缺性、收费项目的隐蔽性以及投资建议产生的流程,使得投资者能够尽可能地了解智能投顾产品的商业模式、盈利方法以及风险。同时,证监会也可定期公布针对热门智能投顾产品的调查意见,强化风险提示。此外,应探索智能投顾风险备付金制度,设立适当的计提比例,进一步降低投资者的风险。监管机构还应当建立智能投顾投资者教育制度,提示投资者在进行智能投顾产品的选择时,要注意智能投顾平台的相关条款,尤其是电子格式合同中智能投顾商免责条款;教育投资者充分认识智能投顾中的利益冲突和算法原理,提示投资者智能投顾可能引发的风险。

(5) 转变金融科技的监管理念,尝试"监管沙盒"路径

作为一种新兴的金融创新产品或服务模式,智能投顾将我国资产管理行业带入了一个崭新的阶段。从服务方式和服务提供场景来看,智能投顾与传统投资顾问业务有着较大差异,现行规范无法对其进行有效监管,并在一定程度上由于监管制度和理念的滞后,反过来限制了智能投顾的进一步发展。为了促进智能投顾的发展,还需要监管机构及时转变监管理念,用更为长远的目光看待这一新兴事物。

对以智能投顾为代表的金融科技进行监管,往往面临着发展与规范的平衡问题,其中监管介入时间成为关键。介入太早,容易阻碍金融科技的成长;介入太晚,又可能因监管迟滞引发市场风险。因此,金融科技需要更多的"包容性监管",而"监管沙盒"创造了一个安全的测试环境,为新型的金融科技产品、活动提供了一个暂不受当前金融监管法规束缚的"安全区",以便创新者试错完善。同时监管部门也可根据测试展开风险评估,进而决定是否将其引入市场。"监管沙盒"构建了相对安全和宽松的测试环境,有效解决了科技创新者对于政策风险和监管不确定性的忧虑,同时对投资者保护也起到了良好的作用。目前,英国、新加坡等发达国家已经转变了传统的监管思维,开始启用"监管沙盒"模式。我国也可适当引入这一模式,以更好地促进智能投顾发展,实现金融创新与监管的兼顾平衡。

（6）加快人工智能立法

我国人工智能发展迅速，在立法领域应当具有一定的前瞻性。要加快人工智能立法工作，明确人工智能的法律性质、法律地位、责任承担、风险控制等问题；同时研究制定有关机器人伦理的法律法规，在道德层面构建人工智能的伦理规范，出台机器人道德行为守则；颁布人工智能从业人员道德指引，强化科技研发人员的社会责任。在人工智能伦理的设计中，要充分明确人工智能开发者的权利和义务、过错和可追责性，要建立人工智能核心参数备案制度，设立源代码追踪机制，逐步探索赋予人工智能以"电子人"的法律地位。

## 6.2 金融机构如何布局

未来，我国财富管理行业的竞争会更加激烈，而智能投顾或将成为各大金融机构突出重围的"撒手锏"。对于传统金融机构而言，可考虑利用自身的客户资源、数据积累以及资质牌照等方面的优势，尽早布局智能投顾。此外，传统金融机构也可以通过与高等院校或科技公司的合作，大力发展金融科技，加快产研一体化，形成自身的核心竞争力。而对于创新创业型智能投顾平台而言，要想在激烈的竞争中脱颖而出，可以采取差异化竞争策略，在不同细分领域发挥自身的特色和专长。

### 6.2.1 市场及业务

（1）传统金融机构布局智能投顾的优势和路径

智能投顾首先在以美国为代表的西方国家出现，这与美国在人工智能领域的积极探索及深厚的科技基础有着密切联系。据FINRA的资料，智能投顾的雏形诞生于投研系统——金融机构采用科技手段来辅助金融从业人员进行用户画像、准备销售材料等，后来其功能又逐步拓展到提供资产配置、优化投资组合的建议。20世纪90年代后期，直接面向个人投资者的智能投资工具开始出现。2005年,美国全国证券交易商协会(NASD)颁布文件,允许证券经纪人使用投资分析工具帮助客户理财,建立了智能投顾的法律依据。

2008年金融危机以后,以Betterment和Wealthfront为代表的新兴智能投顾科技企业在美国创立,并凭着低投资门槛,为用户提供个性化、低费率、智能化的理财服务以及先进的数字化科技手段等特点,快速打开市场,成为财富管理行业冉冉升起的新星。到了2015年左右,传统金融机构也开始积极布局。部分机构自行研发智能投顾平台,如全球第二大资产管理公司先锋集团推出智能投顾业务VPAS;老牌资产管理机构嘉信理财推出智能投资组合服务SIP;部分金融机构通过收购方式搭建智能投顾平台,如2015年下半年全球最大的资产管理公司贝莱德收购在线理财平台FutureAdvisor,国际知名投资银行高盛集团收购在线退休金管理平台Honest Dollar,国际知名资产管理集团施罗德(Schroeder)并购英国的智能投顾平台Nutmeg;此外,还有部分传统巨头通过与新兴智能投顾公司合作以获得白标方案和软件平台,例如摩根大通和高盛集团积极投资Motif Investing,富国基金与Betterment展开战略合作。

就国内方面来看,部分券商、银行和保险行业的巨头也已开始试水智能投顾领域,但是国内仍有许多大型的传统金融机构尚处于观望阶段。此外,尤其需要注意的是,即使是已经入局的传统金融机构,其推出的智能投顾业务也仍处于十分初级的状态,实质性创新较少。埃森哲在一份研究报告中指出,"国内智能投顾整体智能化程度低、专业水平不足、服务随意性强,并且利益导向严重"。在传统金融机构的智能投顾平台和产品中,用户画像简单化、静态化,造成场景过于单一,智能化程度低。大多数智能投顾的风险测评简单,主要覆盖年龄、收入、婚姻状况、投资经验等,并未具体考虑到客户的家庭资产负债比率、当下和未来的还贷支出、子女教育费用,以及每个月收入来源是否稳定等方面。此外,随着用户的年龄增长,其收入也会增加,风险承受能力会变化,这些重要动态因素尚未被纳入考虑范围。总而言之,从目前国内智能投顾发展情况来看,国内的传统金融机构对于智能投顾的布局和研发还处于较低水平。作为金融行业的头部"玩家",大型传统金融机构未来在智能投顾领域还将大有可为。

纵观美国智能投顾的发展史,我们不难看出一个明显的趋势:相较于独立的智能投顾公司,传统金融机构进入智能投顾领域后体现出明显的优势。综合美国的发展趋势以及我国金融市场的特点来看,传统金融机构入局的优势主要在于用户基础、数据积累、牌照资质等方面。

首先,在用户基础方面,传统金融机构原有的客户群体为其提供了强大的用户来源保障,遍布各地的线下门店也大大降低了传统金融机构开展智能投顾业务的获客成本。

其次,在数据基础方面,传统金融机构基于前期大量用户的数据积累,能更好地识别用户风险偏好,以及个人投资者的收入、年龄、性别、心理特征的差异性,从而能够更为精确地对用户进行画像,为不同的用户提供各具特色的资产配置方案。

最后,在牌照资质方面,美国智能投顾企业取得SEC注册的投资顾问牌照后,可以通过与投资者签订全权委托协议,为他们提供全权委托的账户管理服务——智能投顾公司可以为客户的资产配置提供建议,并直接对他们账户的资产进行投资交易。但在中国,这种全权委托式的账户管理服务受制于监管政策无法实现。具体而言,智能投顾涉及投资咨询、产品销售、资产管理三块业务,而国内监管政策下这三块牌照分别发放和监管,在目前监管体系下无法实现资产管理和理财服务一体化,即"代客理财"。证券公司通过投资咨询业务向客户提供投资建议,但是不能帮客户打理投资。基金公司进行资产管理,但无法为每位客户定制产品。基金销售平台只能在销售阶段做产品推荐,无法进行资产配置或跟踪调整。尽管就目前而言,上述几个环节在我国尚未打通,但大型传统金融机构在资质牌照方面仍拥有先天优势,新兴创业的智能投顾公司很难同时获得以上三大牌照。并且,随着我国金融业市场的开放和完善,当全权委托式的账户管理模式在我国可以实现时,同时拥有三大牌照的传统金融机构就可以快速开展真正意义上的智能投顾业务,即提供自动化资产配置建议,并实现自动化交易,这将是独立的创业型智能投顾公司无法比拟的。

此外,借鉴美国经验,传统金融机构布局智能投顾市场的路径主要有以下三种:自行创建智能投顾平台;通过收购方式搭建智能投顾平台;通过与新兴智能投顾平台合作以获得目标方案和软件平台。接下来,我们将会对这三条路径进行较为详细的阐述。

其一,自行创建智能投顾平台,如全球第二大基金公司、最大 ETFs 公司先锋集团推出智能投顾业务 VPAS;老牌资产管理机构嘉信理财推出智能投资组合服务 SIP。这类传统金融机构旗下自行研发的智能投顾平台通常都有一个特点,那就是强调混合服务,即综合自动化智能投顾与传统人工投资顾问。而这些传统人工投资顾问基本都是获得 CFP 或 RIA 认证的,拥有丰富的投资经验。这些人力资源是传统投顾平台的优势所在,可以在一定程度上消弭投资者对全自动理财投资的不安全感。

此外,传统金融机构平台自身拥有丰富的产品线,可以自主发行和管理不同的 ETFs 产品,提供交易、清算等一系列多样服务,从而实现全产业链整合,为客户提供全方位周到的服务。这些机构还可以利用自身资源以及规模优势,同时为个人用户和人工投资顾问群体提供服务,不仅可以利用智能投顾作为特色吸收公司原有平台客户以及新增客户,还可以为依托平台的传统投资顾问提供智能投顾产品以便于其更好地服务客户。

其二,通过收购方式搭建智能投顾平台,如全球最大资产管理公司贝莱德收购在线理财平台 FutureAdvisor,国际知名投资银行高盛集团收购在线退休金管理平台 Honest Dollar 等。传统金融机构采用这种方式参与智能投顾市场竞争的原因往往较为多元,或是自身科技实力尚不能支撑其开发和运营一个独立的智能投顾平台,但又希望可以尽快利用智能投顾的力量改善传统投资服务;或是被收购的标的平台已经在智能投顾领域拥有了十分可观的市场份额,传统金融机构希望凭借雄厚的资金实力快速入局,即"坐享其成";或是某些创业型智能投顾平台在某一细分领域(如养老金市场)取得了令人瞩目的成绩,而作为收购方的传统金融机构正准备在这个方向有所作为。

其三,通过与新兴智能投顾平台合作以获得目标方案和软件平台,例如摩根大通和高盛集团积极投资线上主题投资平台 Motif Investing,富国基金与新兴智能投顾平台 Betterment 展开战略合作等。通过这种方式入局智能投顾领域的传统金融机构,往往是因为对于某些智能投顾平台的部分功能或特色较为感兴趣,但独立开发和运营成本较高,因此会选择合作来获得相关技术支持。Motif Investing 是一家专注于主题投资的智能投顾平台,通过机器算法和深度学习来决定 ETFs 中每家公司的持仓权重并根据市场波动进行及时调整,从而获得结构性的长期投资优势。高盛集团和 Motif Investing 合作后创立的系列产品关注了创新金融、前沿医疗、先进制造业和消费升级四方面,共涵盖了 11 个全球市场,这些产品依据每个主题对每只股票持有不同的权重。具体来看,该系列 ETFs 在每个领域的关注点都非常新颖,金融领域主要投资于资金数字化、区块链和资产管理;医学领域主要投资于精密医学、机器人手术、基因组学;制造业领域则关注自动驾驶汽车、3D 打印和工厂自动化;消费领域则集中在电子商务、在线游戏和社交媒体等。

在经历了以网上银行为代表的个人计算机互联网时代和以移动支付为代表的移动互联网时代后,目前金融科技已经进入第三阶段,即人工智能阶段。在这个阶段,数字货币、大数据征信、智能投顾等将成为新时代的风口。由于传统金融机构的盲目自信,其已经错失了上一个阶段,即失去了移动支付这块战略高地。当金融科技的发展步入人工智能阶段后,发展智能投顾在很大程度上将会成为各类金融机构尤其是传统金融机构打赢"翻身仗"的关键。传统金融机构应当具备充分的危机意识和前瞻眼光,利用广大的客户基础、丰富的数据积累、雄厚的资产管理规模以及牌照优势,通过各种途径尽快布局智能投顾领域,才能不被新一轮科技革命的冲击所颠覆。

(2) 差异化竞争

如第 3 章所述,差异化竞争是美国智能投顾市场的一个显著特点。目前美国的智能投顾市场已经形成了"创一代"(新兴创业型智能投顾平台)和"富二代"(传统金融机构旗下的智能投顾平台)竞相角逐的格局。由于传统财富管理机构在品牌、资金、客群等方面的优势,"创一代"们多采取差异化竞争策略,以中低净值人群为主要客户群,发挥自身的特色和专长,在各自的细分领域独领风骚。

美国的智能投顾领域基于成熟的资本市场和理性的投资理念,形成了较为完善的差异化竞争局面。各大智能投顾平台具备较为完整的用户画像、风险测评、投资组合推荐和自动再平衡的流程,通过匹配用户的风险等级、产品的风险收益情况,为用户提供个性化的资产配置服务,在不同细分市场下的深耕带动了智能投顾整体的发展。

而从国内智能投顾市场来看,差异化竞争的缺乏仍是重要问题。国内智能投顾行业刚刚起步,智能投顾模式还未发展成一定规模的、适应国内环境的智能投顾产业生态。许多智能投顾参与者的算法设计较为粗糙,用户画像不够精确,实质性创新不足,也缺乏在某一细分领域深耕的意愿和能力。而且目前国内市场上的智能投顾算法模型同质化严重,推荐的投资组合千篇一律,导致同涨同跌现象明显,一致性下跌情况经常发生,打击了投资者对智能投顾的信心。

为了提高我国智能投顾市场的整体水平,国内的智能投顾平台应当围绕核心数据库、目标客群和市场定位三方面,打造差异化的业务运营模式,培育自身发展后劲与核心竞争力。

首先,国内智能投顾平台需要建立自己的核心数据库,从而奠定在目标领域深耕的基石。金融科技产品最基础的要求往往是数据,特别对于智能投顾而言,除了数据丰富度,数据筛选度、质量和针对性都会对算法的最终效果产生很大的影响。要想在某一细分领域开展差异化竞争,智能投顾平台需要搜集该领域的大量数据,并对此进行精心打磨,用以建立针对特定市场或特定人群的数据库,从而实现更为精准的目标营销、用户画像以及资产配置。

其次,国内智能投顾平台应提高对用户需求的发现和把握能力,致力于目标客群的发掘。智能投顾平台需要在深度了解用户的基础上,通过客户画像打破数据孤岛,全面了解客户个人特质,分析客户的风险偏好、收益周期曲线和未来需求,提高数据分析能力,针对每位用户的自身特点提供个性化的资产配置组合。目前国内大多智能投顾平台在明确客户定位和客户分层方面缺乏进展,针对不同客群的差异化竞争更无从谈起,这也就导致了市场中缺乏针对特定群体的智能投顾服务,同质化现象较为严重。

最后,各智能投顾平台需要明确市场定位,制定长远规划。因为初始资源的差异,不同类型的智能投顾平台在市场定位与路径选择上也就有所不同。例如,大型智能投顾平台拥有较高的品牌信任度,获客成本较低,人力资源雄厚,其市场定位应重在发挥资源优势,构建智能化金融生态圈,形成以自身金融业务为中心、向外延伸的智能化、一体化的智能投顾生态系统。而中小型智能投顾平台的客户规模与人力资源有限,其市场定位重在联合内外资源编织差异化的智能金融服务网络,以个性化高端资产配置服务稳定中高端客户,以普惠性理财产品服务"长尾客户",探索适合自身发展的差异化道路。总而言之,为进一步完善差异化竞争格局,不同类型的智能投顾平台应当根据自身特点和市场定位,明确发展方向,制定长远目标。

### 6.2.2　产研一体化

当前,我国金融科技的发展已经迈入新阶段,在这一阶段,智能投顾可以说是"兵家必争之地"。从美国智能投顾行业的发展历程来看,传统金融机构很可能会成为智能投顾领域的主力军。但通过与美国的对比分析我们发现,我国传统金融机构在金融科技领域的产研一体化发展还显不足,主要是在资金投入、人才储备、生态模式以及自身定位等方面还和美国存在较大差距。这必然会限制传统金融机构在智能投顾领域的布局和纵深发展。

首先,我国传统金融机构目前在金融科技领域的资金投入不足。从科技投入来看,2017 年招商银行将上年税前利润的 1%(7.9 亿元)用于专门成立金融科技创新项目基金,2018 年又提高到上年营业收入的 1%(22.1 亿元);2018 年,中国银行宣布每年投入科技创新研发资金不少于当年营业收入的 1%,按照 2017 年的数据看,中国银行科技投入资金规模约为 48 亿元;光大银行每年在科技创新方面的投入约为净利润的 1%,2018 年之后将达到 2%,金额将超过 6 亿元。相比之下,美国摩根大通在科技创新方面的投入远超国内银行,2017 年摩根大通的科技投入预算总额达到 95 亿美元,2018 年则增加至 108 亿美元,其中超过 50 亿美元用于新技术投资。

从加强传统金融机构科技资金投入的角度来看,可以从以下两个方面进行改善:一是从整体布局上来说,加强以金融科技战略导向为核心的预算管理体系建设,以当下金融科技战略的实际需求来决定资金的分配;二是在资金分配标准的制定过程中,要以长远发展的眼光进行思考,通过对金融科技投入产出比的分析,把更多资金投向对金融科技长期发展有促进作用的部分,注重金融科技工作的有效开展以及长远价值的升级拓展。

其次,我国银行内部技术人员数量和占比不足。2017年年末,摩根大通全球252 000名员工中,有近50 000名技术人员,其中31 000人从事开发和工程工作,超过2 500人从事数字技术工作;高盛集团2017年年末内部人员构成中,技术人员占比达到46%。相比之下,根据中国银监会的数据,2016年我国主要银行业金融机构信息科技人员为8.7万,占比仅为2.28%;2017年我国主要银行业金融机构中信息科技人员占比最高的是建设银行,也仅为8.21%。

从加强传统金融机构科技人才投入的角度,可以从以下三个方面进行改善:一是加大技术人员的招聘力度,扩大银行金融科技部门人员数量,促进科技部门职能细分。二是提高技术服务人员的地位和话语权,银行的未来战略可以对科技部门适当倾斜,突出科技部门的战略地位,同时加强对现有技术服务人员的培训和继续教育,规划出一套更加完善可行的科技部门工作人员培训和晋升机制。三是加强技术部门的市场化运作,传统金融机构技术团队所面临的外部市场需求和内部体制限制之间的矛盾与日俱增:市场要求快速的技术应用迭代,而传统金融机构的晋升体系和薪酬体制难以吸引高精尖技术人才;市场要求高效的整合效用,而传统金融机构的运营流程难以有效整合多部门的开发需求;市场要求准确的基于客户洞察的产品创新,而传统金融机构的激励机制难以充分激发员工的创新动力、释放员工的创新能力。只有技术部门市场化运作,才能量本利通盘考虑,合理决定开发数量,才能主动迎合客户需求,让所开发的产品真正接受市场的检验。未来,在清晰的战略定位的指导下,凭借雄厚的资本实力和扎实的底层设施基础,传统金融机构完全有能力在金融科技领域实现技术领先,从而推动智能投顾产品和服务的升级。

再次,我国的传统金融机构尚未形成可持续发展的金融科技生态。摩根士丹利每年都会举办各类技术峰会来发掘新的趋势和新的产品,通过该形式选择中长期的合作伙伴，以期建立合作共赢的商业模式。这种做法看似简单，但背后暗含了摩根士丹利在金融科技领域的生态布局。摩根士丹利的财富管理平台 NBA 系统的核心部分由其自主开发和掌控，其他众多功能都是通过 API 一个个集成进来。摩根士丹利并没有选用大型金融科技公司封闭式的整体解决方案，而是把需求分解成一个个较小的功能模块，然后在各个功能模块寻找最适合、最可靠且符合自身技术架构标准的合作伙伴，互相成就。当前，国内传统金融机构在与科技公司合作的过程中，尚未能构建符合自身长远发展趋势的生态环境，因此在参与金融科技的过程中，往往扮演的是被动的追随者角色。参考美国知名金融机构进行金融科技生态布局的经验，在未来一段时间里，我国传统金融机构可以采取以下几种途径进行金融科技生态布局。

一是联合建立实验室。目前，四大行已经分别与百度、阿里、腾讯及京东建立了战略合作关系，并且在大数据、人工智能、云计算、区块链、信息安全等领域与互联网巨头建立联合实验室进行合作研发，吸收应用先进技术。

二是投资、参股金融科技企业或新兴科技型企业。传统金融机构投资金融科技企业或创新型企业，获取所需的技术和人才也是未来的重要方式。国内传统金融机构可以借鉴摩根士丹利的做法，定期牵头举办金融科技峰会，邀请各个细分领域有创意的金融科技公司参会并深入交流，然后公司通过该形式选择中长期的合作伙伴。

三是设立加速器和孵化器培育创新型金融科技企业。目前，国外大型金融机构包括摩根大通、高盛、巴克莱等都以成立加速器、孵化器的方式培育中小型金融科技企业。未来国内的传统金融机构也可以参考这种方式，培育孵化国内优秀的技术团队和创业企业，并最终为己所用。

四是通过境外子公司投资境外金融科技企业。金融科技领域的主要核心技术目前大都分布在欧美国家，我国主要是金融科技的应用市场。所以未来投资收购海外金融科技企业将会成为金融机构拓展市场、获取核心技术的一个重要方式。一方面可通过海外子公司直接收购境外金融科技企业，另一方面可通过境外子公司在境外资本市场（如纽约交易所、纳斯达克）投资境内在海外上市的金融科技企业。

最后，对于我国的传统金融机构而言，需要找准自己的定位，不盲从。当前，传统财富管理行业最大的威胁来自智能投顾业务的快速扩张。但是，摩根士丹利等美国的传统金融大鳄对智能投顾的快速发展并没有盲目跟进，而是先分析了公司自身客户的特点，对财富管理客户进行分级，对客户需求展开调研，最终确立了"人机结合"的投顾模式，即以人工投资顾问服务为主，并结合智能投顾来提升效率。国内传统金融机构入局智能投顾领域时，也不能盲目追从，而应仔细分析自身特点和客户需求，发展出最适合自己的模式，这样才能充分发挥优势，实现可持续发展。

## 6.3 高等学校如何助力

在本章的最后一节中，我们将重点介绍我国高校人工智能学科建设的现状，并针对相关专业的人才培养提出如下建议：优化专业与课程设置、打造一流师资团队、产学研深度融合、科研信息公开化等。此外，本节还会详细介绍同济大学、上海财经大学、广东金融学院、北京大学和上海交通大学这五所高校建立的金融科技实验室，从而为其他院校进行相关学科体系建设与人才培养提供参考。

### 6.3.1 人才培养：以人工智能为例

智能投顾是人工智能在金融领域的重要应用，是人工智能与金融结合的产物，这也决定了智能投顾行业对人才要求的高端性和特殊性。顶尖的智能投顾从业人员不仅需要掌握资产配置、量化投资等金融知识，还需要具备人工智能、大数据、云计算、区块链等计算机和数理基础，也就是需要成为所谓的复合型人才，这对高校的人才培养体系提出了很大的挑战。

人工智能是智能投顾的核心技术基础，贯穿于智能投顾的研发和应用的各个阶段，智能投顾的人才供给在很大程度上依赖于人工智能领域的人才供给。美国智能投顾的快速发展与美国高校源源不断地输出人工智能人才有着密切联系。因此,下文将总结美国高校人工智能人才培养模式的经验,为我国高校进行人工智能学科建设提供启示和建议,从而在根本上促进智能投顾实践的发展。

(1) 国内高校人工智能学科建设的现状

美国顶级名校在人工智能领域一直是产业领导者,不仅在技术上有持续的突破,而且不断向全国甚至全球输送着顶级人工智能人才。但相较而言,中国高校在人工智能领域的"存在感"较弱,在中国提到人工智能,人们首先会想到阿里巴巴、华为、百度等互联网公司巨头,而不是某所大学的研究所或研究室,国内高校在人工智能领域甚至扮演的是追随者的角色。总的来看,中国的人工智能更接近于大资本驱动和大企业驱动,而不是高校驱动,国内高校在人工智能产业的发展中存在一定缺位和错位。

根据 2019 年全球权威计算机科学专业排名 CSRanking 发布的数据,计算机领域全球高校 Top10 中有 9 所均为美国高校,美国顶级名校卡内基梅隆大学、康奈尔大学、麻省理工学院、斯坦福大学等位居前列,国内仅清华大学进入 Top10,与康奈尔大学并列第 2 位。在人工智能专业综合实力方面,国内高校的实力排名亮眼,Top10 中占据了 5 个席位。其中,清华大学位居第 1,北京大学排名第 3,中国科学院大学处于第 5,上海交通大学和复旦大学分别位列第 7 和第 9。CSRanking 的主要排名依据是各个高校在计算机领域的顶级学术会议发表的论文数量和质量。从这份排名中可以看出,我国几大著名高校在人工智能领域的论文产出水平已经处于全球顶尖地位。但是,除了这几大名校,我国其他高校的人工智能基础还是十分薄弱的。据统计,全球共有超过 360 所具有人工智能研究方向的高校,其中美国拥有近 170 所,而中国仅 30 多所。同时也应该看到,国内这些在人工智能领域高产的学者们,很多并非我国本土培养的人才,而是大多拥有美国留学的经历。

在人工智能人才培养和供给体系方面,我国仍与美国的水平有较大差距。加拿大的人工智能初创企业 Element AI 根据 2018 年在 21 个顶级国际学会上发表的论文调查了这些作者的人数和经历,统计了顶尖人工智能人才的分布。调查显示,全球约有 22 400 位人工智能方面的顶尖人才,其中约半数在美国（10 295 人），其次是中国（2 525 人）、英国（1 475 人）、德国（935 人）和加拿大（815 人）。此外，调查还发现，在全球人工智能论文发表最多的学者中，有 44% 是在美国获得的博士学位，在中国获得博士学位的人数仅占 11%，美国高校在人工智能人才培养与储备方面处于绝对垄断地位。

产业界也存在着同样的问题。在人工智能产业快速扩张及诱人前景的推动下，近年来人工智能人才的需求增长迅速，人才缺口急剧扩大。其中，顶尖的人工智能领军人才以及能够将人工智能技术与商业模式完美结合的人工智能商业化人才，对于企业、高校、研究机构来说更是千金难买的稀缺资源。从国际比较来看，美国和中国同为人工智能领域的领先者，其人才短缺的情况却有泾渭之别：根据领英人才数据库，目前中国的人工智能人才总数为 5 万，而美国在这一领域拥有 83 万名人才。

智能投顾以人工智能为核心，相对应地，其发展也严重依赖于人工智能人才的供给。但是国内无论是在学术界还是产业界，人工智能领域都存在严重的人才缺口，这种人才缺口严重限制了我国人工智能行业的发展。看到了人工智能行业快速发展与人才供给巨大缺口的矛盾后，我国政府出台了相关的计划，大力支持高校人工智能专业的发展。

2017 年 7 月，国务院发布的《新一代人工智能发展规划》中明确指出要把高端人才队伍建设作为人工智能发展的重中之重。要完善人工智能领域学科布局，设立人工智能专业，推动人工智能领域一级学科建设，尽快在试点院校建立人工智能学院。

2018 年 4 月，教育部正式印发《高等学校人工智能创新行动计划》，明确了人工智能发展的基本态势。人工智能具有技术属性和社会属性高度融合的特点，是经济发展新引擎、社会发展加速器。而高校处于科技第一生产力、人才第一资源、创新第一动力的结合点，应该进一步强化基础研究、学科发展和人才培养方面的优势，要进一步加强应用基础研究和共性关键技术突破，要不断推动人工智能领域的科技创新、人才培养和技术应用示范，最终带动我国人工智能总体实力的提升。既然智能投顾的关键在人才，我国如果想在智能投顾这条路上走得更远，就必须加强智能投顾领域人才的培养与供给。2019 年 4 月，教育部批准 35 所高校设置人工智能本科专业，如

表 6.1 所示。

表 6.1 2019 年国内人工智能本科专业获批高校名单

| 学校名称 | 学校类型 | 专业名称 | 学位授予门类 | 修业年限 |
| --- | --- | --- | --- | --- |
| 北京科技大学 | 211 | 人工智能 | 工学 | 四年 |
| 北京交通大学 | 双一流 | 人工智能 | 工学 | 四年 |
| 天津大学 | 双一流 | 人工智能 | 工学 | 四年 |
| 东北大学 | 双一流 | 人工智能 | 工学 | 四年 |
| 大连理工大学 | 双一流 | 人工智能 | 工学 | 四年 |
| 吉林大学 | 双一流 | 人工智能 | 工学 | 四年 |
| 上海交通大学 | 双一流 | 人工智能 | 工学 | 四年 |
| 同济大学 | 双一流 | 人工智能 | 工学 | 四年 |
| 南京大学 | 双一流 | 人工智能 | 工学 | 四年 |
| 东南大学 | 双一流 | 人工智能 | 工学 | 四年 |
| 南京农业大学 | 211 | 人工智能 | 工学 | 四年 |
| 浙江大学 | 双一流 | 人工智能 | 工学 | 四年 |
| 厦门大学 | 双一流 | 人工智能 | 工学 | 四年 |
| 山东大学 | 双一流 | 人工智能 | 工学 | 四年 |
| 武汉理工大学 | 211 | 人工智能 | 工学 | 四年 |
| 四川大学 | 双一流 | 人工智能 | 工学 | 四年 |
| 重庆大学 | 双一流 | 人工智能 | 工学 | 四年 |
| 电子科技大学 | 双一流 | 人工智能 | 工学 | 四年 |
| 西南交通大学 | 211 | 人工智能 | 工学 | 四年 |
| 西安交通大学 | 双一流 | 人工智能 | 工学 | 四年 |
| 西安电子科技大学 | 211 | 人工智能 | 工学 | 四年 |
| 兰州大学 | 双一流 | 人工智能 | 工学 | 四年 |
| 北京航空航天大学 | 双一流 | 人工智能 | 工学 | 四年 |
| 北京理工大学 | 双一流 | 人工智能 | 工学 | 四年 |
| 哈尔滨工业大学 | 双一流 | 人工智能 | 工学 | 四年 |
| 西北工业大学 | 双一流 | 人工智能 | 工学 | 四年 |

(续表)

| 学校名称 | 学校类型 | 专业名称 | 学位授予门类 | 修业年限 |
| --- | --- | --- | --- | --- |
| 中北大学 | — | 人工智能 | 工学 | 四年 |
| 长春师范大学 | — | 人工智能 | 工学 | 四年 |
| 南京信息工程大学 | — | 人工智能 | 工学 | 四年 |
| 江苏科技大学 | — | 人工智能 | 工学 | 四年 |
| 安徽工程大学 | — | 人工智能 | 工学 | 四年 |
| 江西理工大学 | — | 人工智能 | 工学 | 四年 |
| 中原工学院 | — | 人工智能 | 工学 | 四年 |
| 湖南工程学院 | — | 人工智能 | 工学 | 四年 |
| 华南师范大学 | 211 | 人工智能 | 工学 | 四年 |

数据来源：作者根据教育部相关通知文件整理得到。

(2) 国内高校人工智能培养体系的发展建议

美国人工智能领域一直以高校为主导，美国高校在人工智能培养体系方面的发展也较为完善。早在1955年"人工智能之父"约翰·麦卡锡（John McCarthy）与马文·李·明斯基（Marvin Lee Minsky）在达特茅斯会议上首次提出"人工智能"概念后，两人就在麻省理工学院创立了人工智能研究室，成功地让人工智能成为一门学科。至今，美国人工智能已有近70年的发展历史，这也奠定了其在人工智能领域的全球领先者地位。

虽然我国高校人工智能学科的基础较为薄弱，但我们可以"采他山之石以攻玉，纳别水之址以厚己"，充分借鉴美国高校的课程设置和培养体系，站在巨人的肩膀上进行学科建设。

① 优化专业与课程设置

具体来看，就课程设置而言，美国人工智能学科总体上还是基于计算机大类，注重科学、数学等，但是有许多"AI+"的课程设置。以卡内基梅隆大学、斯坦福大学、麻省理工学院等为代表的美国顶级名校在课程设置上呈现出以下五大特征：

前沿性：在课程设置方面关注当下科技热点，使教学紧跟潮流；

专业性：每门课程都是精心设计的，且均为学界顶级人才授课，这源于其丰富的人才储备；

跨学科性：学生不仅要选择本专业的课程，还要选择其他专业的课程作为选修，为培养复合型人才提供机会；

创新性：在注重基础培养的同时，也十分关注创新能力的培养，设置各种"AI+课程"，鼓励实践，训练了学生良好的创新能力；

全面性：专业课程非常全面，不仅涵盖机器人技术、自然语言处理、计算机视觉、密码学、算法、体系结构、网络、系统、网络科学、人工智能、人机交互、计算生物学等，还包括一些人文学科，注重实践培养的同时也注重人文精神。

我国在 2019 年 4 月才经过教育部批准，在 35 所高校开设人工智能专业。除了少数高校，大多数院校几乎没有人工智能的研究基础，师资也严重匮乏。许多高校的人工智能专业只是把电子信息类和自动化类课程重新排列组合，比如计算机+数学、自动化+计算机、智能科学与技术等，与之前成立的大数据专业类似，实际上还是传统的信息类专业，只是挂上了人工智能专业的名号。例如，从西安交通大学公布的人工智能专业课程来看，核心课程有通识教育、数学与统计、计算机科学核心等课程，整体注重数学与计算机基础，但是总体而言，课程设置却相对较为单一，在前沿性、创新性、专业性等方面均与美国顶级名校的培养体系有不少差距。人工智能学科旗下应设置脑认知机理、机器感知与模式识别、自然语言处理与理解、知识工程、机器人与智能系统等课程。而在具体落实上，编撰系统的、有针对性的、与时俱进的教材尤为重要。

此外，人工智能是以智能为基础的包含机器人技术、自然语言处理、人机交互等细分领域的综合性学科，可以和不同的领域结合诞生各种"AI+"。但是目前国内的人工智能专业尚未细分领域和方向，而国外人工智能专业不仅重视基础，而且设置有许多"AI+"课程，从而能够培养出专业化、精细化的人才，这也是国内高校应该借鉴的地方。

② 打造一流的人工智能专业师资队伍

自 2003 年北京大学设立智能科学与技术本科专业起至今，教育部正式批准设立智能科学与技术本科专业的高校已达 36 个,仅 2017 年就有 17 所高校新增了该专业。而在研究生培养阶段,仅专业目录中设置智能科学与技术相关专业方向就已达 79 个,分布在计算机、自动化等诸多学科。在 2019 年 4 月,教育部批准 35 所高校设置人工智能本科专业,更是成为国内高校人工智能教育发展的里程碑。中国科学院大学、南京大学、西安电子科技大学、重庆邮电大学等高校也选择成立专门的人工智能学院。但是,伴随着国内人工智能专业如火如荼地开设,高校相关专业师资力量匮乏的问题也越显突出。国内高校打造人工智能专业师资队伍主要可以从以下三种途径入手:从国外引进、内部培养和聘任业界人才到高校任教。

首先,从国外引进人才。美国作为全球智库一直在全世界范围内吸引人工智能领域的顶级人才,人才的不断流入也为美国人工智能的快速发展奠定了基础。国内人工智能学科的起步较晚,与美国相比,整个研究环境对于顶级人工智能学者仍旧欠缺吸引力。因此,国内高校在高薪引进人才的同时,也要注重相关配套设施的完善,提供高质量的科研环境。此外,除了聘请全职教师,也应该积极引进顶级人工智能学者来国内开设讲座与课程,促进国内外的学科交流。

其次,内部培养途径。我国高校人工智能学科发展尚处于初级阶段,在高校内部培养和留用人才的过程中,应"不拘一格降人才",摒弃"唯论文、唯帽子、唯职称、唯学历、唯奖项"的选拔方式,给优秀青年学者提供更多的发展机会,使得高校人工智能教学队伍不断壮大,也为高校人才的持续供给奠定基础。2018 年 4 月,在教育部国际合作与交流司、高等教育司、科学技术司的共同指导下,教育部中外人文交流中心、创新工场人工智能工程院和北京大学联合主办了"中国高校人工智能人才国际培养计划",预计将在五年内培训顶尖高校至少 500 位人工智能教师、5 000 位人工智能学生。这种教育部牵头、高校和企业共建的人工智能人才培养模式,也是值得肯定和借鉴的。

最后,聘任业界人才到高校任教。采用这种途径,不仅可以缓解高校师资匮乏问题,而且可以提高高校教学的实践性,使高校教学真正对接企业。企业的工程师能够向学生们讲授一些真正面向实际的人工智能算法,使学生在学习过程中更具目标性,同时这也是非常好的促进产学研合作的交流途径。

③ 产学研深度融合,人才培养以需求为导向

斯坦福大学的校园面积有八千多亩,如果将土地作为一般商用地出租,学校可轻松赚取可观利益。但斯坦福大学工程学院院长弗雷德里克·特曼(Frederick Terman)坚持将土地以1美元的极低价出租给高科技公司。超低价出租土地,是因为他有更长远的目光:他要求企业与学校展开合作,给斯坦福学生提供各种研究项目和实习机会。正是这项制度,成为硅谷高科技企业发展的重要保障,也造就了"没有斯坦福就没有硅谷"的传说。

在企业入驻斯坦福之后,斯坦福大学便利用这些优势与企业进行了以下合作:第一,斯坦福大学和高科技企业联合创建了斯坦福研究院,使工业界和斯坦福大学的研究实验室之间建立起互惠交换关系;第二,斯坦福大学创立荣誉合作项目,为硅谷企业员工提供高质量的培训;第三,斯坦福大学成立技术许可办公室,以促进斯坦福大学创新成果的商业化。此外,美国其他高校也都通过各种各样的方式和校外企业保持密切合作。也正因为美国产学研深度融合,所以美国高校在人工智能领域的地位举足轻重,我们看到的很大一部分商业化的机器人、无人机以及无人驾驶汽车等都与高校紧密相关。

美国在人工智能领域一直很注重校企合作,有些高校研究人员在高校和企业的交流、流动很频繁,学界和业界几乎分不清,两者相互交融、共同促进,无论是人才流动还是技术合作都非常普遍。一个人工智能领域校企合作、人才流动的典型案例是,斯坦福大学计算机系终身教授李飞飞从学术界转到了工业界,正式加入谷歌,任谷歌云机器学习负责人。但是反观国内,在人工智能领域的校企合作、人才交流方面,中国的步伐还跟不上国外。学界和业界的人员交流鸿沟十分明显,少数比较典型的案例也以失败告终。因此,国内若想加快推进人工智能落地,推进校企合作、人才交流是至关重要且必不可少的一步。

在产学研深度结合的基础上,人工智能的人才培养也应该以产业需求为导向。因为人工智能人才培养毕竟是为我国发展人工智能的总体目标和

布局服务的,最终目的是培养适应社会需求的应用型人才,所以高校在人才培养时应该"服务于不同的学习需求":从宏观上来说,应以我国相关政策和文件为导向,深入研究我国总体部署,围绕发展需求,制定人才培养方案;从中观上来说,应结合人工智能发展现状和市场需求,了解专业服务的地区、行业的发展趋势,可以邀请企业参与高校的人才培养方案制定,落实人才需要掌握的专业知识和业务技能;从微观上来说,在制定人才培养方案时,要根据本校的实际情况扬长避短,整合已有资源。通过合理的方案制定和实施,培养出一批高质量的人工智能人才。

④ 科研信息公开化,促进成果转化

高校的人工智能实力不仅仅指的是论文和实验室研究成果,也包括一些社会各界都可以应用的开源项目,比如李飞飞的 ImageNet 和斯坦福公布的医疗图像大数据 Medical ImageNet。高校的开源项目可以清晰地告诉企业和社会,高校在做什么和能做什么。

在伯克利人工智能研究所(Berkeley Artificial Intelligence Research)的官方博客中我们可以看到,其内容大部分都是关于人工智能领域研究成果的介绍,访客可以通过此种渠道直观地了解到加州大学伯克利分校在人工智能领域的研究进度,在研究过程中所作的新尝试以及新的探索发现。如果想进一步了解某一技术,还可以通过页面内的链接查询完整论文。企业一旦掌握高校的研究现状和技术前沿,便可结合自身情况和高校进行深入的合作。

与之对比,我国的高校还存在着一些问题。国内大多数高校注重奖项与荣誉的宣传,而对科学研究的详细性介绍较少。结果就是,人们可以模糊地理解到高校在学术上已经达到了很高的水平,但不知道他们的研究成果已经可以解决什么问题。所谓的产学结合也只能靠高薪聘请相关专业的教授、博士到企业内部再开展。这种不主动、不积极的态度,会让高校对人工智能技术发展的宣传形成一个封闭且坚硬的外壳,外界很难在短时间内打破,高校与社会及企业建立密切联系的机会也会变得越来越少。

鉴于此,国内的高校应努力打破信息壁垒,促进科研信息公开化,使业界能够迅速、及时且明确地了解高校的科研进度,从而更好地促进产学研结合。

### 6.3.2 研究创新：高校金融科技实验室

（1）国内高校级金融科技实验室简介

目前国内已经建立了多个高校级金融科技实验室（研究中心），极大地促进了金融行业的产学研合作。作为金融科技领域的下一个风口，智能投顾的发展也将受益于这些金融科技实验室在相关领域的理论指导和实践产出。接下来，我们将着重介绍五个高校的金融实验室，分别是同济大学智能投顾实验室、上海财经大学上海市金融信息技术研究重点实验室、广东金融学院科技金融重点实验室、北京大学金融科技创新实验室以及上海交大—新颜科技人工智能金融科技联合实验室。

① 同济大学智能投顾实验室

同济大学智能投顾实验室成立于2018年5月23日，由同济大学中国科技管理研究院联合上海羽时互联网金融信息服务有限公司共同建立。同济大学智能投顾实验室汇聚政府、高校、金融机构和科技企业等相关人才，打造智能投顾产学研平台，探索动态监测，旨在推动这一金融服务新业态的快速健康发展。

同济大学智能投顾实验室依托于同济大学中国科技管理研究院的研究与学术支持，结合羽时金融的技术成果，为行业提供了行业标准、技术评估系统和动态监测体系。业界人士表示，这一平台的应运而生，对规范市场行为、深化行业布局发挥着巨大作用，有利于推动科技金融的前沿性创新与发展。

作为第三方产学研平台，同济大学智能投顾实验室会对智能投顾行业进行评估监测，对技术服务商进行评估和动态监测，面向全社会定期发布智能投顾行业白皮书和评估监测报告等，同时也为金融机构定制智能投顾系统，提供整体解决方案和系统集成服务方案，开展智能投顾领域的职业和技术培训等。

② 上海财经大学上海市金融信息技术研究重点实验室

上海市金融信息技术研究重点实验室是由上海市科学技术委员会于

2004年批准成立的市级重点实验室。自2012年7月起,实验室依托单位正式调整为上海财经大学。

上海市金融信息技术研究重点实验室紧跟国际经济和金融的前沿研究,围绕国家金融创新改革的战略发展目标,对接上海国际金融中心的建设需求;通过金融、信息、统计、数学等多学科交叉融合,构筑开放的学术和应用研究平台,推进官、产、学、研合作和成果转化;致力于打造上海市金融信息领域科学研究、人才培养和社会服务的重要基地;聚焦金融信息领域的热点前沿问题和关键技术,开展理论研究和应用研究;依托实验室平台开展硕士、博士研究生培养;组织金融信息领域高端专业培训,成果转化推动行业发展。

③ 广东金融学院科技金融重点实验室

目前广东省的科技金融体系已经比较完备,面临的主要问题是如何诊断科技企业的科技金融需求并开发出相适应的科技金融产品,以及科技企业如何调整自身的经营管理、资本结构和公司治理以达到相关金融机构的基本要求。广东金融学院科技金融重点实验室基地建设的核心工作就是跟踪解决好上述问题。

实验室成立于2012年3月,是广东省科技金融重点研究基地、广东省决策咨询研究基地。该实验室以基础研究为本,应用研究为主,重点解决科技金融理论与实践、科技企业价值评估与风险管理、知识产权定价与融资、科技金融评价与监管以及动态投融资对接等方面的问题。实验室建立的科技企业金融信息平台,可以采集科技企业融资服务数据的信息,增强信息的公开性,有助于解决科技企业与金融机构之间因信息不对称而导致的融资难问题。同时,实验室对科技企业进行信用评级,以此来提高科技企业信用意识,降低金融资源流入科技企业的风险,化解因风险与收益不对称而导致的信贷与投资瓶颈,激励各投资主体的投资意愿。

④ 北京大学金融科技创新实验室

北京大学金融科技创新实验室是由北京大学科技主管部门于2017年1月批准建立的科研实体,与产业界联合开展有关区块链技术、金融信息安全、监管技术等相关领域的研究,是北京大学与业界共建的实验室。北京大学金融科技创新实验室致力于为学术界及业界提供有价值的研究成果,目前日常管理依托北京大学软件工程国家工程研究中心。

未来三年北京大学金融科技创新实验室的五大重点研究方向包括:①探索适合中国用户的数字化资产配置方案;②超大规模关联网络在互联网金融领域的应用;③在线机器人在金融领域的应用(客服、催收);④探索如何开展监管科技业务,提升国内监管机构的效率与风险防控水平;⑤基于区块链技术的通证经济机制在金融领域的应用。

⑤ 上海交大—新颜科技人工智能金融科技联合实验室

上海交通大学与新颜科技联合成立的上海交大—新颜科技人工智能金融科技联合实验室于 2018 年 8 月 24 日正式揭牌。上海交大—新颜科技人工智能金融科技联合实验室旨在依托上海交通大学的学术优势,立足行业现状,面向国际科学技术前沿,汇聚形成人才培养、学术研究、实践应用、产学研深度融合的研究性机构。

未来联合实验室将重点关注几大研究方向及相关重点研究课题。其中,上海交通大学首创的人工智能核心技术——深度过程学习技术,使机器能够像人类一样动态、持续地认知、适应、改造生产和生活环境,极大提升了预测的准确性,而新颜科技拥有海量多维的行为数据,双方将以联合实验室为平台,加大深度过程学习的理论创新和实践应用,引领人工智能在金融科技领域的创新,推动智能风控的进一步发展。同时双方将致力于共同培养金融科技方面的人才,在品牌建设、技术研发、智库服务等方面协同合作,齐心协力将实验室建成国内领先的信贷评估人工智能技术研究中心。

总之,高校科技金融实验室将有助于广泛吸纳高校与业界的专家与人才,通过产学研合作,促进金融与科技的良性互动,加速科技成果转化与产业化进程。高校科技金融实验室还有助于培养一大批优质科技金融管理人才,为业界输送金融科技的中坚力量。

(2)发展建议

国内很多高等院校的经济管理学院迅速地跟上国际趋势,积极启动了金融实验室的建设并配置了良好的硬软件设备以及优秀的师资、科研团队,用以促进教学、科研和校企合作。但是,从各个角度来看,国内的金融实验室与国际水平还存在一定的差距。本节将针对这些差距提出一些改进的建议。

第一,配备更为先进的模拟软件。国内金融实验室可以购买国外先进的模拟交易软件以及系统,如全球交易模拟系统(VGTS)、Rotman Interactive Trader、Financial Trading System、StockTrak、TraderEx.、X_Trader、MDTrader 和 Uptick 等。这些软件发展得都比较成熟,对真实市场的交易模拟效果也处在国际的尖端水平。引入这些先进的模拟软件可以更好地培养学生在真实市场环境下的金融决策能力,从而使学生在未来的职业市场更具竞争力。同时,国内金融实验室也要加快自身软件开发的步伐,具体的方面有:不断补充、完善模拟交易的品种;设计与真实市场交易类似的规则和功能(如自动止损功能)以尽可能地去接近金融市场的真实情况;具备记录交易和分析交易的功能以便日后将交易记录用于研究。

第二,改进金融实验室与课堂理论教学的结合方式。目前大部分国内金融实验室的使用都是独立于课程的,并且通常没有配备有实际操作经验的教师,使得学生无法将课堂上学习到的金融理论与知识真正运用到实际操作与决策中。对此我们建议国内拥有金融实验室的学院开设与实验室的使用有关的课程,如投资学、公司金融、固定收益证券、期权和期货市场、金融建模等。这样学生可以在学习理论知识的同时学习如何实现这些理论模型的实际运用,从而提高学生在金融决策中对金融理论和模型的灵活运用能力。

第三,加强产学研合作,提高实验室研究成果的实际指导价值。国内金融实验室大多为高校与企业联合组建,本身具有产学研结合的性质,然而在金融科技创新驱动方面,产学研结合虽然一直被寄予厚望,但由于多种原因,这些年国内金融科技企业和高校的产学研合作大多流于形式,各种形形色色的研究中心或实验室,基本停留在发报告、开座谈会的层面,真正能够服务企业创新的成果并不多,与具体产品和技术部门几乎没有交集。拥有最优秀头脑的顶尖高校学者没有发挥应有的价值,产学研合作的价值让市场深表怀疑。

要真正推动金融实验室的产学研结合，推动双方有效开展合作，就必须要实现双方目标函数的修正。高校教授们更多关心的是论文的发表，但与企业合作的研究必须结合企业的需求，将理论研究应用化、产品化。而金融科技企业往往也只是希望挂着高校的牌子，让高校为企业"站台"，充当品牌宣传者，实际上却没有真正为高校研究提供数据、设备等资源，没有实现深度的校企合作。因此，校企合作的前提就是双方目标的一致化。在合作建立前就应充分沟通彼此的诉求，例如高校需要业界的数据，企业需要学界提供可落地的方案等。在互相满足对方诉求、实现目标一致的基础上，校企合作才能更为深入，才能最终产出有价值的成果。

国内金融实验室还要进一步完善产学研合作的形式和内容等。首先，要明确"解决方案"导向的合作形式，解决方案一头连着学术、一头连着市场，从而将企业专家、高校学者有效组织在一起开展富有效率的工作。其次，在研究课题方面，要充分与国际接轨，开展程序化交易、交易模型、风险模型、计算机全自动交易系统等前沿方向的研究。再次，应以数据为中心构建研究体系与产品体系，无论是人工智能还是细分领域的智能投顾，数据始终是其核心，紧紧围绕数据才能有所突破和创新。最后，要明确知识产权的归宿和利益划分，也要建立相应的激励和惩罚机制。

第三部分

# 走近美国主流智能投顾平台

# 第 7 章
# 美国主流智能投顾平台业务介绍

作为智能投顾的发源地和目前最大的应用市场,美国集中了全球范围内大部分知名的智能投顾平台(如表 7.1 所示),其主流模式主要分为三种:第三方理财服务平台、传统金融机构旗下的智能投顾平台以及智能投顾技术服务供应商。本章旨在介绍美国智能投顾产业的主要模式及代表性企业,以使读者对美国智能投顾的运营主体有更深入与直观的了解,也为我国智能投顾企业提供参考和借鉴。我们将分别选取每种模式的代表性公司或平台进行介绍,解读美国主流智能投顾平台的经营模式及产品特征。

具体来说,我们选取了 Betterment 和 Wealthfront 作为第三方理财服务平台模式的典型代表,详细介绍其基本业务、优势特色和投资目标等,并对两者的异同点进行比较。其次,我们选取了先锋集团和嘉信理财作为传统金融机构进军智能投顾领域的代表,阐述两者旗下智能投顾产品的基本业务、运作流程。最后,我们选取了 Financial Engines 和 Trizic 作为技术服务供应商的代表,详细介绍此类平台的工作模式、主要业务和优缺点等。关于这些企业的更多信息可见表 7.2。

表 7.1 世界知名的智能投顾平台

| 国家 | 平台 |
| --- | --- |
| 美国 | Wealthfront, Betterment, Personal Capital, AssetBuilder, Schwab Intelligent Portfolios, Edelman Financial Services, FutureAdvisor, Quick Vest, Learn Vest, SigFig, Rebalance IRA, WiseBanyan, TradeKing Advisors, Acorns, Blooom, True Wealth, Financial Engines, Guided Choice, MarketRiders, Covestor, Financial Guard, FlexScore, Motif Investing, Quicken, Mint |
| 英国 | Money on Toast, Nutmeg, Zen Assets |
| 德国 | FinanceScout 24, Quirion, Vaamo |
| 法国 | Marie Quantier, FundShop, Advize |
| 澳大利亚 | Stockspot |
| 意大利 | Money Farm |
| 加拿大 | Wealthsimple |
| 瑞士 | Swissquote |

资料来源:作者根据公开资料整理得到。

表 7.2 美国主流智能投顾平台的官网及联系方式

| 智能投顾平台 | 官网及联系方式 |
| --- | --- |
| Betterment | 官网:https://www.betterment.com/<br>联系电话:718-400-6898<br>电子邮箱:support@betterment.com |
| Wealthfront | 官网:https://www.wealthfront.com/<br>电子邮箱:press@wealthfront.com |
| 先锋集团 | 官网:https://investor.vanguard.com/home/ |
| 嘉信理财 | 官网:https://www.schwab.com/<br>联系电话:866-855-9102 |
| Financial Engines | 官网:https://financialengines.com/<br>联系电话:866-303-3809 |
| Trizic | 官网:https://harvestsw.com/<br>联系电话:415-366-6583<br>电子邮箱:hello@harvestsw.com |

资料来源:作者查找相关资料后整理得到。

## 7.1 Betterment

Betterment 是典型的第三方理财服务平台,是美国智能投顾领域的先行者与开拓者。Betterment 着重于多元化大类资产的配置和投资过程的自动化,并且十分注重用户界面设计和改善用户体验。本部分将从公司简介、基本业务和特色、投资目标等方面对 Betterment 进行详细的介绍。

### 7.1.1 公司简介

Betterment 是美国最早成立同时也是规模最大的第三方智能投顾公司,有着"智能投顾鼻祖"之称。Betterment 成立于 2008 年,公司位于美国纽约。公司定位为全球投资顾问,为个人投资者服务,帮助个人更好地进行金融投资。Betterment 的创始人乔恩·斯坦(Jon Stein)曾在华尔街工作,并曾担任第一曼哈顿咨询集团(First Manhattan Consulting Group)的高级投资顾问。乔恩·斯坦坚信智能投顾具有广阔的前景,致力于将 Betterment 打造成金融服务领域的亚马逊。Betterment 通过手机 App 提供在线金融服务,使用机器算法来决定投资方向。就投资理念而言,Betterment 着重于多元化大类资产的配置和投资过程的自动化,并且十分注重用户界面设计和改善用户体验。简单便捷、不设最低投资额、低交易成本等特点使得 Betterment 很快打开市场,同时也掀起了智能投顾的浪潮。凭借着先进技术和用户积累,Betterment 成为智能投顾界融资最多的公司。在 2010—2015 年间,Betterment 共获得了 4 轮融资,估值超过 5 亿美元。根据 2018 年 6 月埃森哲发布的报告,Betterment 的资产管理规模已达 100 亿美元。

### 7.1.2 基本业务和特色

如果投资者选择在 Betterment 平台上理财,那么平台首先会问投资者

"理财目标是什么？"，然后会帮投资者做分析，基于投资者理财目标而非收益最大化给出投资建议，并利用其现有技术辅助投资。用户登录 Betterment 网站后，需要填写个人年龄、收入、是否退休、投资目的、期望等信息。除此之外，投资者还可以通过拖动滑块自己设置资产比例（目前 Betterment 支持股票和债券形式的投资），例如 60% 的股票与 40% 的债券。完成选择后，客户就可以连接到自己的个人账户。客户可以随时将钱转移到 Betterment 账户，或者可以设置自动存款。平台将自动告诉投资者一个科学、安全、有效的长期股票和债券配置方案。用户可以看到预期收益、风险系数、期限、投资比例等信息。投资者唯一需要操心的就是决定投资的金额和种类。平台一般通过 ETFs 来进行配置，Betterment 选择的 ETFs 具有跟踪误差小、流动性强、节税且年费低的特点。ETFs 的配置比例并不固定，Betterment 会根据客户对股票和债券的分配调节 ETFs 的占比，以达到有效边界上的配置。Betterment 目前的资产类不包括大宗商品和房地产信托投资基金（Real Estate Investment Trusts，REITs）。与一些大型机构投资者不同，Betterment 的目标是不断优化投资组合的配置，因此可能会做一些资产负债的配置或对接。

因为投资策略是目标（投资者理财目标）导向型的，所以 Betterment 推出了一个整合账户，把投资者的银行账户、贷款情况等所有信息都整合到一个账户当中，根据这种全面的信息提出一个整合度非常高的建议。除了客户个人主动提供的信息，平台还会收集他们的行为数据，比如登陆时间和频率等，并在这些行为数据基础之上，不断优化投资建议。在交易时，Betterment 会向客户展示某项交易所需支付的税务数据，以此来改变客户的行为模式。比如说，当客户要执行某个投资计划中的交易动作时，在交易确认之前，平台会显示出一个估算的税负，这样可能可以避免 70% 左右的高税务成本交易，促使客户放弃一些并不明智的投资行为。此外，Betterment 还有一个很特别的功能，那就是投资者可以查看与自己同龄或同收入的人在投资什么，以及通过什么样的方式投资。通过这样的对照，投资者可以获得更多的参考信息，从而作出更加明智的投资选择。关于 Betterment 的更多业务信息可见表 7.3。

表 7.3 Betterment 的业务信息

| 最低金额 | 0 美元 |
|---|---|
| 账户费用 | 基本投资计划门槛为 0 美元,年费率为 0.25%;<br>高级投资计划门槛为 10 万美元,年费率为 0.40%;<br>购买额外的人工咨询服务,售价 199 美元起 |
| 可用账户 | 传统个人退休账户(Traditional Individual Retirement Account,以下简称传统 IRA);<br>罗斯个人退休账户(Roth Individual Retirement Account,以下简称罗斯 IRA);<br>过渡个人退休账户(Rollover Individual Retirement Account,以下简称过渡 IRA);<br>简化员工退休金个人退休账户(Simplified Employee Pension Individual Retirement Account,以下简称 SEP IRA);<br>信托;非营利账户;个人账户;联合账户 |
| 投资亏损避税 | 所有应税账户可用 |
| 组合再平衡 | 是 |
| 自动存款 | 可以每周,每隔一周,每月一次,每月两次 |
| 建议 | 自动化 |
| 移动 App | iOS、Android |
| 客户服务 | 电话和在线客服:周一至周五 9:00—20:00;<br>Email:24 小时 × 7 天 |
| 促销 | 最多 6 个月的免费管理 |

资料来源:作者根据相关公开资料整理得到。

Betterment 的投资组合包括股票组合和债券组合。其中股票组合包括:

- 先锋美国股市大盘指数 ETF(VTI)

(Vanguard U.S. Total Stock Market Index ETF)

- 先锋美国高市值股票指数 ETF(VTV)

(Vanguard U.S. Large-Cap Value Index ETF)

- 先锋美国中等市值股票指数 ETF(VOE)

(Vanguard U.S. Mid-Cap Value Index ETF)

- 先锋美国低市值股票指数 ETF(VBR)

(Vanguard U.S. Small-Cap Value Index ETF)

- 先锋富时发达市场指数 ETF(VEA)

(Vanguard FTSE Developed Market Index ETF)

- 先锋富时新兴市场指数 ETF(VWO)

(Vanguard FTSE Emerging Market Index ETF)

债券组合包括:

- 安硕短期国债指数 ETF(SHV)

(iShares Short-Term Treasury Bond Index ETF)

- 先锋短期通货膨胀保值债券 ETF(VTIP)

(Vanguard Short-Term Inflation Protected Bonds ETF)

- 先锋债券市场指数 ETF(BND)

(Vanguard Total Bond Market Index ETF)

- 安硕国家无本金市政债券指数 ETF(MUB)

(iShares National AMT-Free Muni Bond Index ETF)

- 安硕企业债券指数 ETF(LQD)

(iShares Corporate Bond Index ETF)

- 先锋国际债券指数 ETF(BNDX)

(Vanguard Total International Bond Index ETF)

- 先锋新兴市场政府债券指数 ETF(VWOB)

(Vanguard Emerging Market Government Bond Index ETF)

与其他智能投顾公司相比,Betterment 推出了几个特殊的功能,包括投资亏损避税、SmartDeposit 和 RetireGuide 计算器。

Betterment 的投资亏损避税策略有助于提高客户的税后收益,有效性是其他投资亏损避税策略的两倍。该服务不需要客户采取任何行动,是完全自动化的。投资组合内的额外增长不带来额外的风险或成本。

SmartDeposit 功能是由于小额存款服务越来越受欢迎而被创建的。当这个可选功能开启时,它会将客户银行账户中超出某一预设金额的资金自动进行投资。客户可以设定银行账户的最高余额和存入 Betterment 的最高金额。

RetireGuide 给客户提供退休规划建议,分析依据包括客户的储蓄、退休的时间和地点、每年储蓄多少钱、把钱投资到哪里等。此功能需要查看客户的所有账户,包括 Betterment 账户以及其他投资账户。在以上信息的基础之上,RetireGuide 还会估计客户到达退休年龄时的花费数额,为退休规划建议提供参考。RetireGuide 通过对客户其他可能得到的现金流(如社保)、客户年龄、每年的储蓄额进行假设,能够较为准确地预测退休后的状况。RetireGuide 与超过 13 000 个外部账户进行同步,根据同步账户余额提供每天自动更新的建议,并统一展示客户的所有退休账户,帮助客户做全面规划。客户还可以更新收到社保福利的预期年龄,甚至可以上传社保单,以此来获取更精确的建议。

此外,平台还开发了一个针对雇主的退休金 401(k)投资计划。所谓401(k)计划,是美国一种始于 20 世纪 80 年代初的由雇员和雇主共同缴费建立起来的完全基金式的养老保险制度。20 世纪 90 年代,这种养老保险制度迅速发展,逐渐取代了传统的社会保障体系,成为美国诸多雇主首选的社会保障计划,主要适用于私人营利性公司。按照该计划,企业为员工设立专门的 401(k)账户,员工每月从其工资中拿出一定比例的资金存入养老金账户,而企业一般也按一定的比例往这一账户存入相应资金。与此同时,企业向员工提供三到四种不同的证券组合投资计划,员工可任选一种进行投资。员工退休时,可以选择一次性领取、分期领取、转为存款等方式使用。针对美国企业对于退休金投资管理的需求,Betterment 开发了这个针对雇主的退休金投资计划,雇主可以将其雇员的情况全部录入这个系统当中,在这个系统下对雇员的投资计划进行管理。平台也会运用智能算法,向雇主推荐适合养老账户投资的证券组合,并根据雇主要求采取半自动化或全自动化的交易。

最后,Betterment 非常关注客户体验和客户服务,为客户提供了非常快捷的开户流程以及便捷资金转移、转出的操作。平台也因此获得了 2015 年美国《消费者报告》(Consumer Reports)中客户服务领域的最佳评级。

### 7.1.3 投资目标

Betterment 的关注点是基于目标的投资,并且会针对每个目标进行风险管理。这一方法实际是资产负债管理技术的具体应用,确保客户未来的支出能够有足够的资金支持。Betterment 提出了 4 种主要的投资目标:退休、安全保障、一般性投资和大宗购买。当客户注册账户时,需要从中选定一个或多个投资目标。

每种投资目标需要不同的策略。Betterment 利用自身的技术,为每个目标提供单独的投资组合建议。针对每个目标,Betterment 推荐了最大和最小的股票分配比例、预计期限,以及特定的取现假设,而且在需要的时候,每位投资者都可以自行调节,在任一目标类型下选择更激进或更保守的投资态度。一些具体信息可参见表 7.4。

表 7.4　股票配置建议默认范围

| 目标 | 股票分配比例 | 预计期限 | 取现条件 |
| --- | --- | --- | --- |
| 退休(退休前) | 56%—90% | 50 年以下 | 在到期日向退休收入目标转变 |
| 退休收入(退休后) | 30%—56% | 30 年以下 | 可稳定提取,在到期日之前有动态的提现率 |
| 安全保障 | 40% | 浮动期限 | 可以在任何时候进行全部清算 |
| 一般性投资 | 55%—90% | 无限期 | 没有流动性,不能清算 |
| 大宗购买(房地产、教育等) | 5%—90% | 30 年以下 | 在到期日完成全部清算 |

资料来源:作者查找相关资料后整理得到。

接下来我们详细介绍每一个目标的投资方式。

(1) 退休目标

大多数人会在退休之后失去主要的收入来源,因此退休是与其他投资目标最不相同的一个。个人退休账户(Individual Retirement Account, IRA)是一个有很大税收优惠的储蓄账户,是为退休储备现金的理想方式。我们可以把 IRA 理解为一个篮子,里面可以存放股票、债券、共同基金和其他资产,只有在 70 岁以下的投资者才可以建立,在 70 岁以后每年有强制最低提款(Required Minimum Distribution, RMD)。罗斯 IRA 允许个人在扣除税款后把一部分收入存入账户,账户上的收入和 59 岁以后的取款都是免税的。

与传统 IRA 相比，罗斯 IRA 的创建没有年龄限制，也没有强制最低提款。在 Betterment，退休目标可以应用于普通投资账户，也可用于罗斯 IRA 或传统 IRA。

退休账户的特点是没有一个绝对的账户变现日期。账户可以存续 50 年以上，包括两个不同的阶段：积累期（工作期间）和缩减期（退休后）。在这两个阶段，退休账户存取的金额每年可能都不相同，这取决于还有多长时间可以储蓄、目前账户价值以及目标账户价值。随着时间的推移，Betterment 根据客户的需求和目标确定客户合适的风险承受情况，在不同时点为客户提供不同的股票配置建议。一旦客户退休，退休收入目标会考虑多种动态因素，告诉客户在其期望的持续期内每月可以放心从账户中取用的金额是多少。

在积累阶段，当距离退休还有 20 年以上时，Betterment 会建议 90% 的股票配置，随着时间的推移，平台逐渐降低组合的风险，直到退休日会逐渐缩减到 56% 的股票配置。在缩减阶段，股票配置建议会考虑以下多种因素来推荐安全的取款金额：当前余额、期望每月收入额、可接受的最低收入水平、不落到最低收入水平以下的概率、预期寿命。

例如，根据美国社会保障局（Social Security Administration，SSA）的预测，65 岁的男性平均有近 18 年的剩余寿命。这 18 年间，他既从账户取现，也将继续投资以支持未来的消费。对于股票的分配，Betterment 平台力求最大化剩余预期寿命下的平均月收入，最小化低于客户期望的最低收入的概率，保证一定程度的确定性。从中我们可以看到，动态取款率取决于退休账户余额、预期寿命和最低收入水平。

Betterment 的投资团队开发出一套收入解决方案以提供动态退休规划。与传统服务不同，团队的建议随着客户的年龄、组合价值、风险和取款率不断调整。退休收入服务团队基于复杂的算法，根据客户的个人信息，提供投资于全球多样化资产组合的最优风险配置建议，并推荐下一年的最优取款额。

相比于静态的取款策略，Betterment 的创新之处是使收入建议完全动态化（定期基于多个变量的变化进行调整）与完全自动化，并且结合了有效而低成本的全球组合投资。Betterment 每年建议的安全取款率一般是 2% 到 10%，且每年都会调整。模型设计的目标是最大化总取款额，最小化取款额变动。

Betterment 的退休收入规划能够使客户提前用光账户余额的概率小于 1%，而提款金额低于初始余额 2% 的概率只有 10% 左右。此外，与养老金产品不同，账户中剩余的投资也完全流动，即客户去世后其继承人也可以得到账户余额。

这里我们举一个具体的例子来说明：玛格丽特是一名 65 岁的大学教授，根据她的家族史和健康情况，她很可能会活到 85 岁。在 Betterment，她有 50 万美元的罗斯 IRA 按照 20 年的期限进行配置，股票占比 56%。她的年度取款率为初始余额的 4.65%，即预期月度取款额约为 1 940 美元。但这并不是她唯一的收入，她还有来自社会保障、养老金和 401(k) 的收入。

如果市场上行，她第一年在 Betterment 的投资组合增长 7%，提款一年后，她的新余额为 510 000 美元。但是她现在又年长了一岁，应该推荐给她风险更低一点的配置。现在玛格丽特的月度取款额为 2 062 美元（约为新资产组合余额的 4.85%，原价值的 4.95%）。相反，如果市场下降了 7%，她的新余额在取款后将为 443 338 美元，新取款额为每月 1 791 美元，比前一期金额少 150 美元，为初始价值的 4.3%。

虽然实际取款金额取决于玛格丽特投资组合表现的变化，但她 20 年的平均取款预计约为 2 503 美元（假设 6% 的平均市场收益率）。这一动态取款战略几乎可以保证，她的资金可以维持整整 20 年。当然每一位退休客户都可以自定义自己的时间跨度。

由于 RetireGuide 的业务是 Betterment 最为核心的业务之一，因此我们将在下一小节中更为详细地介绍这一业务。

（2）安全保障目标

安全保障目标与其他目标略有不同，它的假设是客户可能永远不会用到这些钱，但当客户需要用的时候，余额的相当一部分都可以被一次性全部取走。

因此，Betterment 对这个目标的分配建议是保守的，股票配置永远不会偏离 40%。对应急资金进行投资乍一听有些不合理，但 Betterment 严格的建模和测试表明，投资可以很好地替代储蓄现金账户，且可防范利率风险。

对安全保障目标默认的建议是 40% 的股票配置，这将创建出预期收益率高于通货膨胀率的投资组合，也可以在 5 年内承受资产价值 23% 的缩减，同时保持客户所需的最低余额。

随着时间的推移，这一账户可能会有较大增长，远超应急资金所需的金额。在这种情况下，Betterment 会建议客户将超出金额转移到另一个账户，或将超出金额取现用于消费。

（3）一般性投资目标

通常情况下，客户没有特定的投资目标，但他们知道为了资本增长，投资是必要的。于是，一般性投资目标就有了存在的意义。

与退休或大宗购买目标不同，一般性投资目标的一个核心假设为：在投资期内没有特定的取款事件。这使它对于为了代际财富转移而进行的长期储蓄或者稍后将被转移到信托账户的资产都很适用。

因此，Betterment 建议随着时间的推移，股票配置从 90% 逐渐减少到最小值 55%，并长期停留在 55%。

（4）大宗购买目标

大宗购买目标对应的客户应该有非常具体的目标或购买对象，如房屋首付、未来的学费，或有特定时间表的任何其他事件。

这一目标类型适合短期和中期目标。随着到期日的接近，达成目标的风险会逐渐降低。因此，每过一年，Betterment 都会自动调低该目标所对应的风险。而在最后一年的 12 个月里，该调整会更频繁，每月都会降低一次风险。

相比于退休目标，大宗购买目标对应的风险更低，甚至接近零风险，具有很短的时间跨度。这是因为 Betterment 预期客户将在预定日期将账户金额全部取走。目标设定期限越短，对应的风险越小。

### 7.1.4 RetireGuide

之前我们已经提到了 RetireGuide 是 Betterment 的一个特殊业务，这里我们将详细介绍 Betterment 针对退休的投资模式。

Betterment 关注的是客户退休后需要花费多少钱，而非客户退休后的税前收入。为了估计客户退休后的花费，Betterment 考虑了下列可能影响到客户预期退休收入需求的因素。

（1）收入的实际增长

消费额与收入密切相关，而生活中存在很多因素会导致收入的变化，包括加薪和通货膨胀等。Betterment 将对年税前收入的实际增长建模作为估计退休后消费水平的第一步。分析团队使用客户提供的现时税前收入，在默认情形下，估计客户的年收入每年实际增长1%（即扣除通货膨胀后的增长率），但客户可以对增长率进行修改。

（2）生活地点的生活费用

默认情况下，分析团队假定客户会在目前所处的地方继续生活下去（使用客户开户时填写的邮政编码），但如果客户预期会搬到其他更贵或者更便宜的地方居住，那么他可以提出新的邮政编码来估计新的生活成本。

（3）退休前支出

预测退休后确切的费用比较困难。分析团队假设，退休后客户要保持退休前的生活水平，这意味着退休前后消费金额相同（根据不同地区的消费水平调整）。虽然客户退休后可能不再需要付房贷，不再需要养育子女，但这些花费被新的活动或爱好替代了，如旅行和医疗费用。当客户储蓄时，财务状况可以简单地描述为：

$$净收入 = (总收入 - 税前储蓄) \times (1 - 平均税率)$$

$$支出 = 净收入 - 税后储蓄$$

但是,团队需要估计客户储蓄的收入是多少。一般来说,在低收入水平,人们的消费占收入的比例较高,但随着净收入上升,消费比例下降。对富人的调查发现,他们的消费通常低于净收入的一半。Betterment 用平均消费倾向(Average Propensity to Consume,APC)来衡量这种关系。

$$消费比例 = APC$$

$$支出 = 净收入 \times 消费比例$$

Betterment 的目标是使客户退休后的消费与退休前一致。一旦客户退休,他就不再储蓄,所以客户并不需要同样多的净收入来支持同样水平的消费,客户的 APC 变为 1。

$$净收入 = 总收入 \times (1 - 平均税率)$$

$$支出 = 净收入 \times 1$$

结果是进入一个良性循环:客户需要较少的总收入就可以维持同样的消费,一是因为不再进行税前储蓄;二是因为总收入减少,平均税率下降。

Betterment 团队利用这一模型对客户退休后为达到退休前的生活水平所需要的总收入额进行建模。如果客户想根据自己的估算来指定支出需要,那么客户可以改变 Betterment 的计算。

一旦客户确定了退休后需要的花费,Betterment 就可以计算出客户需要的总储蓄额。客户退休时间的长度会显著影响客户的总花费,由此影响到客户需要的总储蓄额。Betterment 询问客户期望的退休年龄,并默认寿命是到 90 岁,由此确定客户退休后需要消费多少年,但客户也可以调整这两个值。

客户退休后的收入可以有多个来源,Betterment 需要了解所有来源。大多数人的主要收入来源是社会保障金、投资收益或取款、物业租金或养老金等。

社会保障金(以下简称"社保金")是人们退休收入最普遍的来源,其金额取决于受益人一生的收入水平和开始领取社保金的时间。Betterment 根据联邦政府的 SSA 福利规则(SSA Benefit Rules)估计社保金,输入量包括目前的收入、增长率假设、通货膨胀、选择的退休年龄(如果可以的话,还有配偶的退休年龄)。一般情况下,Betterment 假设客户在退休时开始领取社保金。

此外，团队采用以下规则：

① 因为在62岁之前不能领取社保金，如果客户选择的退休日期在62岁之前，那么团队会假定客户在62岁之前是从投资组合或其他来源取款，来满足自己的收入需要的。

② 如果退休年龄在62岁和70岁之间，那么团队假设客户在退休时开始领取社保金，除非客户专门指定了非退休的年龄。

③ 如果客户为配偶指定的退休年龄在自己之前，那么团队假设客户只消费那些社保金，而不会投资，所以它们不影响客户自己的计划和投资组合增长。

社会保障金根据每年都会变化的年度生活成本（Annual Cost of Living，COLA）调整。团队假设客户退休后的年度生活成本在扣除通货膨胀因素后是恒定的，但客户可以改变这一假设。

如果客户想使用SSA的个人收益估算值，那么他可以将自己的社保数据文件（从SSA.gov下载）上传到个人RetireGuide计划。注意，SSA的估计没有考虑收入的增长，因此，如果客户未满50岁的话，Betterment的模型可能会更好。

最后，鉴于社会保障信托基金的预计赤字，有些客户想在部分或零社会保障金的基础上规划退休。据SSA所说，零收益的可能性并不大，但由于赤字，目前预测年轻工人只能获得四分之三的资金。因此，Betterment默认社保金是原定金额的四分之三，除非客户在假设中改变这一数值。

通常情况下退休人员还有其他收入来源，如物业出租、养老金和年金等。客户可以在"编辑假设"选项处将这些收入包括进来。Betterment假设这些收入都从客户退休时开始发放，其间会根据通货膨胀调整，且在客户或配偶（以较迟者为准）死亡当天终止。

如果社会保障和其他收入来源不足以满足客户的支出需要，那么差额将由客户的储蓄和投资来补充。Betterment假设客户每年都需要从投资组合（包括投资收益）中取款，来弥补这个差额。

退休后储蓄不足是相当可怕的。市场是不可预知的，Betterment会保守

（选择预期收益分布最低的1%，即有99%的可能性达到这一收益）估算客户在退休时需要存下多少钱。

因此分析团队无法预测未来客户的投资结果、个人情况以及税收法规的变动，所以难以对未来的税收情况作出准确的判断。然而，完全无视税收也是不准确的，因此团队希望能尽可能地将税收调整做到最佳。Betterment 根据客户的退休支出、居住的州和婚姻状况来决定标准扣除额，并估计客户未来的税率。客户的取款将来自当前的账户（Betterment账户或其他账户）增长和直到退休的投资。团队根据自身掌握的信息对不同的部分采取不同的处理方式。

Betterment知道客户目前的退休金账户余额和类型，团队用这些余额作出预测，并使用客户当前和退休后的税率做税收调整：对于现有的传统IRA和雇主计划，团队假设客户储蓄时不交税，而每次取款时需要对取款额按照平均税率交税；对于现有的纳税账户，税收支付有两种方式：储蓄时，对股息交税，团队预期收益由此减少1%；取款时，团队假设税收按照与客户当前税率相关的长期资本利得率缴纳；对于现有的罗斯IRA账户，团队假设在储蓄和取款时都没有税收。

所有的预测都是假设累积市场收益后做的保守估计，大致在0到10的等级下取4（其中0是最差，10是最好）。

因为团队不能确定客户将在哪些账户储蓄，因此保守假设从这些账户的所有提款都按照平均税率征税。这可能在某些情形下高估客户的税率，比如当所有的储蓄都在罗斯IRA时，实际上取款是不收税的。

使用这一税率，团队估计出客户对账户余额取款所付的总税额，并添加到客户退休时需要存下的总资金里面。这是为了确保客户退休后对交税也有足够的储蓄。团队用一个简单的公式来计算：

需要的含税总余额 = 不含税的总余额 ÷ (1 - 平均税率)

Betterment知道客户的目标余额之后，就需要决定客户每月或每年应该存多少钱，以达到这一总额。需要的储蓄额取决于直到退休年龄的时间长度、客户愿意承担的风险水平以及客户对达到这一总额需要的确定性的大小。

Betterment 会基于直到退休年龄的时间长度,对客户的风险水平提出适当建议,但客户可以作出自己认为合适的修改。

客户还可以指定希望达到目标的确定性是多大。Betterment 从 60% 的目标达成可能性开始计算,这比大多数智能投顾的计算方式都要保守,它们通常假设 50% 的可能。客户可以选择 80%(更确定)或 40%(不太确定)的确定性,这会影响到需要储蓄的金额。较短的时间跨度、较小的风险和更大的确定性都将导致更高的储蓄金额。

账户储蓄的优先顺序取决于客户的具体纳税情况。Betterment 不是税务顾问,也没有客户的报税表及客户情况的所有细节,因此 Betterment 的建议只能基于客户已经同步了的外部账户情况。该建议只是一个准则,不应该被视为个人税务建议,客户需要联系合格的税务顾问来了解自己的情况。

Betterment 针对退休账户储蓄提出的建议综合考虑了客户同步的外部账户信息、客户的收入、婚姻状况以及雇主计划等因素。如果客户没有添加现有计划,Betterment 就假设该客户没有可用计划。默认情况下,Betterment 假设客户在 IRA 限制下的调整后总收入(Modified Adjusted Gross Income,MAGI)等于其在 RetireGuide 中提供的税前收入,但客户可以对此做一定的调整。此外,客户需要每年更新相关的数值,确保得到准确的建议。

### 7.1.5 资产配置建议

传统的投资经理或 401(k)计划等,都会对客户进行风险问卷调查。问卷通常包括客户的预计退休时间、资金数额以及预期收益。但是,这些问卷衡量的是客户自以为的风险态度,却没有衡量客户为了达到预设目标需要采取什么样的风险态度。

Betterment 认为客户的投资期是客户可承担风险水平的重要决定因素。完成投资目标的时间越长,客户可以承担的风险越大。例如,为短期和中期目标(买房或买车)储蓄的钱,和为了长期目标(如退休)而储蓄的钱,其投资风险水平是不同的。另外要考虑客户用钱的方式,是一次取用较大数额的钱,还是逐渐取款呢?Betterment 使用这些关键信息来提供个性化的投资建议。

下面具体描述一下 Betterment 的风险建议模型的原理。不同于标准的风险问卷调查,Betterment 的算法对投资期和下行风险赋予了更高的权重,并允许客户偏离 Betterment 的建议,但要控制在一定的范围内。

在 Betterment 平台,不同投资目标代表不同的投资配置,客户在 Betterment 上设置的每一个目标(一个客户可以设置多个目标),都会有单独的股票和债券的个性化配置。每个目标都有不同的取现假设,所以客户选择最符合自身意图的目标是很重要的。确定目标后,接下来考虑客户针对某一目标的投资期限,以及这一目标对应的取款计划。

对于大宗购买目标,Betterment 假设客户在达到目标金额时将钱全部取走。对于退休目标,平台假定客户的取款将持续数年,而不会一次性取现。如果客户没有具体的投资期限或目标金额,Betterment 会在财富积累目标内,根据客户年龄来设置投资期(默认的目标日期是客户 65 岁生日)。财富积累目标的取款假设与退休目标类似,但即使是在到达目标日期时,也会保持稍微高风险的投资组合,因为 Betterment 并不确定客户是否会立即取款。

根据客户的投资期和投资目标信息,Betterment 可以确定最佳风险水平。Betterment 使用的模型对各种可能的未来情况及其发生概率进行加权平均,赋予不好的结果更高的权重,同时考虑下行风险和不确定性优化,来提供投资建议。

此外,Betterment 的投资配置模型是相当保守的。由于 Betterment 认为其主要目标是通过稳定的储蓄和适当的投资配置来帮助客户达到投资目标,并且需要避免不必要的风险,因此会特别关注市场低于平均水平时的情况,从而为每一个投资期选定最小的潜在下行风险水平。

接下来需要平衡风险和时间。我们先来看一个例子:根据 Betterment 的模型,拥有 70% 股票配置的 3 年期 100 000 美元投资组合的期望收益是 121 917 美元,但可能结果的范围很大。对于收益率前 5% 的最佳情况,最低能达到 180 580 美元,而对于收益率后 5% 的最差情况,最多也只得到 82 312 美元。这个例子表明股票能够在短期内同时带来巨大的上行和下行概率。股票短期可以带来的波动率较大,但对于 10 年期的相同组合,模型预测亏损的可能性很小。

明确风险和时间的关系后,我们回头来考虑配置。为了提出股票和债券配置建议,Betterment 计算了股票配置从 0—100% 的各种组合的可能结果,然后查看固定投资期内某个百分位结果的表现,最后评估股票配置。对于长期目标(投资期超过 20 年),Betterment 建议 90% 的股票占比;对于短期目标,Betterment 建议 10% 的股票占比;对于中期目标,Betterment 推荐的股票配置比例随着时间的推移上升非常快。总而言之,Betterment 基于保守的风险衡量方法,考虑了客户每个投资目标的具体投资期,确保客户承担与应得收益水平相当的风险。

通过上述分析,Betterment 得出应用于所有投资目标风险配置建议的整体框架,对每个目标提供具体的股票配置占比下降路径(Glide Path)。在投资中,股票配置占比下降路径是一个用于配置的公式,随着取款日期临近,配置会变得越来越保守。许多针对退休、有目标期限的基金都基于股票配置占比下降路径进行(每家公司都有自己的公式)。Betterment 在股票配置占比下降路径基础上更进了一步,会根据客户具体的目标和投资期调整股票配置占比下降路径的推荐配置和投资组合权重。

## 7.1.6 ETFs 的选择方法

Betterment 的核心目标之一是帮助投资者实现最佳收益。除了提供资产配置建议,另一个重要方面就是选择在组合中使用的投资工具。这里我们就详细介绍一下 ETFs 这种工具的选择方法。

Betterment 只使用开放式 ETFs。这种 ETFs 有如下优势。一是有明确的目标和任务,ETFs 的目标是被动地跟踪大盘基准指数,确保投资的多元化水平与基准指数相同,可预测性更高,降低了与主动管理决策有关的个别风险。二是流动性强,在创建新组合或再平衡组合时可以低成本轻松获取,投资亏损避税等策略也需要交易流动性证券。三是费用低且无冲突,因为大多数基准指数对成份股及其权重的更新都不太频繁,被动跟踪的 ETFs 的年度换手率较低,由此减少了投资者的相关成本,而且销售标准化减少了共同基金存在的利益冲突。四是税收效率,共同基金的唯一交易对手是基金管理人,当客户赎回自己的份额时,管理人需要卖出证券来满足赎回要求,由此产生的税收由所有投资者共同承担,而 ETFs 不存在这一问题;此外,根据《就业与增长税收减免协调法案》(Jobs and Growth Tax Relief Reconciliation Act),符合条件的分红只需要支付较低的长期资本增值税,而不需支付所得税,ETFs 相比主动管理的共同基金更容易满足该要求。五是投资灵活性,全球 ETFs 市场发展迅速,种类繁多,使得投资组合的选择更加灵活。

通常情况下,Betterment 会选择与基准的表现"摩擦"(年度总成本)最小的 ETFs。造成跟踪的资产与投资者收益之间摩擦的最重要因素是基金的费用率,但是在投资选择中仅仅依靠费用率可能生成并不有效的组合。Betterment 衡量摩擦的方法是计算加权平均年度总成本:对所有相关的摩擦加权平均,以此排名并选择 ETFs,从而构成 Betterment 的投资组合。

导致摩擦的主要因素包括 ETFs 管理人征收的基金费用(通常称为"费用率")、交易成本(现金流转、再平衡或投资亏损避税)以及对目标标的指数表现的偏离。

Betterment 以此计算加权平均作为年度总成本。总成本公式如下:

$$总成本 = w_E E + w_S S + w_T T$$

其中 $E$ 代表费用率,$S$ 代表买卖价差,$T$ 代表跟踪误差,$w$ 代表相应权重。每个项目的权重要能够恰当地代表 Betterment 的各项投资活动,包括现金流、重新平衡以及投资亏损避税。

ETFs 的费用率是年度总成本计算的主要因素,因为它是与交易活动不相关的既定成本,并且是相比其他因素最大的成本。股票占比 70% 的 Betterment 投资组合中 ETFs 的平均费用率为 0.12%。因此,给予费用率相对较高的权重。与费用率不同,买卖价差的影响程度取决于交易的活跃度。在其他条件相同的情况下,Betterment 选择买卖差价较小的 ETFs。此外,对于跟踪误差较高的 ETFs,Betterment 在选择时也会更慎重。

年度总成本计算的是 Betterment 无法控制的基金特有成本,但没有包括 Betterment 可控制的活动导致的摩擦(成本),这种额外的摩擦被称为"市场冲击"。

Betterment 决策的另一个关键因素是某只 ETF 管理的资产量及日内交易量是否相对较高,以确保 Betterment 的交易不会影响到该 ETF 的市场价格。Betterment 将给定投资工具的市场冲击定义为资产量和交易量的相对规模。

Betterment 管理的基金资产份额相对规模表示为:

$$RS_{AUM} = \frac{AUM_{Betterment}}{AUM_{ETF}}$$

Betterment 的特定基金交易量相对规模表示为:

$$RS_{VOL} = \frac{VOL_{Betterment}}{VOL_{ETF}}$$

最大限度地减少摩擦是 Betterment 投资过程的核心目标之一。投资团队不考虑资产基础额较小、交易活动有限的 ETFs,虽然市场冲击没有作为投资组合总成本评估的直接输入量,但任何违反 Betterment 市场冲击要求的证券都不会被纳入考虑范围。

总的来说,Betterment 在总成本中考虑了费用率、流动性(买卖价差、平均日交易量)、跟踪误差和税收负担,通过最小化成本为投资者选择合适的ETFs。

Betterment 持续不断地监测投资选择。投资选择分析每季度进行一次,来评估现有选择的有效性,包括费用率、买卖价差、追踪误差、资产规模、市场冲击,此外还会考虑投资工具之间的转换带来的税收,来估计转换的净收益。

### 7.1.7　开拓 B 端市场

随着金融科技整体增长放缓,从 2015 年开始,智能投顾的日子也不好过了起来。越来越多的人开始对智能投顾表示担忧。投资本来就是一项复杂的活动,很多人并不放心将投资完全交给机器管理,高净值人群更愿意将自己手中的资产交给华尔街传统大银行,而不是硅谷初出茅庐的初创公司,也就是说他们更愿意让专业的人做专业的事情。除了客户的不信任,传统金融机构开始在技术更迭上发力,这更让智能投顾初创公司雪上加霜。在这种情况下,只有少数的智能投顾初创公司可以生存下来,大部分的初创公司会与其他初创公司进行融合或者被现有的传统金融机构收购,用于推动技术发展。

增速放缓让 Betterment 开始寻求改变。Betterment 进行了战略调整,开始意识到将人类完全排除在投资行为外是不现实的,因此开始改变单一的机器投资手段,推出了人机结合的投资产品,同时增加新产品线 Betterment for Advisor,瞄准 B 端市场,寻找新的增长机会。

2016 年 8 月,Betterment 与优步合作,为数千名司机提供退休账户。这个项目旨在改善用户体验,帮助司机在工作中和未来实现最大利益。对于 Betterment,这次合作将为其带来数千个潜在投资者,有望极大提高退休账户的数量。

Betterment for Advisor 于 2016 年 10 月推出,主要瞄准独立的投资顾问,允许投资顾问们通过 Betterment 为客户建立定制化的服务,同时也向高盛集团及先锋集团等提供投资组合选择。通过 Betterment for Advisor 的服务,投资顾问可以远离复杂重复的文件与报告整理,将有更多的时间与客户进行沟通。Betterment for Advisor 宣称,这将提高投资顾问们的效率,使他们为客户提供更好的服务。

可以说,瞄准 B 端市场,推出 Betterment for Advisor 这一策略使得 Betterment 在智能投顾市场突出重围。在推出新产品线后,Betterment 的资产管理规模增加了 60 亿美元(在此之前只有 30 亿美元),并且时隔一年半再次获得 E 轮融资方瑞典公司 Kinnevik 7 000 万美元的融资。

## 7.2　Wealthfront

Wealthfront 也是第三方理财服务平台的代表之一。Wealthfront 的投资理念和 Betterment 十分相似,都是基于客户的投资目标和风险承受能力提供最优投资建议,但在具体的资产配置上有所不同。比如,Wealthfront 没有将美国国债作为资产配置的一部分,而 Betterment 则没有投资于房地产和自然资源。本部分我们将从公司简介、业务模式、其他服务、核心优势等方面对 Wealthfront 进行介绍，并将 Wealthfront 与 Betterment 进行比较，分析两者的异同点。

## 7.2.1 公司简介

（1）Wealthfront 的前身 Kaching

Wealthfront 的前身是一家名叫 Kaching 的美国投资咨询顾问公司。Kaching 于 2008 年成立，任何一位股票投资者都可以在 Kaching 网站上开立自己的账户，会员在网站注册后会获得 1 000 万美元的虚拟货币。会员可选择投入真实的资金进行交易，也可以选择用虚拟货币投资。会员付给 Kaching 网站上少数业绩优异的投资人一定比例的佣金，将其股票账户与投资人的投资组合相连，跟随投资人进行交易，平台和投资人分享这些佣金。随着股市的起伏，会员的真实业绩也都反映出来。其中投资回报率最高的一部分玩家就吸引来一大群跟随者。跟随者只需支付低廉的成本，就能得到优质的投资信息，大大增加了赚钱的概率。

（2）Kaching 更名为 Wealthfront，并定位于财富管理

2011 年 12 月，Kaching 更名为 Wealthfront，转型为一家专业的在线财富管理公司，同时也成为非常具有代表性的智能投顾平台，借助于计算机模型和技术，为经过调查问卷评估的客户提供量身定制的资产投资组合建议，包括股票配置、股票期权操作、债券配置、房地产资产配置等，主要客户为硅谷的科技公司，如 Facebook、Twitter、Skype 等的职员。Wealthfront 致力于为客户提供与传统理财行业同等质量但进入门槛更低、费用更低的理财咨询服务。传统理财行业的进入门槛都在 100 万美元以上，费率在 1% 以上，而在 Wealthfront 开户的会员的进入门槛只有 500 美元，费率只有 0.25%，且 Wealthfront 聘用高端财务顾问，提供高质量理财咨询服务，服务质量不低于传统理财。

Wealthfront 的创始人为安迪·拉切列夫（Andy Rachleff）和丹·卡罗尔

(Dan Carroll),其中,安迪·拉切列夫是Wealthfront的执行主席,曾是Benchmark Capital的创始人之一,宾夕法尼亚大学校董,斯坦福商学院的一名教师;丹·卡罗尔担任Wealthfront的首席战略官。平台目前拥有一支由业界和学界知名人士组成的管理和投资团队,如《漫步华尔街》(*A Random Walk down Wallstreet*)一书的作者伯顿·麦基尔(Burton Malkiel)就是首席投资官。

Wealthfront的运作模式主要是借助机器模型和技术,为经过调查问卷评估的客户推荐与其风险偏好和风险承受能力匹配的资产投资组合。这样的投资具有如下优势:避免客户与投资顾问之间的利益冲突,减少客户投资理财的成本支出,通过多元化投资组合提高投资人收益等。Wealthfront投资的资产类别涉及美股、美国通胀指数化证券、自然资源、房地产、公司债券等,而投资组合的载体为ETFs。平台盈利来源主要是向客户所收取的咨询费。该网站支持个人、信托等账户和数种养老金账户的管理,要求用户开户的最低金额是500美元,前10 000美元是免费管理的,超过部分收取0.25%的年费。

在Kaching更名为Wealthfront三年之后,即2014年左右,智能投顾迎来了爆发性增长,Wealthfront也迎来了资本的青睐。2014年4月和11月,Wealthfront分别获得3 500万美元和6 400万美元的融资,前者由Index Ventures和Ribbit Capital领投,后者由Spark Capital领投。2015年1月,Wealthfront的资产管理规模仅为18.3亿美元,而到2016年2月底,规模已经接近30亿美元(见图7.1)。截至目前,Wealthfront已发展成美国两大智能投顾平台之一,借助计算机模型和技术,为客户定制包括股票配置、股票期权操作、债券配置、房地产资产配置等在内的理财业务。

## 7.2.2 业务模式

智能投顾改变了传统理财顾问的工作方式,利用互联网大数据,对用户行为、市场、产品等进行详细的分析,为客户推荐多元化的投资组合,既能避免客户与理财顾问之间可能的利益冲突,也能减少用户的投资理财成本支出,使投资人获得更多的收益。Wealthfront提供的主要产品和服务包括为用户开设和管理账户、构建和评估投资组合,以及合法避税等。

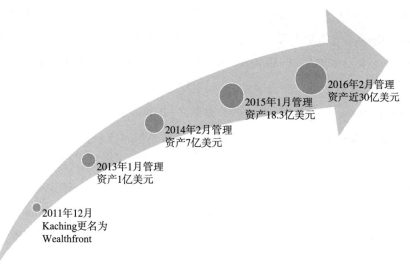

**图 7.1 Wealthfront 的成长历程**

资料来源：麻袋理财研究院。

受到首席投资官伯顿·麦基尔教授投资理念的影响，Wealthfront 采用被动型投资策略①。在投资流程方面，Wealthfront 要求用户在注册之前，首先要填写问卷调查，平台根据问卷了解用户的风险偏好，然后推荐量身定制的投资计划。整个操作流程包括六个主要的步骤。

第一步，风险容忍度评估，用户需要回答一些问题，如表 7.5 所示。

**表 7.5 Wealthfront 风险容忍度测评的问题**

| 问题 | 选项 |
| --- | --- |
| 您投资的主要原因是什么？ | A.一般储蓄；B.退休；C.其他 |
| 您为什么寻找财务顾问？ | A.我想有一个多元化的投资组合；B.我想避税；C.我希望有人来全权管理我的投资；D.我希望获得超过市场的回报 |
| 您目前的年龄是多少？ | |
| 您每年的税前收入是多少？ | |

---

① 被动型投资策略是指以长期收益和有限管理为出发点来购买投资品种，一般选取特定的指数成份股作为投资对象，不主动寻求超越市场的表现，而是试图复制指数的表现；与被动型投资相对的主动型投资策略是指投资者在一定的投资限制和范围内，通过积极的证券选择和时机选择努力寻求最大的投资收益率。

（续表）

| 问题 | 选项 |
| --- | --- |
| 您目前的家庭状况如何? | A.单职工家庭,无受抚养人;B.单职工家庭,至少一个受抚养人;C.双职工家庭,无受抚养人;D.双职工家庭,至少一个受抚养人;E.退休或财务独立 |
| 您的现金和短期投资总额是多少? | |
| 当决定如何投资时,您最关心的是什么? | A.收益最大化;B.损失最小化;C.收益和风险兼顾 |
| 全球股票市场经常动荡,如果在股市下跌期间您的整个投资组合在一个月内损失了其价值的10%,您会怎么办? | A.卖掉所有投资;B.卖掉一些投资;C.保留全部投资;D.买入更多投资 |

资料来源:Wealthfront 官网。

第二步,系统推荐投资计划,网页界面如图 7.2 所示。投资组合包括两大类:需要纳税的投资组合(适用个人账户、联合账户、信托账户)和退休金投资组合[适用传统 IRA 账户、401(k)过渡账户、罗斯 IRA 账户、SEP IRA 账户]。资产类别有 11 大类:美股、海外发达国家股票、新兴市场股票、股息增长型股票、政府债券、新兴市场债券、美国通胀保值债券、自然资源、房地产、公司债券、市政债券。投资组合的载体为 ETFs,依据客户风险容忍度的不同,平台向投资者推荐的投资计划可能只包括部分类别的资产。

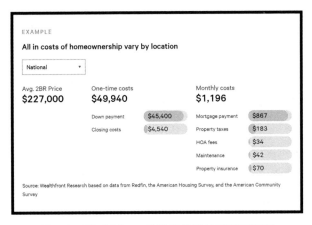

**图 7.2　Wealthfront 的推荐投资计划网页界面**

资料来源:Wealthfront 官网。

第三步，开户，首先要求用户选择所开账户类型、是否选择避税的工具和方式，然后是填写基本信息、填写收入情况（如雇佣情况、每年净收入等）、选择股票偏好（如不投资某些特定的股票）、选择资金支付方式以及检查核对等五个小的步骤。

第四步，平台代客户向证券经纪公司 ApexClearing 发送交易指令，买卖 ETFs。

第五步，用户评估、检查自己的投资组合，如果需要变更投资组合，平台会根据用户的需求更新投资组合。

第六步，平台获得佣金，自开户之日起的下一个月，每月第一个工作日收取账户余额扣除 10 000 美元之后的 0.25% 的佣金。

Wealthfront 的运营流程可以用图 7.3 来总结：

图 7.3　Wealthfront 运营流程

资料来源：麻袋理财研究院。

Wealthfront 利用现代投资组合理论为用户推荐投资组合，该理论由诺贝尔经济学奖得主哈里·马科维茨和威廉·夏普创造，认为分散的投资组合在降低风险的同时不会降低预期收益率，投资者能够在同样的风险水平上获得更高的收益率，或者在同样收益率水平上承受更低的风险。平台选择的资产种类多达 11 类，这一方面有利于提高分散化程度，降低风险；另一方面不同资产的特性能为用户提供更多的资产组合选择，满足更多风险偏好类型用户的需求。

Wealthfront 的特点是成本低，主要用户为中等收入年轻人，区别于传统理财主要针对的高净值人群。平台的盈利来源是向客户收取的咨询费，具体收费比例见表 7.6。

表 7.6　Wealthfront 收费情况

| 费用项目 | 比例 | 备注 |
| --- | --- | --- |
| 咨询费 | 低于 10 000 美元：免费；高于 10 000 美元：每年 0.25% | 计算公式：(账户资产净值 − 10 000)×0.25%×投资持有天数÷365 |
| 咨询费减免 | 每邀请一位用户，邀请人将获得 5 000 美元投资额的咨询费减免 | |
| 转账费用补偿 | 平台对于用户原有的经纪公司向用户收取的转账费用予以补偿 | 用户需要联系平台 |
| 其他费用 | ETFs 持有费用，平均约为 0.12% | 归属于 ETFs 所属基金公司 |

资料来源：Wealthfront 官网。

该平台的收费既低于传统理财机构的费用，也低于类似知名智能投顾平台的费用。通常来说，美国传统投资理财机构收取的费用项目较多，整体费率较高，如交易费、充值提现费、投资组合调整费用、隐藏的费用、零散的费用、咨询费等，平均约为 1%，也有达到甚至超过 3% 的情况。其实这也是可以理解的，美国的人力成本、房屋租金高，传统投资理财机构有大量的理财顾问，甚至开设了不少线下营业网点，这都是巨大的成本开支，唯有通过向用户收取较高的费率才可能收回成本甚至盈利。而智能投顾平台依靠互联网技术的优势，不需要那么多的雇员，而且只需要较少的办公场所即可，因而能够极大地节省传统投资理财机构所承担的上述成本，即使采用低费率的策略吸引投资者，只要成交规模足够大，也完全能够实现较多的利润。

## 7.2.3　其他服务

Wealthfront 也提供一些其他的服务，包括投资亏损避税、税收优化直接指数化（Tax-optimized Direct Indexing）、单只股票分散投资服务（Single-stock Diversification Service）等。

投资亏损避税是指将当期亏损的证券卖出，用已经确认的损失来抵扣所获投资收益的应交税款（主要是资本利得税），投资者可以将这些节省的税款再投资，从而使得投资者税后收入最大化。该项服务是依靠平台开发的软件来实现的，以往只是服务于账户金额超过500万美元的用户，现在门槛大大降低，向更为广泛的纳税账户提供服务。Wealthfront为用户提供两种投资亏损避税服务：每日投资亏损避税和税收优化直接指数化，前者要求用户至少投资10万美元，后者要求用户至少投资50万美元。对于每日投资亏损避税，平台系统审视市场上所有的ETFs来抓住避税机会。用户在享受投资亏损避税服务时，需要做到以下四点。

一是理解并遵守美国税务局的洗售规则（Wash Sale Rule）。所谓洗售指的是投资者卖出亏损的证券，但是投资者及其家属的退休金账户在投资者卖出证券前后30天内买入同一只或者实质上一样的证券。美国税务局出台的洗售规则禁止以上行为。Wealthfront建立了专门的系统来跟踪用户的投资组合，并依据该规则向用户建议哪些证券可以买卖，但是用户理解该规则是非常重要的。二是每日监控投资组合，以避免错失避税机会。三是将投资亏损避税纳入用户的整体投资策略，包括储蓄、取款、再平衡、股息再投资等，所有这些交易都需要遵守洗售规则。四是跟踪投资组合中每只股票的购买价格，这对于抓住避税机会非常关键。通常情况下，每日投资亏损避税能为用户增加约1%的投资回报。不过Wealthfront对2000年至2013年的投资业绩研究显示，该项功能每年为用户增加超过1.55%的投资回报。

税收优化直接指数化是强化版的投资亏损避税，不是购买单只股票相关的ETFs，而是购买多只股票相关的ETFs，并且用户不需要承担额外的佣金。该服务既能减少投资ETFs需要支付给基金公司的管理费用，又能实现在个股层面上的投资亏损避税，获得更多的潜在节税收益。Wealthfront对历史数据的回测结果显示，税收优化直接指数化的投资组合平均收益率高于直接投资指数（如S&P500）的投资组合的收益率，而且个股数量越多的组合，平均收益率越高，即越能利用投资亏损避税策略增加收益。

单只股票分散投资服务是将单只股票逐步以无佣金、低税的方式卖出，并且分散投资到多种类型的ETFs中。目前，该服务只针对Facebook和

Twitter 两只股票。当投资者大量持有某个公司的股票时,需要完全承担这只股票的风险,包括股价波动、抛售股票时机不当等。结合用户短期与长期的资金需求和投资计划以及风险容忍度,Wealthfront 为用户提供在一定时间内逐渐卖出一定数量该公司股票的服务,而且将卖出股票所得的现金投资于用户的分散化投资组合。与用户自己卖出股票相比,单只股票分散投资服务的好处包括以下几点。

一是免佣金。Wealthfront 对使用该服务的用户不收取佣金或其他费用。

二是逐日卖出股票。Wealthfront 有计划地逐日卖出股票,避免错失出售股票的良机。

三是尽可能地减免税收支出。Wealthfront 的股票售卖计划考虑纳税及短期资金需求,还能与投资亏损避税等服务结合,尽可能地降低用户的税收负担。

四是收入再投资。基于用户的风险水平,该项服务将出售股票的税后收入自动投到 Wealthfront 的投资组合中,避免用户持有现金而错失投资机会。

五是非常灵活。用户可以根据需要随时中止、更新、重新设置售股计划,也能够随时清仓、将资金转移至其他经纪账户等。

### 7.2.4 核心优势

Wealthfront 能获得快速发展,主要是基于以下五个方面的核心优势。

一是雄厚的技术实力和具有竞争力的模型方法。Wealthfront 之所以能从多种资产中为用户提供个性化的投资理财服务和多样化的资产配置,而且费用很低,背后的核心是平台雄厚的技术实力和模型方法。无论是在互联网技术领域,还是金融市场的理论研究领域,美国都引领着世界的潮流,Wealthfront 将这些优势充分结合,因而能快速发展。

二是强大的管理和投资团队。Wealthfront 的管理团队在 2016 年时有 12 名成员,他们基本上都是来自全球顶级的金融机构或互联网公司,包括 Vanguard、Benchmark Capital、Livevol Securities、Apple、eBay、LinkedIn、Facebook、Twitter、EMC、Microsoft 等。投资团队现也有 12 名成员,其中无论是投资顾问还是量化研究人员,基本上都拥有世界一流高校的博士学历,投资经验丰富,在商界、学界、政界均有较丰富的资源。

三是目标客户定位于中产阶级细分市场,避开与传统理财机构正面竞争。Wealthfront 的目标客户群是从事科技行业的、具有一定经济实力的中产阶级。Wealthfront 作为一家在线财富管理公司所提供的服务,相对于传统银行、信托等财富管理业务来说,不仅仅是一种投资方式的转变,更是对人们传统思维的挑战。而科技行业从业人员的生活和工作方式与互联网关系更为紧密,对于在线财富管理的风险和收益有较深的了解,思想上对互联网财富管理更容易接受。具体来说,Wealthfront 的目标受众是二三十岁的高科技专业人才,这些人手中握有很多初创公司的股票,需要获得一些如何处理这些股票的意见,在线财富管理咨询迎合了这些人员的需求。在财富管理行业,传统的银行、信托等金融机构占领了富人市场,新兴的在线财富管理公司把目标客户锁定在中产阶级,针对每个客户的需求量身定做财富投资方案,并针对客户需求的变化调整投资方案,避开了与传统财富管理业务的直接竞争,利用互联网低边际成本的优势扩展中产阶级细分市场,有效地提高了企业的核心竞争力。

四是信息披露比较充分,容易获得用户的信任。Wealthfront 官网上的信息分五大部分:我们是谁、我们的业务、博客、平台新闻、研讨会等。这些栏目从用户的角度披露大量的信息,不仅告诉用户如何使用其产品和服务,而且对用户进行风险提示。信息表现形式也是多样化的,有 PPT、白皮书等,既包括文字,又含有图表等,并且提供很多数据来给用户直观的解释。

五是采用社交传播模式。每位在 Wealthfront 投资的用户,如果邀请朋友在 Wealthfront 开户成功,两人可以分别再额外获得 5 000 美元的免费额度。这种收费模式为用户和公司带来了双赢:一方面为用户带来了实惠,另一方面也为网站做了免费的宣传。

除了 Wealthfront 的自身优势,美国金融市场环境也为 Wealthfront 的发展提供了优越的条件。

首先,美国 SEC 的监管较为完善,有利于持牌机构提供理财服务和资产管理。美国智能投顾与传统投资顾问一样,遵守《1940 年投资顾问法》的规定,接受 SEC 的监管。该法规定,仅通过网络开展业务的投资顾问公司,无论管理资产规模大小,都必须成为 SEC 的注册投资顾问。美国 SEC 下设的投资管理部对投资管理机构进行监管,负责颁发投资顾问资格,Wealthfront 这样的持牌公司能合法地提供理财服务和资产管理服务。

其次,美国 ETFs 市场较为成熟,为 Wealthfront 提供了丰富的投资工具。据《中国基金报》披露的数据,经过 25 年的发展,截至 2015 年 12 月,美国 ETFs 管理的资产规模达到 2.15 万亿美元,较 2014 年增长 7%,净资金流入超过 2 000 亿美元,而且美国的 ETFs 种类繁多,据不完全统计超过一千种。这为 Wealthfront 智能投顾产品提供了非常丰富的投资工具,从而可以满足不同类型用户的需求。

## 7.2.5　Betterment 与 Wealthfront 比较

在介绍完同属于第三方理财模式的两家智能投顾公司后,我们将从基本理念、组合构建和费用三个角度出发,分析一下 Betterment 与 Wealthfront 的相同点和不同点。

(1) 基本理念

所有智能投顾平台的基本理念都是基于客户的风险承受能力创建投资组合,投资决定都由平台代为作出,投资过程基于现代资产组合理论,投资组合也都由有限数量的 ETFs 组成,不同点在于具体的资产配置。

(2) 组合构建

当投资者在 Betterment 或 Wealthfront 注册时,平台会询问客户一系列问题,以此来判断客户的投资需求和风险承受能力,客户也可拖动滑块进行设置。

2016 年,Betterment 调整了 ETFs 组合,投资组合包括 13 只 ETFs,降低了 25% 的费用。由于平台为客户确定的股票/债券比例以及账户类型不同,有些 ETFs 可能不会进入某位客户的组合。

Betterment 的投资组合配置，包括股票和债券配置，分别如表 7.7 和表 7.8 所示。

表 7.7　Betterment 股票配置（部分）

| 类别 | ETFs | 代码 |
| --- | --- | --- |
| 全美股票<br>（U.S. Stocks） | 先锋美国股市大盘指数 ETF<br>（Vanguard U.S. Total Stock Market Index ETF） | VTI |
| 美国高市值股票<br>（U.S. Large-Cap Value Stocks） | 先锋美国高市值股票指数 ETF<br>（Vanguard U.S. Large-Cap Value Index ETF） | VTV |
| 美国中等市值股票<br>（U.S. Mid-Cap Value Stocks） | 先锋美国中等市值股票指数 ETF<br>（Vanguard U.S. Mid-Cap Value Index ETF） | VOE |
| 美国低市值股票<br>（U.S. Small-Cap Value Stocks） | 先锋美国低市值股票指数 ETF<br>（Vanguard U.S. Small-Cap Value Index ETF） | VBR |
| 国际发达市场股票<br>（International Developed Stocks） | 先锋富时发达市场指数 ETF<br>（Vanguard FTSE Developed Market Index ETF） | VEA |
| 新兴市场股票<br>（Emerging Market Stocks） | 先锋富时新兴市场指数 ETF<br>（Vanguard FTSE Emerging Market Index ETF） | VWO |

资料来源：Betterment 官网。

表 7.8　Betterment 债券配置（部分）

| 类别 | ETFs | 代码 |
| --- | --- | --- |
| 短期国债<br>（Short-Term Treasuries） | 安硕短期国债指数 ETF<br>（iShares Short-Term Treasury Bond Index ETF） | SHV |
| 美国通胀保值债券<br>（U.S. TIPS） | 先锋短期通胀保值债券 ETF<br>（Vanguard Short-Term Inflation Protected Securities ETF） | VTIP |
| 美国优质债券<br>（U.S. High Quality Bonds） | 先锋债券市场指数 ETF<br>（Vanguard Total Bond Market Index ETF） | BND |

(续表)

| 类别 | ETFs | 代码 |
| --- | --- | --- |
| 国家市政债券<br>(National Municipal Bonds) | 安硕国家无本金市政债券指数ETF<br>(iShares National AMT-Free Muni Bond Index ETF) | MUB |
| 公司债券<br>(Corporate Bonds) | 安硕企业债券指数ETF<br>(iShares Corporate Bond Index ETF) | LQD |
| 国际发达市场债券<br>(International Developed Bonds) | 先锋国际债券指数ETF<br>(Vanguard Total International Bond Index ETF) | BNDX |
| 新兴市场债券<br>(Emerging Market Bonds) | 先锋新兴市场政府债券指数ETF<br>(Vanguard Emerging Market Government Bond Index ETF) | VWOB |

资料来源:Betterment 官网。

Wealthfront 的 ETFs 组合与 Betterment 类似。在资产配置方面,两公司之间最大的区别在于,Wealthfront 没有将美国国债作为资产配置的一部分,而 Betterment 没有投资于房地产和自然资源。具体见表 7.9 至表 7.11。

表7.9 Wealthfront 股票配置(部分)

| 类别 | ETFs | 代码 |
| --- | --- | --- |
| 全美股票<br>(U.S. Stocks) | 先锋美国股市大盘指数ETF<br>(Vanguard U.S. Total Stock Market Index ETF) | VTI |
| 外国发达市场股票<br>(Foreign Developed Stocks) | 先锋富时发达市场指数ETF<br>(Vanguard FTSE Developed Market Index ETF) | VEA |
| 新兴市场股票<br>(Emerging Market Stocks) | 先锋富时新兴市场指数ETF<br>(Vanguard FTSE Emerging Market Index ETF) | VWO |
| 股息增长型股票<br>(Dividend Growth Stocks) | 先锋股利增值ETF<br>(Vanguard Dividend Appreciation) | VIG |

资料来源:Wealthfront 官网。

表 7.10　Wealthfront 债券配置（部分）

| 类别 | ETFs | 代码 |
| --- | --- | --- |
| 政府债券<br>（Government Bonds） | 先锋长期政府债券 ETF<br>（Vanguard Long-Term Government Bond Index ETF） | VGLT |
| 美国通胀保值债券<br>（U.S. TIPS） | 嘉信通胀保值债券 ETF<br>（Schwab U.S. TIPS ETF） | SCHP |
| 国家市政债券<br>（National Municipal Bonds） | 安硕国家无本金市政债券指数 ETF<br>（iShares National AMT-Free Muni Bond Index ETF） | MUB |
| 公司债券<br>（Corporate Bonds） | 安硕企业债券指数 ETF<br>（iShares Corporate Bond Index ETF） | LQD |
| 新兴市场债券<br>（Emerging Market Bonds） | 安硕 JP 摩根新兴市场债券<br>（iShares JPMorgan Emerging Market Bond Index ETF） | EMB |

资料来源：Wealthfront 官网。

表 7.11　Wealthfront 其他产配置（部分）

| 类别 | ETFs | 代码 |
| --- | --- | --- |
| 房地产<br>（Real Estate） | 先锋房地产信托基金<br>（Vanguard REIT） | VNQ |
| 自然资源<br>（Natural Resource） | 能源行业标普存托凭证<br>（Energy Select Sector SPDR） | XLE |

资料来源：Wealthfront 官网。

（3）费用比较

Betterment 没有账户最低余额限制，其基本投资计划的年费率为 0.25%（无门槛）；高级投资计划的年费率为 0.40%（门槛为 10 万美元）。用户还可以购买额外的人工咨询服务，售价 199 美元起。

Wealthfront 的最低账户余额要求是 500 美元，最低取款额为 250 美元，并且账户余额在 500 美元以下时无法取款。但是在 Wealthfront 的首笔 10 000 美元免费管理（由促销链接进入的客户，首笔 15 000 美元可以免费管理)。在 10 000 美元以上时,年费率是 0.25%。例如,余额为 20 000 美元的账户年费为 25 美元(首笔 10 000 美元免费)。

## 7.3 先锋集团与 VPAS

先锋集团是传统金融机构进军智能投顾领域的典型代表。先锋集团旗下的智能投顾服务 VPAS 于 2015 年正式推出,比先行者们足足晚了五年。但是 VPAS 凭借其母公司的高市场占有率以及深厚的客户基础,成功实现反超,迅速成为智能投顾领域托管资产规模第一名。本部分我们将从公司简介、工作流程等方面介绍先锋集团及其下属的智能投顾业务 VPAS,展示传统金融机构是如何进军智能投顾领域并实现后来者居上的。

### 7.3.1 公司简介

美国先锋集团是世界第二大基金管理公司,于 1974 年由"指数基金之父"约翰·鲍格尔(John Bogle)创立。先锋集团是指数化投资最先的倡导者和实践者。1976 年,集团成立的第三年,先锋集团推出第一只指数基金——先锋 500 指数基金,此基金现已发展成全球规模最大的指数基金。1981 年,先锋采取革命性的创举,采用内部的投资管理团队管理大部分固定收益资产,改变了原先完全依赖外部基金经理的局面。无论金融市场怎么变化,先锋都声称将一如既往地坚持既定的方针,对每只基金进行密切监控以保证和投资目标保持一致。坚持合理的低费率一直是先锋的原则,根据晨星公司的统计,先锋旗下股票基金的平均营运费率约为 0.27%,远远低于其他基金公司的水平。

与大部分上市的基金公司或私人拥有的基金公司不同,先锋集团是持有者所有。这使得基金持有人是先锋集团实质上的股东,先锋反过来又为基金持有人提供投资管理服务。先锋集团所创造的利润就由基金的股东所分享,基金利益与投资者利益紧密地连接在一起。先锋的业务主要包括基金投资和辅助的金融服务两个方面。基金投资包括面向个人投资者的基金和面向机构投资者的基金；金融服务包括顾问与指导、投资服务、特别服务、私人组合管理等。

先锋的业务遵循两个原则，即最高的质量标准和合理的最低成本。先锋集团只收取足够的资金来支付其运营成本，其2017年平均资产加权基金费用率为0.11%，不到行业平均水平0.62%（不包括先锋集团）的五分之一，这种成本优势构成了先锋长期稳定表现的核心。截至2018年1月31日，先锋集团管理全球资产约5.1万亿美元，拥有180个美国基金（包括可变年金组合）和约208个海外基金。先锋集团的服务已经使先锋集团在全美国成为一个值得信赖和尊敬的名字。

### 7.3.2 智能投顾业务：VPAS

（1）VPAS简介

作为全球第二大基金公司和最大的ETFs公司，先锋集团于2015年正式推出了智能投顾服务Vanguard Personal Advisor Services（VPAS）。一般来说，传统金融机构对于金融科技的反应一向落后于创业公司。虽然先锋集团是智能投顾"赛道"上传统金融机构中的"急先锋"，但起跑仍落后于第三方理财服务平台开拓者们约五年。尽管布局落后，但先锋集团凭借其巨头地位、体系内丰富的ETFs和基金产品等因素，实现了"后来者居上"。据德国统计公司Statista的数据，截至2017年2月，VPAS以470亿美元的托管资产位列第一，第二名嘉信理财旗下智能投顾产品SIP的资产管理规模为102亿美元，不足VPAS的四分之一；Betterment托管资产为74亿美元，位列第三。

不同于智能投顾领域的创业公司，先锋集团强调混合服务，即将自动化咨询平台与持有CFP认证的传统人工投资顾问相结合。而一般提供混合服务的公司通常聘请RIA作为人工投资顾问，与之相比先锋集团更有优势。据了解，VPAS的人工投资顾问贯穿服务流程，包括理财师辅助智能顾问完成KYC、生成报告后提供后续服务、通过电话视频等线上方式进行再调整等。

VPAS 的起投门槛较高——5 万美元(Betterment 未设起投金额,Wealthfront 为 500 美元)。虽然先锋集团方面称其产品适用于各投资水平和经验的用户,但事实上,较高的最低投资金额对于新手投资者来说并不十分友好。

另外,VPAS 的所有交易均通过 Vanguard Brokerage Services 清算,意味着客户可以免除不同经纪和投资公司之间复杂结算协议的麻烦。VPAS 账户余额在 500 万美元以下的,每年的手续费率为 0.3%;账户余额在 500 万—1 000 万美元时,每年的手续费率为 0.2%;账户余额在 1 000 万—2 500 万美元时,每年的手续费率为 0.1%;超过 2 500 万美元后,手续费率降至 0.05%。

(2) VPAS 工作流程

VPAS 工作流程的第一步是对客户进行详细的问卷调查,以确定投资者当前的总体财务状况,包括当前工资、税务、现有储蓄及退休账户等细节信息,并确定投资者的风险承受能力和未来储蓄目标。

VPAS 将根据初步调查结果,按照个性化要求为客户制订合适的财务计划,包括人生目标、当前投资审查和未来收入需求的确定等。在制订初步计划之后,顾问根据客户的个人目标建立一个混合了多元化股票和债券投资的低成本投资组合,将计划付诸行动。使用先锋的在线界面或移动应用程序,客户可以查看所有投资组合的持有情况和投资业绩,并跟踪目标。

先锋的顾问会定期审查并重新平衡客户的投资组合,以确保投资组合能够实现投资目标。先锋的投资组合管理软件可以完成跟踪资产分配和保持投资组合正常运行的大部分工作。

具体来说,先锋的顾问会根据客户的个人投资目标,从大约 100 个先锋共同基金和 ETFs 中选择资产组合,这也是成熟基金公司的惯用方法。与之相比,Wealthfront 会将投资组合中的 5% 至 28% 投资于新兴市场,这些股票的风险往往更高,而 Betterment 则青睐于价格更优惠的美国小公司。

VPAS 典型的投资可能包括 Vanguard Total Stock Market Index Fund(VTSAX)、Total International Stock Index Fund(VTIAX)和 Total Bond Market Index

Fund（VBTLX）。这三只基金的费用率介于 0.04% 和 0.14% 之间。

拥有个人顾问服务的客户可以访问所有先锋共同基金的 Admiral 类股票，而每只基金的最低金额不超过 10 000 美元。Admiral 类股票的费用比率往往低于可比投资者类别股票约 0.10 个百分点。

先锋的顾问可以向客户推荐本公司旗下任何种类的基金，但他们倾向于推荐低成本的指数基金。

客户投资组合中持有的前 7 大基金是：

- 先锋美国股票市场指数基金

（Vanguard U.S. Total Stock Market Index Fund Admiral Shares）

- 先锋国际股票指数基金

（Vanguard Total International Stock Index Fund Admiral Shares）

- 先锋美国债券市场指数基金

（Vanguard U.S. Total Bond Market Index Fund Admiral Shares）

- 先锋国际债券指数基金

（Vanguard Total International Bond Index Fund Admiral Shares）

- 先锋中期投资级基金

（Vanguard Intermediate-Term Investment-Grade Fund Admiral Shares）

- 先锋短期投资级基金

（Vanguard Short-Term Investment-Grade Fund Admiral Shares）

- 先锋中期免税基金

（Vanguard Intermediate-Term Tax-Exempt Fund Admiral Shares）

对于以非重大资本收益转移非先锋基金的客户，先锋的顾问可能会将这些非先锋基金保留在投资组合中，以避免对收益征税。

然而，先锋的产品与其他智能投顾（如 Betterment 和 Wealthfront）的不同之处在于，VPAS 会有一位现场人员负责定期审核投资者的账户。除投资组合管理外，顾问还提供财务规划建议。另外，从某种意义上讲，先锋是一个"技术辅助"的金融服务公司，而不是真正的机器人顾问。先锋的新服务类似于 Personal Capital 的付费顾问服务，但费用低得多。除 0.30% 的管理费外，客户投资组合中的基础共同基金和 ETFs 的费用比率从指数基金的低至

0.04%到少数主动管理基金的高至0.12%不等,有的投资组合费用比率甚至更高。其他可能的费用包括ETFs购买的经纪佣金,但是由于先锋的顾问仅使用Vanguard ETFs,因此先锋不会产生经纪佣金。

值得一提的是,VPAS虽然提供节税服务,但并非自动。资产会在税收账户和税收优惠账户之间进行战略分配,节税需要逐个设置客户端。因为先锋认为,节税规划能获益,但也会带来风险。这导致一部分试图监测日常减税收益的客户对VPAS并不满意。一般来说,合理的税收规划被视作提高投资组合收益的一种手段。该手段是竞争对手Betterment的撒手锏:Betterment称其减税算法能够创造0.77%的收益。此外,先锋的财务规划几乎不包含房地产规划或保险分析。

总的来说,先锋公司似乎更倾向于采取较狭隘的方式来进行规划,主要侧重于客户的长期退休计划和其他生活目标。狭隘的方法依赖于先锋的指数化投资能力和内部庞大的基金、ETFs产品,投资者几乎能够获得世界上任何一种资产类别的最低投资成本。先锋拥有指数化投资的专业知识,该方法作为最知名的被动投资方法,完全参照基准指数的权重买入其包含的所有证券,最流行的基准指数是标准普尔500指数。这种投资方式非常适合智能投顾领域,因为它不需要对个股进行深入的基本面分析和尽职调查。

用户可以通过多个平台(包括手机端)查看组合表现。平台不仅会展示组合的最新动态,而且还会追踪最初就列入计划的储蓄和投资目标。此外,人工投资顾问还会对基础组合进行定期审核,以确保符合客户的储蓄目标。

## 7.4 嘉信理财与SIP

嘉信理财同样是传统金融机构进军智能投顾领域的优秀代表。作为美国最大的投资服务公司,嘉信理财拥有的客户资源和销售渠道是第三方理财服务平台无法比拟的。嘉信理财在2015年3月推出旗下智能投顾产品

SIP，其后迅速成为智能投顾领域的领军者。在下文中，我们将介绍嘉信理财的情况及其智能投顾业务，并对 SIP 业务的优势和不足进行阐述。

## 7.4.1 公司简介

嘉信理财是美国最大的投资服务公司，2019 年的市值约为 650 亿美元。嘉信理财的总部位于美国旧金山，在全美 45 个州有超过 330 家分支机构，如今已成为美国个人金融服务市场的领导者。嘉信理财是世界上最大的网上理财交易公司，其前身成立于 1971 年。1975 年美国国会通过了《证券交易修订法案》，废除了拥有 183 年历史的固定佣金制度，但当时大部分券商都维持了原有的费率。嘉信理财抓住了这个历史性机遇，开辟了折扣经纪商的全新模式，向个人投资者大幅降低手续费，公司的口号是成为"美国最大的折扣经纪商"。1979 年，公司意识到计算机电子化的交易系统将成为业界主流，因而投资建立了自动化交易和客户记录保持系统。20 世纪 80 年代初期，共同基金开始获得美国投资者的广泛认可，成为分散风险的方便工具，嘉信理财开始把和经纪业务高度技术关联的基金业务纳入公司的主营业务。

1983 年，美国银行以 5 500 万美元收购了嘉信理财，此后嘉信理财开始了多元化业务，推出了统一账户（Schwab One）、共同基金销售（Mutual Fund Marketplace）等财富管理服务。

1987 年，嘉信理财创始人查尔斯·施瓦布（Charles Schwab）以 2.8 亿美元的价格回购嘉信理财，同年 9 月嘉信理财在纽交所上市。2001 年年底，公司的市值为 216 亿美元。90 年代中期，互联网大规模兴起，嘉信理财大胆地预见到，互联网将会成为对中小零散客户进行大规模收编集成的重要平台，于是在业界率先对互联网在线交易系统进行重点投资。从此，嘉信理财把传统的经纪和基金等业务捆绑在高速前进的"互联网列车"上，整个公司的业绩突飞猛进，迅速成为美国最大的在线证券交易商。2016 年，公司为 780 万客户管理着 8 600 多亿美元的资产。

在 1990—2000 年的 10 年中，嘉信理财对股东的投资回报率一直高居美国《财富》500强公司的前5名。1996年,随着互联网时代的到来,嘉信理财转型为互联网券商,推出了佣金更低的 eSchwab 服务,经受住了短期由于收入减少带来的阵痛,在市值先缩水20%之后实现了数倍的增长。嘉信理财的创始人查尔斯也因此被《福布斯》杂志称为"在线经纪之王"。虽然在2000年美国互联网泡沫破灭后,公司的业绩在2001年度出现了大幅下滑,裁减了25%的员工,但是和其他"烧钱"的互联网公司不一样的是,嘉信理财的在线金融服务业务一直具有很强的现金流基础。嘉信理财面临的问题是,在折扣经纪业务竞争日益激烈以及证券交易整体低迷的情况下,如何在现有规模基础上实现进一步的增长。目前,公司管理层的应对策略是在其低成本折扣经纪的基础上增加全方位的客户咨询服务,打造以客户为中心的服务品牌,并以此来吸引客户。

2000年后,美国金融迎来了混业经营,嘉信理财启动了股票排行榜项目(Schwab Equity Ratings),为股票研究提供支持,并于2003年创办嘉信银行。

2008年金融危机以后,被动型投资热潮兴起,嘉信理财顺应潮流,着力发展 ETFs。在并购领域,2011年嘉信理财并购了网上券商 Options Xpress,2012年又并购了从事资产管理服务的 Thomas Partners。2016年上半年,嘉信理财实现营业收入35.92亿美元。公司的主要经营指标,如客户资产、主营业务收入、净利润在2016年的复合年增长率都为25%—30%,嘉信理财已成为金融服务和电子商务业界的成功典范。

目前,嘉信理财旗下包括嘉信理财公司、嘉信银行和嘉信理财香港有限公司,主要业务组成包括传统的证券经纪业务(包括线上线下的交易网点)、财富管理业务(自营和代销的公募基金和 ETFs)以及零售银行业务,目标客户群定位为中低端投资者,最低账户余额要求1 000美元,服务客户包括美国国内以及世界各地的独立投资者、独立经纪顾问和提供员工退休计划的企业。

嘉信理财的成功之道在于其长期贯彻了"细分市场集成"的公司战略。这种战略的特点是主营业务集中,构成主营业务的细分业务在技术、市场和管理方面具有高度的关联性。这和多业务单元的多元化经营明显不同,因为多元化的业务单元之间一般没有关联性,或者关联性很差。在战术上,

"细分市场集成"战略的贯彻主要是依靠不断挖掘客户的个性化需求,并进行细分整理,形成一个公司的客户群结构,然后分别按这种需求结构来设计相应的个性化产品。在这种战略下,公司规模的扩张在于有机地集成一系列高度关联的细分市场业务。"细分市场集成"战略的竞争优势在于细分市场集成力就是对标准品市场的一种细分解构力,因为标准品的特点是对客户群的个性化需求结构进行平滑化和模糊化处理。

从客户导入层面来看,互联网在线交易系统是嘉信理财公司实现业务集成的关键性基础技术平台。1999年,嘉信68%的客户业务流量是通过互联网在线交易系统来完成的,占美国总在线交易量的24%。互联网在线交易系统的特点是品种齐全、价廉物美,这是因为充分个性化的细分服务平台是以低成本方式集成在一起进而提供给广大客户的。1994年以来,公司的每手在线交易佣金率按每年9%的幅度递减。

从服务内容来看,公司的证券经纪、造市自营、基金、资产管理和咨询服务等具有高度的内在关联性。一方面,作为造市商的证券交易流量可通过自己的交易席位来完成,另一方面,旗下基金的证券交易流量也可通过自己的交易席位来完成。在嘉信理财公司的主营业务收入结构中,经纪佣金收入占48%,造市价差收入占12%,基金业务收入占19%,运用客户资金产生的利差收入占18%。

客户端业务的高度相似性使得上述服务内容适合于在互联网平台集成。这些业务都需要对客户账户进行动态管理,保存客户的交易记录,为客户提供交易安全保障、及时的信息服务和咨询指导等,这些都可以用统一的计算机系统来完成。这种计算机-互联网平台对相似业务的高度集成特性使得嘉信理财公司的基金和资产管理业务迅速发展。1999年年底,公司的在线基金超市为316个基金家族的1 900个共同基金提供上述各种客户端服务和投资管理服务,所服务的基金资产占整个市场的11%。除此之外,嘉信理财公司还为5 800名独立投资管理经理提供客户中介,表现了高度个性化特征,通过这种中介,这些经理人管理着848 000个客户账户、2 100多亿美元资产。关于嘉信理财的更多业务发展信息可见图7.4。

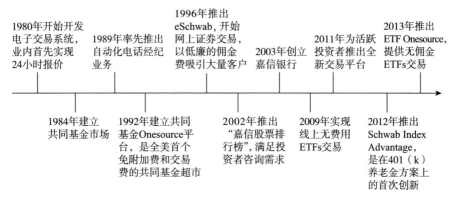

图 7.4 嘉信理财的业务发展历程

资料来源:国信证券博士后工作站。

## 7.4.2 智能投顾业务:SIP

(1) SIP 简介

嘉信理财善于把握行业发展机会和技术升级动向,其产品 SIP 的目标客户有以下几种:初级投资者,IRA 投资者,想要实现广泛的资产类别交易的投资者,想要在交易所买卖基金的投资者,不想支付额外的咨询费用、佣金或账户服务费的投资者,还有一些热衷于投资已成立的知名公司的投资者。

与其他主流的智能投顾产品类似,SIP 也是一个输入用户风险水平、输出投资组合的服务产品。在该平台上,用户首先设定投资目标并提供个人信息和计划,SIP 根据这些信息为用户建立符合用户风险偏好的最优化投资组合,SIP 的目标追踪器(Goal Tracker)通过模拟出未来不同市场环境下用户的投资组合的可能表现,在不同时点判断用户的投资组合是否可以按计划达成目标,并给出调整计划的建议。在投资管理过程中,SIP 对投资组合进行每日监控,以识别节税机会和实现资产再平衡。

SIP 的投资门槛为 5 000 美元。SIP 根据设定的标准(如 ETFs 成立期限、规模、杠杆、费用率)以及 CSIA① 的筛选流程,从 1 600 多只 ETFs 中选择

---

① "Charles Schwab Investment Advisory",即"嘉信理财投资咨询",是嘉信旗下一支由经验丰富的分析师组成的团队,为嘉信旗下的投资组合提供咨询意见。

了 54 只 ETFs 作为投资标的,其中有 14 只嘉信 ETFs,8 只嘉信 OneSource ETFs。每个投资组合由不超过 20 种不同种类的资产构成,包括股票、固定收益产品、房地产、大宗商品、现金等,用以分散化投资。此外,嘉信智能组合也提供自动化的资产再平衡、投资亏损避税服务(但是只针对 5 万美元以上资产的账户)。

SIP 产品的一大亮点是零平台费用,客户只需要承担较低的 ETFs 管理费用。零平台费用的背后是嘉信理财作为大型传统金融机构的支持。对于这个零平台费用的智能投顾产品,嘉信理财的盈利方式有以下几种。

一是对于投资组合中配置的嘉信理财的 ETFs 产品,用户承担的 ETFs 管理费用实际上构成嘉信理财的收入。

二是除了嘉信理财的 ETFs,投资组合中的其余部分 ETFs 基金参与了嘉信理财的 ETF OneSource 投资平台,嘉信理财对此也会收取服务费用。

三是投资组合中配置的少部分现金直接投资在嘉信银行的账户,这部分资金也可以带来净收益。与独立的智能投顾相比,嘉信理财利用集团产品和平台优势大大减轻了用户需要负担的费用。

(2) SIP 运作流程

SIP 的具体运作流程分为以下四个步骤:用户信息评价、为用户建立投资组合、Goal Tracker 后续跟踪,以及投资亏损避税和资产再平衡。

第一步:用户信息评价

嘉信金融中心(Schwab Center for Financial Research)为 SIP 的用户设计了个人问卷(Individual Profile Questionnaire, IPQ),并基于问卷填写内容对用户的风险承受能力和风险承受意愿评分,为用户设计出合适的投资组合。问卷由三部分、一共 14 道题构成:前 5 个问题针对用户的风险承担能力,主要是用户收入、财富;接下来的 5 个问题针对用户的风险承受意愿,了解用户面对风险的行为表现;最后 4 个问题询问用户的年龄和产品偏好,如偏好股票组合还是债券组合,偏好市政债券还是其他纳税债券。SIP 对问卷中需要用来评分的问题都设置了分数,最后分数简单相加得到总分。风险承受能力和风险承受意愿的最高分都是 100 分,分值越高代表用户的风险承受能力越强,越愿意承受风险。计算出的风险承受能力分数和风险承受意愿分数会被用于为用户构建投资组合。

第二步:为用户建立投资组合

一是选择标的指数。SIP建立的每个投资组合均投资于不多于20种类别的资产,但实际上是投资于跟踪资产指数的ETFs,因此首先需要确定投资资产对应的标的指数。在确定标的指数时,SIP主要考虑两个方面:标的指数的特征、标的指数提供商。SIP用SAMURAI标准对各标的指数进行检查和筛选;指数提供商方面,则主要考虑它们是否有完善的管理系统以及能否提供高质量、高透明度的数据。SIP将资产类别分为股票、固定收益产品、大宗商品和现金四大类,每一类下面再进行细分,比如股票细分为新兴市场股票、美国市场股票、REIT、高股息股票等。将不同类别资产的标的指数按照相同的权重相加得到混合的标的指数后,可以与投资组合的表现直接比较。SIP使用的部分标的指数如表7.12所示:

表7.12  SIP投资的指数标的(部分)

| 资产类别 | 指数基准 |
| --- | --- |
| 美国大型公司股票<br>(U.S. Large Company Stocks) | 标普500指数<br>(S&P 500 TR Index) |
| 美国小型公司股票<br>(U.S. Small Company Stocks) | 罗素2000指数<br>(Russell 2000 TR Index) |
| 美国大型公司股票-基本面<br>(U.S. Large Company Stocks-Fundamental) | 罗素美国大型公司基本面指数<br>(Russell Fundamental U.S. Large Company TR Index) |
| 美国小型公司股票-基本面<br>(U.S. Small Company Stocks-Fundamental) | 罗素美国小型公司基本面指数<br>(Russell Fundamental U.S. Small Company TR Index) |
| 国际发达市场大型公司股票<br>(International Developed Large Company Stocks) | 摩根士丹利国际资本指数<br>(MSCI EAFE NR Index) |

（续表）

| 资产类别 | 指数基准 |
| --- | --- |
| 国际发达市场小型公司股票<br>(International Developed Small Company Stocks) | 摩根士丹利小型国际资本指数<br>(MSCI EAFE Small Cap NR Index) |
| 国际发达市场大型公司股票-基本面<br>(International Developed Large Company Stocks-Fundamental) | 嘉信国际大型公司基本面指数<br>(Schwab Fundamental International Large Company Index) |
| 国际发达市场小型公司股票-基本面<br>(International Developed Small Company Stocks-Fundamental) | 嘉信国际小型公司基本面指数<br>(Schwab Fundamental International Small Company Index) |
| 国际新兴市场股票<br>(International Emerging Markets Stocks) | 摩根士丹利新兴市场指数<br>(MSCI Emerging Market NR Index) |
| 国际新兴市场股票-基本面<br>(International Emerging Markets Stocks-Fundamental) | 罗素新兴市场大型公司指数<br>(Russell Fundamental Emerging Market Large Company TR Index) |
| 美国房地产信托投资基金<br>(U.S. Exchange-Traded REITs) | 标普美国房地产投资信托基金指数<br>(S&P U.S. REIT TR Index) |
| 国际房地产信托投资基金<br>(International Exchange-Traded REITs) | 标普国际房地产投资信托基金指数<br>(S&P Global REIT Index) |

资料来源：嘉信理财官网，国信证券博士后工作站。

二是筛选 ETFs。SIP 从 1 600 多只 ETFs 中选择了 54 只作为投资标的，其中有 14 只嘉信 ETFs,8 只嘉信 OneSource ETFs。SIP 为用户构建投资组合的 ETFs 均来自这 54 只 ETFs。SIP 的主要筛选规则有：风险，排除杠杆和主动管理型基金，排除集中投资在某一个国家的基金以及成立少于三个月的基金；规模，ETFs 需要具有较大的管理资产规模，避免清算风险；买卖价差，排除买卖价差较大的 ETFs；跟踪误差，ETFs 跟踪标的指数的误差应当较小；运营费用率(Operating Expense Ratios, OER)，ETFs 应当有较低的 OER。SIP 的网站上详细公布了每个细分资产类别下选取的一级(Primary) ETFs 和二级(Secondary)ETFs。一级 ETFs 和二级 ETFs 属于同一个细分资产,但是跟踪不同的标的指数,主要目的是避免违反美国的洗售规则。

三是建立投资组合。SIP 为用户建立投资组合有三个原则:一是传统的分散化投资:最大化收益风险比;二是分散风险来源;三是目标驱动:资产配置依据用户的特定目的,比如追求绝对收益、对冲通货膨胀、获得收入。

建立投资组合的第一步是明确哪些资产类别要包括在组合中。SIP 主要考虑三个因素:一是资产必须有至少两个对应的 ETFs,并且 ETFs 不会给投资者带来复杂的税务问题;二是资产间的相关性尽可能小;三是在收入模型中需要考虑预期收益水平。SIP 按照投资目的将不同类别的资产分成五类,如表 7.13 所示。例如,以获得收入现金流为投资目标的组合,主要配置债券、优先股和银行贷款、票据。

表 7.13 基于不同投资目的的 SIP 投资标的(部分)

| 序号 | 投资标的 |
| --- | --- |
| 一、增长 | |
| 1 | 美国大型公司股票<br>(U.S. Large Company Stocks) |
| 2 | 美国小型公司股票<br>(U.S. Small Company Stocks) |
| 3 | 国际发达市场大型公司股票<br>(International Developed Large-Company Stocks) |
| 4 | 国际发达市场小型公司股票<br>(International Developed Small-Company Stocks) |
| 5 | 国际新兴市场股票<br>(International Emerging Markets Stocks) |
| 二、增长和收入 | |
| 6 | 美国大型公司股票(高分红)<br>[U.S. Large-Company Stocks (High Dividend)] |
| 7 | 国际发达市场大型公司股票(高分红)<br>[International Developed Large-Company Stocks (High Dividend)] |
| 8 | 有限合伙企业股票<br>[Master Limited Partnerships Stocks (MLPs)] |

(续表)

| 序号 | 投资标的 |
|---|---|
| 三、收入 ||
| 9 | 美国投资级公司债券（U.S. Investment Grade Corporate Bonds） |
| 10 | 美国高收益公司债券（U.S. Corporate High Yield Bonds） |
| 11 | 美国证券化债券（U.S. Securitized Bonds） |
| 12 | 国际新兴市场债券（International Emerging Markets Bonds） |
| 13 | 优先证券（Preferred Securities） |
| 14 | 银行贷款（Bank Loans） |
| 四、通货膨胀 ||
| 15 | 美国通胀保值债券（U.S. TIPS） |
| 16 | 美国房地产信托投资基金（U.S. Exchange-Traded REITs） |
| 17 | 国际房地产信托投资基金（International Exchange-Traded REITs） |
| 五、保值性资产 ||
| 18 | 现金（Cash） |
| 19 | 美国国债（U.S. Treasuries） |
| 20 | 黄金 & 其他贵金属（Gold & Other Precious Metals） |
| 21 | 国际发达国家债券（International Developed Country Bonds） |

资料来源：嘉信理财官网，国信证券博士后工作站。

SIP采用了两种优化模型:均值方差优化(Mean-variance Optimization)和全面优化(Full Scale Optimization)。前者按照传统的理论,在给定的风险水平下追求最高预期收益率;后者从行为金融学的角度考虑了投资者具有的损失厌恶特征,认为亏损给投资者造成的痛苦是获得同样收益带来的愉悦的两倍。最终通过对两种最优化方法的结果进行平均加权,得到用户的最优投资组合。某些资产类别的权重需要根据风险分散化配置的原则进行调整。

投资组合中也配置了一部分现金,主要是从降低投资组合风险、分散化投资角度考虑。现金配置比例与用户的风险承受能力和风险承受意愿有关,SIP根据用户的风险偏好设定了现金配比(图7.5)。最后,SIP对最优化组合实施定性评价,看是否符合用户的偏好和目的,对最优化组合进行较小调整。

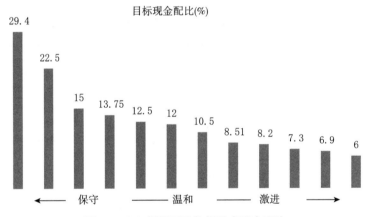

**图7.5 SIP根据风险偏好设定现金配比**

资料来源:嘉信理财官网、国信证券博士后工作站。

在具体的资产加权配置比例上,嘉信理财一般根据不同的目标采用基本面策略和收入策略。

基本面策略:根据研究,市值加权策略和根据基本面因子加权策略结合可能对投资组合的长期表现有利。因此,在对美国大公司股票、美国小公司股票、国外大公司股票、国外小公司股票和新兴市场股票加权建立投资组合时,SIP依据大致40%市值加权系数和60%基本面加权系数的方法。

收入策略:由于投资组合的目标是获得收入现金流,因此投资组合中排除股价增长导向的股票、黄金及贵金属,加入高股息回报的股票、优先股、银行贷款和浮动利率票据。

第三步:Goal Tracker 后续跟踪

Goal Tracker 的主要功能是根据用户的信息和计划,在动态的市场环境下,动态地模拟出投资组合的可能表现,判断用户是否需要修改投资计划来达到投资目标。在模拟时,Goal Tracker 使用蒙特卡洛模拟方法,并基于 CSIA 估计的长期收益率和波动率数据。

具体来说,Goal Tracker 使用 CSIA 预测的长期(10 年期)资产收益率和波动率数据,用蒙特卡洛方法模拟不同环境下投资组合可能的表现路径。预测模型采用净利润、股息、通胀率等因子来预测未来股票的收益率和风险,用收益率和久期预测未来债券的表现,这些因子在长期的预测中比较稳定。收益率预测还对长期中的利润增速、市场利率、资产价格敏感。由于因子数据每年会变化,对长期收益率的估计也会发生变化。在生成组合的收益率时,对不同资产的收益率进行加权,并假设组合产生的股息、收益直接再投资,不考虑税费和管理费用。SIP 官方网站上提供了目前 CSIA 对投资组合收益率和标准差的估计值,更多信息可见表 7.14。

表 7.14　SIP Return model 估计参数

| 组合 | 收益率(年度) | 标准差(年度) |
| --- | --- | --- |
| 总回报 1 | 3.60% | 3.57% |
| 总回报 2 | 4.18% | 5.15% |
| 总回报 3 | 4.67% | 6.28% |
| 总回报 4 | 5.10% | 7.68% |
| 总回报 5 | 5.51% | 9.01% |
| 总回报 6 | 5.94% | 10.52% |
| 总回报 7 | 6.31% | 11.60% |
| 总回报 8 | 6.62% | 12.43% |
| 总回报 9 | 6.88% | 13.19% |
| 总回报 10 | 7.07% | 13.94% |

（续表）

| 组合 | 收益率（年度） | 标准差（年度） |
|---|---|---|
| 总回报 11 | 7.27% | 14.72% |
| 总回报 12 | 7.62% | 15.76% |

资料来源：嘉信理财官网。

在模拟出未来到达投资期末可能的多种组合表现后，Goal Tracker 对组合未来表现的分布取了 4 个分位点，划分出 4 种市场情况（见表 7.15）：

表 7.15　Goal Tracker 市场情况分类

| 市场表现 | 您的预计期末余额 |
|---|---|
| 较好的市场 | 模拟情况的 25%分位 |
| 中等市场 | 模拟情况的 50%分位 |
| 较差的市场 | 模拟情况的 75%分位 |
| 非常差的市场 | 模拟情况的 90%分位 |

资料来源：嘉信理财官网。

具体介绍如下：

- 较好的市场：取组合表现分布从小到大的 75%分位点，即在所有可能的组合表现中，较好的市场代表了前 25%最优的情况。
- 中等市场：取组合表现分布从小到大的 50%分位点，即在所有可能的组合表现中，中等市场代表了前 50%最优的情况。
- 较差的市场：取组合表现分布从小到大的 25%分位点，即在所有可能的组合表现中，较差的市场代表了后 25%的情况。
- 非常差的市场：取组合表现分布从小到大的 10%分位点，即在所有可能的组合表现中，非常差的市场代表了后 10%的情况。

Goal Tracker 通过比较用户设定的目标与模拟出的组合表现，判断用户是否远离目标，结果分为：符合目标（On Target），有偏离目标风险（At Risk），偏离目标（Off Target）。用户设置的目标可以分为储蓄目标和收入目标两种，目标不同，这三种情况的具体运用也不同。

储蓄目标指的是用户通过一笔一次性的投资和数笔每月投资，计划在

未来某个时点能够获得一定数量的金额的目标。对于储蓄目标,符合目标、有偏离目标风险、偏离目标的含义如下:

- **符合目标**:模拟出的未来组合表现有50%及以上的可能可以达成用户的储蓄目标,即目标金额落在中等市场及以下位置,这意味着即使市场环境一般,甚至较差(低于50%),用户也可以达成最终的储蓄目标。
- **有偏离目标风险**:模拟出的未来组合表现有25%—50%的可能可以达成用户的储蓄目标,即目标金额落在中等市场和较好的市场之间,这意味着只有当市场环境较好(在前25%—50%的情况下)的时候,用户才能够达成最终的储蓄目标。
- **偏离目标**:模拟出的未来组合表现有25%以下的可能可以达成用户的储蓄目标,即目标金额落在较好的市场及以上位置,这意味着只有当市场环境达到前25%最优情况,用户才能达成最终的储蓄目标。

收入目标指的是投资期初用户投入一笔资金,在之后一段时期内每月提取一部分(相当于工资收入)。收入目标达成的判断依据是:是否可以按照设定计划每月支出一部分资金,一直持续到设定的到期日,也就是按照设定计划每月支出一部分资金这个状态可以持续的时间长度是否覆盖到了计划设定的期限。对于收入目标,符合目标、有偏离目标风险、偏离目标的含义如下:

- **符合目标**:在较差的市场(后10%—25%组合表现)情况下,用户按设定每月支出后在期末仍然剩余资金,即较差的市场下按照设定计划每月支出一部分资金这个状态可以持续的时间长度覆盖了目标期限。
- **有偏离目标风险**:只有在中等市场和较差的市场之间(50%—75%组合表现)情况下,用户按设定每月支出后在期末才能剩余资金,即只有在中等市场和较差的市场之间的情况下,用户按照设定计划每月支出一部分资金这个状态可以持续的时间长度才能够覆盖目标期限,如果组合表现为后25%(较差的市场及更差的情况下),用户就无法在计划的期限内每月都能够提取设定的金额。
- **偏离目标**:只有在中等市场及更好的情况下,用户按照设定计划每月支出一部分资金,期末才能有剩余资金。如果组合表现为后50%(中等市场以下），用户就无法在计划的期限内每月都能提取设定的金额。

最后 Goal Tracker 会提出调整计划的建议。如果用户的投资计划处于有偏离目标风险和偏离目标两种情况，Goal Tracker 会为用户提出调整计划的建议，如延长计划期限、增加每月投资。根据两类目标，Goal Tracker 会提出不同的建议，分别如表 7.16 和表 7.17 所示。

表 7.16　储蓄目标调整建议

| 目标状态 | 操作建议 |
| --- | --- |
| 符合目标 | 看起来不错，继续监控您的进度 |
| 有偏离目标风险 | 根据我们的预测，您的投资存在风险，考虑根据您的当前情况调整投资金额 |
| 偏离目标 | 根据我们的预测，您的投资已偏离目标，考虑根据您的当前情况调整投资金额 |

资料来源：嘉信理财官网。

表 7.17　收入目标调整建议

| 目标状态 | 操作建议 |
| --- | --- |
| 符合目标 | 看起来不错，继续监控您的进度 |
| 有偏离目标风险 | 您面临达不到收入目标的风险，考虑降低您的每月提款金额 |
| 偏离目标 | 您达不到收入目标，考虑降低每月提款金额 |

资料来源：嘉信理财官网。

第四步：投资亏损避税和资产再平衡

SIP 的算法每日检查用户的投资组合是否具有投资亏损避税机会和资产再平衡的需要。投资亏损避税指 SIP 卖出用户亏损的一级 ETFs，抵免一部分资本利得税，同时买入类似的二级 ETFs 以避免违反洗售规则。SIP 的算法同时兼顾资产再平衡。当投资组合的资产配置结构偏离最初设定的结构时，SIP 通过买入、卖出资产来修正结构。对于投资亏损避税和资产再平衡的调整，SIP 分别对投资组合设置了亏损线和偏离容忍度，避免过度调仓，并通过投资亏损避税交易次数、再平衡次数、节税比率和跟踪误差四个指标来评价算法的优劣。

## 7.5 Financial Engines

与前两类智能投顾平台不同,Financial Engines 在智能投顾领域扮演着技术供应服务商的角色,其最鲜明的特色是 B2B2C,即通过与 B 端公司的合作来服务个人投资者,从而为投资者提供投资建议。本部分将从公司简介、工作模式与成本、业务及优缺点等方面对 Financial Engines 进行介绍。

### 7.5.1 公司简介

Financial Engines 成立于 1996 年,主营参与退休计划的员工的咨询服务。Financial Engines 的一位联合创始人是威廉·夏普(William Sharpe)教授,他因在金融经济学理论方面的工作而获得 1990 年诺贝尔经济学奖。他研究了如何确定金融资产的价格,以及风险和收益之间的联系。另一位联合创始人是前 SEC 委员 Joseph A. Grundfest 教授。他们的目标是将复杂的投资技术应用于投资,以帮助个人投资者实现其退休目标。专业的联合创始人使得 Financial Engines 在创立之初就具有十分明确的投资方向和投资理念,也为 Financial Engines 的后续发展奠定了良好的基础。Financial Engines 是金融科技行业的先驱,通过尖端技术提供高质量的投资方法,帮助那些未能在传统金融业获得优质服务的人充分利用他们的储蓄。

1998 年,为了与广大投资者分享他们独特的投资方法,Financial Engines 利用蓬勃发展的互联网推出了业界首个独立的在线咨询平台。从那以后,公司一直致力于建议人们如何利用储蓄以及如何开展退休计划。Financial Engines 现在是全美最大的定额供款账户服务商。到目前为止,Financial Engines 赢得了超过 760 家美国大型雇主的信任,包括达美航空、福特、IBM、卡夫食品和微软等,为其 401(k) 退休计划中的 1 000 多万名参与者提供独立的财务帮助。

2018 年,Financial Engines 与另一家金融服务公司 Edelman Financial

Services 合并成为 Edelman Financial Engines。Edelman Financial Services 成立于 30 多年前,由著名的理财师里克·爱德曼(Ric Edelman)创立。

Financial Engines 还与退休计划提供者合作,包括 Fidelity Investments、T. Rowe Price、摩根大通和先锋集团等。此外,他们还考虑与 Blooom 或 Betterment 合作以最大化客户的退休计划收益。

## 7.5.2 工作模式与成本

Financial Engines 为参与固定缴款计划[如 401(k)计划]的员工提供专业管理。这项服务是通过雇主计划提供的,是一种附加的福利。

Financial Engines 公司发言人迈克·朱尔斯(Mike Jurs)表示,员工的成本将取决于雇主与 Financial Engines 之间的安排。很少有雇主向员工免费提供这项服务,价格范围在员工退休投资组合价值的 0.20% 至 0.60% 之间,平均值略低于 0.40%。也就是说,根据平均水平,10 万美元的 401(k)计划每年的成本将略低于 400 美元,这是用户为得到服务所支付给 Financial Engines 的费用,但不包括支付给用户的账户管理员的行政费用或交易费用,以及维护证券和基金交易的费用,并且没有账户最低限额。只要用户和雇主有退休计划,就可以享受这项服务。如上所述,Financial Engines 为用户公司赞助的退休计划提供专业的管理,他们使用多种工具来提供这项服务。

一是专业的管理。Financial Engines 对用户的账户提供持续的监测和关注:

- 为用户提供一个投资顾问。
- 分析用户的退休计划中的储蓄选项。
- 考虑交易成本、费用比率和基金管理风格等。
- 提供一份进度报告,列明用户的账户结余、用户退休时账户的潜在价值,以及因用户情况和市场情况变化而作出的调整。
- 向专家顾问代表提供详细的退休检查,他们可以帮助用户在临近退休时及时处理好相关事务,并为退休做好相关准备。

二是个性化的计划:"收入+"计划。Financial Engines 希望提供一个完整的退休计划,旨在帮助用户最大限度地利用其资金。"收入+"计划可以帮助用户将401(k)计划从退休储蓄转为退休后的稳定支出,这是与第一项类似的服务,是为完全依靠401(k)计划养老的一代工人创建的。"收入+"旨在为65—85岁的老年人提供稳定的收入支付。它分配用户的投资组合,以平衡增长和安全,并重新平衡用户的401(k)计划,以帮助用户保持在一个安全的区域。

三是退休准备。这是一个包括社会保障计划的工具,可以告诉用户如何最大化他的收入来源。

四是线上的建议。Financial Engines可以为用户的整个投资组合提供具体的基金建议,帮助用户决定选取哪些基金进行投资,以及每种投资的金额。

### 7.5.3　业务介绍

Financial Engines的业务范围广泛且定位精确,包括雇主支持的退休计划、人寿保险、遗产规划、税收规划、社会保障等。下面我们将对这五项业务进行较为详细的介绍。

(1) 雇主支持的退休计划

许多雇主支持的退休计划——包括401(k)计划、403(b)计划和457计划——与员工的缴纳额度相匹配。Financial Engines可以帮助员工管理这些雇主赞助的退休计划。

(2) 人寿保险

人寿保险是帮助管理风险的财务计划的重要组成部分。如果工资收入突然消失,人寿保险能够帮助弥补收入损失,而且人寿保险能够涵盖丧葬和其他财务费用,并且能够帮助偿还抵押贷款和其他债务。人寿保险应被视为费用,而不是投资。人们对于确实需要的保险,总是希望能够支付更低的成本。因此,Financial Engines认为定期保险是他们大多数客户的最佳选择,因为这种保险能以最低的成本提供最大的覆盖率和灵活性。

(3)遗产规划

遗产规划对每个人都很重要,而不仅仅是富人,尤其是在美国这样征收高额遗产税的国家。有效的计划能够帮助客户实现遗产规划的目的,即持续追踪客户的情况,为可能出现的疾病作出准备,然后在客户需要的时候以合理的方式给他想要的东西。

未能制定遗产规划或规划不当可能导致:无法控制法院如何分割客户的资产;用户的孩子失去了继承权,财产将给到客户配偶的新配偶;客户的受益人失去了对债权人的继承权;由于离婚,受益人不得不将一半的遗产给配偶;当客户不能做决定的时候,客户不知道并且不相信为其作出财务和医疗决定的人;法官决定谁照顾客户的未成年子女。因此,遗产规划的制定非常重要。

遗产规划分为四个阶段:设计、实施、维护和结算。设计阶段涉及收集有关客户的资产和用户希望参与计划的人员的信息,设定用户希望规划完成的目标,并决定客户的规划应如何运作。实施阶段涉及合法记录客户在设计阶段所作出的决策,以强制执行客户设定的目标并更改资产类型以协调客户的规划。维护阶段包括定期审查客户的目标、资产、个人情况和法律,以确定客户的计划是否仍能按预期运行。结算阶段涉及在客户成为残疾人或去世后实施客户已制定的规划。

(4)税收规划

税收规划是从税收角度对财务状况或计划进行逻辑分析,以使财务目标与税收效率保持一致。它包含许多不同方面,包括收入和购买(及其他支出)的时间安排、投资选择和退休计划类型,以及申请状态和常见扣除等。它需要针对客户、客户的家人或客户的企业制定策略,客户还需要适当的管理来支持、操作、记录和跟进。税收规划必须灵活,以适应不断变化的内外部环境。积极主动的税收规划可以帮助客户、客户的家人或客户的企业做好长期成功的准备。

（5）社会保障

在申请社会保障金时，客户只有一次机会作出正确的选择，而错误的决定可能会花费数十万美元。但目前没有一个通用的选择方案，并且有许多不同的索赔选项，因此与投资顾问一起讨论选择并作出明智的决定非常重要。

对于 1943—1954 年出生的人，完全退休年龄为 66 岁。如果出生时间在 1955—1959 年，完全退休年龄则逐渐攀升至 67 岁。对于 1960 年或以后出生的人，完全退休年龄为 67 岁。人们可以选择提前领取社会保障金，如年满 62 岁时就领取社会保障金，但在完全退休年龄之前领取社会保障金可能会永久减少多达 25% 的社会保障金。

在社会保障方面，婚姻为夫妻双方提供了更多保障。也就是说，一方可以享受所谓的配偶福利，在完全退休年龄可以得到配偶全额退休福利的 50%。例如，如果一个人的每月福利价值 2 000 美元，但他的配偶的每月福利价值仅为 500 美元，那么他的配偶可以获得价值 1 000 美元的配偶福利——每月收入增加 500 美元。需要注意的是，在客户的配偶申请自己的福利之前，客户不能代领配偶的福利。如果婚姻持续超过 10 年，离婚配偶也有权享受福利。

即使达到退休年龄，客户也可以选择延后领取社会保障金。延迟获利会有很大的好处——社会保障金每年将增长 8%，直至 70 岁，任何生活费用调整也将包括在内。等到 70 岁之后申请社会保障金可以为客户带来额外 32% 的社会保障金。

客户何时开始领取社会保障金取决于许多因素，因此，需要与财务顾问合作，客观地审查所有选项并帮助客户作出最佳决策。许多人没有意识到延迟获利的收入差异。以下示例说明了终身社会保障金总额的差异，具体取决于开始申请社会保障金的时间。

根据图 7.6，如果一个人在 62 岁时开始申领社会保障金，那么他一共能获得 504 000 美元的社会保障金；如果从 70 岁开始申领，他可以获得 633 600 美元，两者相差高达 129 600 美元。注意，这只是针对一个人，对于一对夫妇来说，这个差异可能会翻倍。

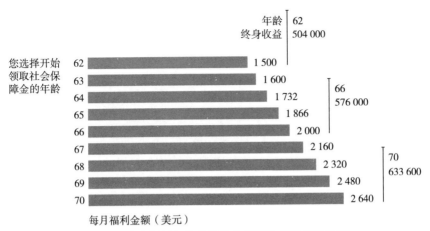

图 7.6 客户不同年龄使用社会保障的终身福利总额

资料来源:Financial Engines 官网。

### 7.5.4 优点与缺点

Financial Engines 以其独特的 B2B2C 服务在智能投顾行业占有一席之地。接下来,我们将对 Financial Engines 产品的优缺点进行概括和总结,以使读者对 Financial Engines 有更加全面的认识。

(1) 优点

- Financial Engines 只收取一定比例的费用,并且不会向委托人出售任何东西。
- Financial Engines 宣称他们是受托人,也就是说他们必须把客户的最大利益放在第一位。
- Financial Engines 可以从内部参与客户的雇主计划,因此,他们能够深入评估客户的计划,并根据评估结果对计划进行改善。
- 客户可以让 Financial Engines 控制自己的账户或严格以顾问身份工作,或者客户可以继续在计划中管理自己的投资。
- 参与投资管理是大多数雇主提供的计划的一个明显弱点。雇主计划经常向客户提供投资资料,但大多数人很少或没有直接投资帮助。考虑到许多参加雇主资助的退休计划的人几乎没有投资经验，Financial Engines 正在填补投资界一个被严重忽视的角色。

(2) 缺点

从负面来看，Financial Engines 所需的年费 0.20%—0.60% 将对客户的投资表现产生长期负面影响。客户必须权衡自己是否会更好地使用这项服务并每年支付费用，而不是将他的钱投资到指数基金直到退休。

## 7.6 Trizic

Trizic 与 Financial Engines 相似，同样是智能投顾技术服务供应商。但与 Financial Engines 采用的 B2B2C 模式不同，Trizic 主要面对机构客户，为机构投资者提供投资管理服务。Trizic 是一个真正的"端到端"企业软件，能够为企业提供具有无限可伸缩性的多用户解决方案。本部分将从公司简介、业务介绍等方面对 Trizic 进行介绍。

### 7.6.1 公司简介

Trizic 成立于 2011 年，面向机构用户提供投资管理服务，其自身没有咨询牌照。Trizic 平台旨在构建一个企业级的、具有无限可伸缩性的多用户解决方案。其特点如下。

(1) 高性能和可拓展性

Trizic 起家于云计算，并迅速转向支持负载平衡（Load Balance）、服务发现（Service Discovery）、微服务（Micro Service）、队列（Queue）和容器（Container）等功能的大型业务。这些业务可以在不重新调整平台架构的情况下进行功能拓展。

（2）企业级的安全

Trizic 一直致力于确保其系统远远超过安全标准。Trizic 从头开始构建互联网安全中心（Center for Internet Security，CIS），并在此基础上添加加密、身份验证和密钥旋转层。

（3）开放应用程序接口

Trizic 的理念是：人们生活在数据输入和输出的海洋中，Trizic 的工作就是标准化和交付数据。Trizic 的 API 连接到无数的后端系统，同时允许客户构建自己的移动端和 PC 端的 API。

（4）单点登录

Trizic 的平台支持跨多个银行和咨询系统的单点登录。这可以改善客户体验，同时还可以提高系统安全性。

（5）快速创新

Trizic 的技术架构支持开发动态特性（Dynamic Characteristics），这意味着他们不受传统的单一产品发布的限制。Trizic 开发动态特性并将其快速部署到整个系统中，这是快速创新的基础。

（6）无缝整合

Trizic 基于 API 的系统旨在提供一条无缝路径，将不同合作伙伴的不同技术结合起来。因此，他们可以轻松地连接到客户和客户合作伙伴的 IT 系统。

（7）人性化

从用户体验的角度看，Trizic 的设计和功能非常人性化，具体的表现如下。

贴牌：Trizic 的平台提供简单的贴牌客户端界面。用户可以使用自己公司的徽标进行自定义。Trizic 只提供产品，客户可以继续使用自己的品牌。

**灵活的基于模型的交易**：创建、更新和使用的流程反映出 Trizic 独特的策略模型组合。Trizic 使用共同基金、ETFs 或证券组合，根据需要随时更新它们。当用户有需要时，Trizic 的平台将自动更新所有受影响的账户。

**智能现金管理**：轻松地将资金转入和转出客户账户。如果无法获得无限制的现金，Trizic 将自动计算出售证券的最佳组合。

**方便的客户结算**：Trizic 的结算方案可以由客户定义结算周期和费率，然后来计算客户费用。该平台创建发票文件并将其发送给客户的托管人，托管人将借记客户账户并将资金转入客户公司的杂项账户。

**自动交易和重新平衡**：该平台使用 Trizic 的专有技术生成所有交易，包括重新平衡的交易。当然，客户也可以自行控制，只需单击即可执行或取消订单。

**简单的用户界面**：Trizic 利用简单的三步流程，支持无纸化账户开立。

**模块化功能集**：Trizic 的技术架构允许顾问挑选他们想要的平台功能，可以随时打开未使用的功能而不会出现问题或中断。

**轻松访问文档**：客户可以随时在线访问账户文档。这些文档包括账户报表、交易确认和税务文件。

**快速部署**：Trizic 专为高性能和易用性而设计，可以让托管支持的顾问在几个小时内使用他们的解决方案。

### 7.6.2 业务介绍

Trizic 主要为用户提供以下两类服务。

（1）Trizic Digital Advisor

Trizic Digital Advisor 通过网站为投资顾问及其客户提供服务。通过该项服务，投资顾问可以更智能地管理自己的客户，提供的服务包括自动执行证券交易、管理资产组合、进行后续调仓、生成分析报告和向客户收取费用等。投资顾问可以随时登录网站管理其用户的资产，而用户也可以随时登录查看自己的资产状况。

（2）Trizic Developer

Trizic Developer 为机构用户提供技术支持服务，为其提供 API 页面，将其在网站上提供的服务内嵌到机构客户的网站。

Trizic 在投资顾问和个人客户两个方向上都有相应的业务，具体见表 7.18：

表 7.18 Trizic 为投资顾问和个人客户提供的业务

| 帮助投资顾问 | 帮助投资顾问所服务的个人客户 |
| --- | --- |
| 聚合管理客户账户 | 线上开户 |
| 根据投资顾问制定的投资策略自动交易 | 实时查询账户 |
| 批量执行交易指令 | 投资组合分析 |
| 自动调仓 | 查看业绩 |
| 自动向客户收费 | 信息推送 |
| 根据组合表现生成报告 | 税收优化 |

资料来源：《清华金融评论》，安信证券研究中心。

我们再来介绍一下 Trizic 旗下面向投资顾问的线上管理软件 Trizic Accelerator。Trizic Accelerator 帮助投资顾问设计自己的网站，投资顾问可以通过网站更智能地管理客户，包括自动执行证券交易、管理资产组合、后续调仓、生成分析报告和收取费用等。与此同时，投资者还可以通过登录投顾网站，与投资顾问交流或浏览账户信息。

## 7.7 小结

在美国智能投顾由新生走向成熟的十余年中，其市场格局日益清晰，大致形成了三种主流模式，分别为第三方理财服务平台、传统金融机构旗下的智能投顾平台与智能投顾技术服务供应商。在本章中，我们分别选取了每种模式的代表性公司或平台进行介绍,解读美国主流智能投顾平台的经营模式及业务特征。

通过上文的介绍,我们可以明显地发现,在美国,不同类型的智能投顾平台拥有十分鲜明的特色。例如,第三方理财服务平台主要服务于个人理财客户,以中低净值人群为主要客户群;传统金融机构旗下的智能投顾平台主要服务于高净值人群;而智能投顾技术服务供应商则主要针对机构客户提供技术支持。美国智能投顾平台的战略定位和发展历程,可以为我国不同类型智能投顾企业的经营决策提供指导思路。

此外,本章尽可能详细地介绍了各个平台的主要业务流程、投资标的等。例如,各大智能投顾平台如何进行用户画像、风险测评、投资组合推荐和自动再平衡等;各大智能投顾平台主要投资于哪些类型的资产,及其配置比例。以上内容的阐述和分析,可以促使读者对美国智能投顾的运营主体有更深入的了解,也为我国智能投顾企业开展各类业务提供了参考和借鉴。

# 附录 1
# 《智能投顾合规监管指南》[①]

## 1. 智能投顾概述

人们通常把自动化投顾(Automated Advisers)俗称为"智能投顾"(Robo-advisers),它代表了投资咨询行业未来的发展趋势,有望为散户投资者提供更经济的投资咨询服务,并改变该行业的竞争格局。最初,许多智能投顾的目标用户是"千禧一代",但后来智能投顾在各个年龄段以及各种类别的投资者中都受到了越来越广泛的欢迎。智能投顾通常是注册投资顾问(Registered Investment Advisers)。它们利用在线算法程序等创新技术,自主地为客户提供资产管理服务。希望使用智能投顾的客户,需要将个人信息和其他相关数据输入交互式数字平台中(例如输入网站或手机 App)。根据这些信息,智能投顾将为客户生成投资组合,并管理客户的账户。

智能投顾有着不同的运行模式,它们能够提供多种类型的咨询服务。例如,智能投顾可与其客户进行不同层级的人机互动。有的直接向客户提

---

[①] 由美国证券交易委员会(SEC)于 2017 年 2 月发布。

供投资建议,人工投资顾问与客户之间的直接互动(如果有这种互动的话)非常有限。有的则不与客户直接交流,而是由人工投资顾问使用交互式平台向客户提供建议,通过与客户讨论和互动,创建完善的投资计划。智能投顾收集客户信息的方式也各不相同。例如,有的通过各种问卷来获取客户的信息。有的通过直接联系客户,或者让客户提供其他账户信息的方式,获取更多的信息。

鉴于这些智能投顾给市场带来了新的机遇和挑战,投资管理部(Division of Investment Management)与合规监督和审查办公室(Office of Compliance Inspections and Examinations)的工作人员一起对智能投顾的相关情况进行了考察与研究,以评估它们应如何履行《1940年投资顾问法》(Investment Advisers Act of 1940,以下简称《投资顾问法》)中规定的相应义务。美国证券交易委员会(Securities and Exchange Commission,SEC)于2016年11月14日举办了一次金融科技论坛(Fintech Forum),论坛中包含一个专门研究这些投资程序的信息通报小组。通过考察与研究,小组人员指出:根据其业务模式和运营情况,智能投顾在履行《投资顾问法》所规定的法律义务时,应谨记一些特别需要关注的事项。本指南旨在为智能投顾应如何应对其中的一些问题提供建议。工作人员还认为:根据《投资顾问法》,智能投顾可以通过不同的方式履行其对客户的义务,并且本指南中所涉及的问题并非适用于每个智能投顾。

本指南侧重于研究通过网络直接向客户提供服务的智能投顾。同时,对其他类型的智能投顾和注册投资顾问,也可能有一定的帮助。

## 2.《投资顾问法》下智能投顾应考虑的问题

与所有的注册投资顾问一样,智能投顾也要受《投资顾问法》中的实质性义务(Substantive Obligations)和信托义务(Fiduciary Obligations)的约束。智能投顾的运行依赖于算法;它们通过网络向客户提供咨询服务;人工投资顾问与客户之间即使有直接的互动,这种互动也非常有限。这些独特的运行模式可能会使得智能投顾在履行《投资顾问法》所规定的法律义务时,需要关注一些特定的事项。本指南重点关注以下三个不同的领域,并就智能投顾如何应对这些问题提出建议。

(1)向客户披露智能投顾的情况以及智能投顾提供投资咨询服务的内容及方式;

(2)从客户那里获取信息以支持智能投顾提供适当建议;

(3)采取并实施有效的合规管理制度,合理设计制度内容,以解决与自动化提供投资建议相关的特定问题。

除了本指南所着重讨论的《投资顾问法》义务,智能投顾还应当关注其项目的运行是否会涉及其他联邦证券法中的规定,包括《1940年投资公司法》(Investment Company Act of 1940),尤其是该法的第3a—4条。如果智能投顾在运作中出现了超出第3a—4条规定范围的特别情况,相关人员可以联系投资管理部的工作人员,以获得进一步的指导。

## 3. 信息披露内容和表述

客户能否作出明智的决策,取决于他(或她)从投资顾问那里获得什么样的信息。这些决策包括是否寻求投资顾问,以及如何管理与投资顾问的关系。作为受托人,投资顾问有责任将所有的重要事实向客户进行合理、全面的披露。而且在披露过程中,应注意使用适当的形式,以避免误导客户。所提供的信息必须足够具体,以便客户能够了解投资顾问的业务操作和相关的利益冲突。此类信息必须以客户能够理解的方式进行陈述。如果是书面形式,则应以客户能够读懂的形式呈现出来。

尤其需要注意的是,客户同智能投顾建立关系时,可能只经过了非常有限的人与人之间的互动(这还是在有人工与客户互动的情况下才会出现)。因此,客户能否明智地决定是否建立或者是否继续投资咨询关系,可能就完全取决于智能投顾的信息披露情况。这些电子化的信息披露可能是通过电子邮件、网站、App或其他电子媒体进行的。此外,鉴于它们运行模式的独特性——例如它们要依赖算法和互联网来提供顾问服务,智能投顾应向客户详细地说明它们存在的限制、风险以及顾问服务的运作详情。因此,如下所述,在进行信息披露时,智能投顾要通盘考虑以下几个问题:如何解释其运行模式;如何说明其提供的投资顾问服务范围;向客户提供重要信息时,以何种形式进行陈述。

### 3.1 运行模式的解释

关于智能投顾如何提供投资建议,客户可能会存在一些理解上的偏差。为了应对这一问题,智能投顾除了要像注册投资顾问一样披露一些重要的信息,还应披露有关其特定业务操作和相关风险的信息。智能投顾在披露信息时,应考虑以下几个方面的信息:

- 声明其将使用算法来管理客户的个人账户;
- 对管理客户账户的算法的功能进行说明(例如,向客户推荐的投资组合是由算法创建的;客户个人账户由算法来进行投资和调整);
- 对管理客户账户的算法使用了什么假设、有哪些局限性进行说明(例如,如果算法基于现代投资组合理论,那么就应该说明该理论背后的假设及其局限性有哪些);
- 对使用算法管理客户账户有哪些特别的固有风险应进行说明(例如,在调整客户的账户时,算法可能不会考虑当时的市场条件;其调整也可能比客户预期的更为频繁;算法可能不会考虑市场条件的长期变化等);
- 对智能投顾会在什么情况下推翻算法的决定应进行说明[例如,智能投顾可能会在紧张的市场条件(Stressed Market Conditions)下暂停交易或采取其他临时性的防御措施];
- 在算法的开发、管理和所有权的确定中,是否有第三方的参与。这种情形可能会产生哪些利益冲突(例如,第三方以折扣价将算法交付给智能投顾,但是该算法引导客户购买第三方收费的产品等);
- 对智能投顾向客户直接收取的费用以及客户可能会直接或间接承担的任何其他费用进行说明(例如,客户在顾问服务上可能要承担的支出或费用,比方说管理费或共同基金费用、经纪费和其他交易费用);
- 对监督、管理客户个人账户过程中的人工参与程度进行说明(例如,人工投资顾问会监督算法,但可能无法监管每个客户的账户);

- 智能投顾如何使用所收集的客户信息来生成推荐的投资组合,其局限性何在(例如,如果使用调查问卷,那么客户对调查问卷的作答可能是智能投顾提供建议的唯一依据;如果智能投顾可以获取客户的其他信息或者其他账户,那么它是否会使用——如果使用的话,如何使用这些信息来生成投资建议);

- 客户应当何时更新他(或她)向智能投顾提供的信息,以及如何更新这些信息。

### 3.2 顾问服务的范围

与所有注册投资顾问一样,智能投顾须对它们提供的投资顾问服务进行清晰的说明,并采取合理的措施,避免在服务范围的表述方面出现错误,以致严重地误导客户。例如,为了避免使客户产生误解,智能投顾应该注意不要进行以下几类暗示:

- 智能投顾实际上未向客户提供全面的理财计划,却暗示客户它会提供这样的计划(例如,智能投顾没有考虑客户的税务情况或债务情况,或者它提供投资建议仅针对特定的目标——例如支付大学学费或大额消费项目——而不考虑客户的综合财务状况);

- 提供投资亏损避税服务,却暗示其提供全面的税务顾问服务;

- 暗示除了利用调查问卷收集的信息,其他的信息在生成投资建议时也会被考虑(例如,客户向智能投顾、智能投顾的助手或者关联的第三方提供的其他账户信息;客户补充提交的信息),而实际上这些信息并未被考虑。

### 3.3 信息披露的表达

对于智能投顾的客户,可能会有人工投资顾问向他们强调并解释一些重要的概念,也可能没有人工投资顾问来做这样的事情。如果智能投顾在披露信息时用冗杂的文字或没有用平实的语言去陈述,那么客户可能就难以阅读或者理解这些信息。在对一些智能投顾的网站和相应的披露信息进行考察之后,我们发现它们向客户提供重要信息的实际做法各不相同。由于智能投顾通过在线披露的方式来提供此类信息,因此在表述关键信息、风险和免责声明时,可能会存在一些特别的问题。因此,我们提醒智能投顾要关注他们的书面披露是不是有效的(例如,表达的意思没有被掩盖或是无法理解)。特别是在陈述的方式上,我们建议智能投顾注意以下几个方面的问题:

- 是否在注册流程之前,完成了关键信息的披露,以便客户在注册并进行投资之前,就能获得作出明智决策所需的相关信息;
- 对于关键信息,是否进行了特别强调(例如,通过弹出框等方式进行强调);
- 对某些信息的披露,是否应附有互动文本(例如,通过提示信息等方式),或者通过其他的方式向寻求更多信息的客户提供额外的详细信息(例如,通过列出"常见问题"的方式);
- 在移动平台上进行披露的陈述方式和格式是否已针对该平台进行适当调整。

## 4. 提供适当投资建议

投资顾问的信托义务包括为客户的最佳利益考虑以及提供适当的投资建议。为履行这些义务,投资顾问必须根据客户的财务状况和投资目标,提出适合客户的合理的投资建议。

### 4.1 通过调查问卷收集客户信息

我们观察到,智能投顾在提供投资建议时,可能会主要依据(如果不是仅仅依据的话)客户通过在线问卷调查所提供的信息。我们审阅的问卷在长度和所涉及的信息种类上各不相同。例如,有的智能投顾根据客户的年龄、收入和理财目标为其创建推荐的投资组合。还有的智能投顾可能会通过调查问卷来获取其他更多的信息,例如投资经验、风险承受能力、生活及其他开销,以创建推荐的投资组合。我们还观察到,其中的一些调查问卷没有给客户提供相应的渠道,以便其提交更多的信息。还有些调查问卷的答案中没有适合客户的选项。此外,在有的调查问卷中,人工投资顾问无法对客户的回答进行后续跟进并分析其中的一些问题,无法解决客户答案中前后不一致的问题,也无法在客户填写调查问卷时向其提供帮助。鉴于这种互动的有限性,如果智能投顾想要通过调查问卷获取足够的信息,以完成其提出适当建议的义务,我们建议智能投顾要考虑以下几个方面的问题:

- 问卷中的问题是否能够获得足够的信息,从而让智能投顾可以根据客户的财务状况和投资目标,为客户量身定制初始的投资推荐和后续的投资建议;
- 问卷中的问题是否足够清楚,问卷是否在必要的时候给客户提供了附加的说明或者示例(例如,通过提示信息或弹出框等方式来实现这一目的);
- 对于客户在回答问卷过程中可能出现的前后不一致的问题,是否已采取相应的措施,例如:

——在调查问卷中增加提醒功能,当客户的回答存在内在不一致时,对其进行提醒,并建议其重新考虑自己的作答;

——对系统进行设计,使其能够自动标记客户提供的明显不一致的信息,以供智能投顾后续跟进审查。

## 4.2 客户导向的投资策略变更

很多智能投顾给客户提供选择的机会,客户可以选择推荐投资组合之外的其他组合。但是,有的智能投顾未给客户提供咨询人工投资顾问的机会,客户无法同人工投资顾问进行交流,以咨询其选择的投资组合是否合适、是否与其投资目标和风险状况相适应。这种情况下,客户选择的组合在智能投顾看来可能与其根据客户在问卷中的回答所判断的投资目标和风险状况不相符。因此,由于智能投顾有为客户的最佳利益考虑的义务,它应该对客户的选择进行评价,说明它为什么认为特定的投资组合可能更适合客户的投资目标和风险状况。在这方面,我们建议智能投顾可以考虑弹出框或者其他方法对客户进行提醒,让客户意识到其选择的投资组合可能与其理财目标不符。

## 5. 有效的合规管理制度

《投资顾问法》第 206(4)—7 条规定,注册投资顾问要制定其内部的合规管理制度,以保证其能够履行该法所规定的信托义务和实质性义务。为此,注册投资顾问必须合理地制定、实施并于每年定期审查其政策和程序,这些政策和程序应是书面形式的,并应考虑到其公司业务的性质以及此类业务所产生的风险。注册投资顾问还必须任命一名合规主管,该主管人员要掌握《投资顾问法》的内容,负责执行上述书面政策和程序。

在制定合规管理制度时,智能投顾应该注意到其运行模式中较为独特的一些情况。例如,智能投顾的运行依赖于算法;它们通过网络向客户提供顾问服务;人工投资顾问与客户之间即使有直接的互动,这种互动也非常有限。对于这一系列情况可能会导致或增加的风险,应通过书面形式的政策和程序予以应对。因此,除了传统投资顾问所应采取的政策和程序内容之外,智能投顾在制定并实施其书面的政策和程序时,还应将如下问题纳入考虑:

- 算法代码的开发、测试和回测检验[1],以及其运行后的业绩监测(例如,确保代码在编入智能投顾平台之前进行了充分的测试,并在其后定期测试;代码的表现同之前所描述的相一致;对代码的任何修改都不会对客户的账户产生负面影响);
- 调查问卷能够收集到充分的信息,以便智能投顾可以根据客户的财务状况和投资目标判断其最初的理财推荐和后续的投资建议是否适合该客户;
- 当算法代码的变更可能对客户的投资组合产生重大影响时,向客户披露这一变更;
- 智能投顾使用的算法代码或软件模块是由第三方开发、拥有或者管理时,须对第三方进行适当的监督;

---

[1] Backtesting,测定定量模型的一种方法,用计算机根据历史数据检验投资组合的构成和收益率,以确定选择的策略在过去是否有效。——编者注

- 检测、预防和应对网络安全威胁；
- 使用社交媒体和其他形式的电子媒体推广顾问服务（例如，网站、推特、付费请博主推广、"邀请好友"项目）；
- 对客户账户和关键顾问系统的保护。

## 6. 结　语

智能投顾代表着投资咨询行业的一种增长趋势，并有潜力使散户投资者能够以更可承受的价格获得投资咨询服务。作为注册投资顾问，智能投顾必须遵守《投资顾问法》的规定。本指南旨在为智能投顾提供建议，帮助其履行该法所规定的义务。随着投资咨询行业的不断创新，不断开发为客户提供咨询服务的新方式，SEC投资管理部将持续监督这些创新并在必要时实施保障措施，以帮助促进此类业务的发展并保护投资者权益。

# 附录2
# 《数字化投顾报告》[①]

## 1. 引　言

科技一直在金融服务创新领域扮演着重要的角色。目前,证券行业的许多公司推出了新的数字化投顾工具(Digital Investments Advice Tools),协助开发和管理投资组合。美国金融业监管局(Financial Industry Regulatory Authority,FINRA)对选定的一些数字化投顾工具进行了审查,以评估其发展情况。

本报告中的观察意见和推荐做法,来自FINRA与众多提供或使用数字化投资咨询工具的金融服务公司、供应商、国外证券监管机构的讨论以及我们的监管经验。金融服务公司包括经纪交易商和投资顾问。本报告中讨论的规则适用于经纪交易商。本报告中讨论的有效做法专门针对在FINRA注册的公司,但可能对金融专业人士也有参考价值。

数字化投顾工具的采用引发了关于金融专业人员的角色以及金融中介

---

[①] 由美国金融业监管局(FINRA)于2016年3月发布。

机构与其客户之间不断发展的关系的讨论。金融专业人员在提供投资咨询服务时将与数字化的服务一起扮演什么角色？投资者将在何种程度上依靠数字化投顾？软件如何认识客户？是否可以将受过良好培训的金融专业人员所提供的技能、知识和服务纳入软件？该软件能否提供合理的个人建议，尤其是对于有更复杂建议需求的客户？

我们暂时不回答这些问题。但不可否认，在许多证券公司中，技术在支持客户投资建议中的作用将会增强。本报告旨在提醒经纪交易商在 FINRA 规则下的义务，以及分享数字化投资咨询相关的有效做法，包括技术管理、投资组合开发和缓解利益冲突等。本报告也将投资者如何评估源自数字化投资咨询工具给出的投资建议这一问题纳入了考虑。

本报告不建立任何新的法律规定或更改任何现有经纪交易商监管义务。在整个报告中，我们确定了我们认为相关公司应考虑并针对其业务模型应进行的调整。

## 2. 术语说明

本报告所指的数字化投顾工具支持通过以下一种或多种主要活动来管理客户的投资组合：客户概况分析、资产配置、投资组合选择、交易执行、投资组合再平衡、投资亏损避税和投资组合分析。这些数字化投顾工具可分为两类：面向金融专业人员使用的工具和面向客户使用的工具。面向客户且包含以上前六项功能的工具，被称为智能投顾或"机器人顾问"。

## 3. 数字化投顾工具简史

金融从业者已经使用数字化投资咨询工具多年。这些工具可以帮助价值链中每个环节的金融专业人员。例如，制作投资者档案、制定资产配置方案或向投资者推荐特定证券。这些建议可能是单一证券或是为提供相应资料的投资者定制的投资组合。此外，数字化投顾工具可以帮助提出建议，以定期重新平衡投资者的投资组合或是使用投资亏损避税的措施。金融从业者使用的这些工具可以是自己公司研发、公司从第三方供应商收购或者金融从业者自己收购得来。

从20世纪90年代末起,可供投资者直接使用的投资工具规模开始扩大。部分公司开始推出在线资产配置工具。2005年,当美国全国证券交易商协会(NASD)的2210—2216号解释条款生效,允许经纪交易商将投资分析工具提供给投资者时,这一规模进一步扩大。FINRA将投资分析工具定义为"在采取某些投资策略或方式时,能够通过模拟和统计分析展示投资结果可能性的交互式技术工具"。

2008年金融危机之后,许多新进入者开始提供直接面向消费者的数字化金融工具,包括投顾工具。这些新进入者中的许多公司都来源于技术行业,为技术在金融服务中的作用带来了变革。这些公司开发的工具将此前只供金融从业者使用的功能提供给投资者使用。此外,工具的人工介入程度也大不相同。某些公司仅与客户进行在线互动,而另一些公司则提供可选择的或强制的人工服务。

在许多情况下,证券行业参与者正在使用自己的数字化投顾工具来顺应这一趋势。一些参与者正在开发或获取面向客户的投顾工具,而其他参与者正在开发或获取面向金融专业人员的工具,以增强他们为客户服务的能力。这些工具中包括一些高级分析工具(例如,评估客户风险承受能力或投资组合风险的工具)。在某些情况下,还包括演示界面,使金融专业人员能够在线向客户展示信息。供应商经常将这些工具定位为金融专业人员与客户进行更深入、更复杂的讨论的基础。

## 4. 管理和监督

对投资建议的管理和监督是FINRA指南中反复出现的主题,同样地,FINRA也对数字化投顾工具提出的投资建议进行了管理和监督。我们关注的监管重点在以下两个方面:①驱动数字化投顾工具的算法;②客户投资组合的构建,包括其中可能存在的利益冲突。

## 4.1 算法

算法是数字化投顾工具的核心。它们利用各种金融模型和假设,将输入的数据转化为具体的操作建议。算法将输入信息转化为输出的方法应该反映出公司完成特定任务的方法。例如,对投资者进行概况分析、重新平衡账户或进行投资亏损避税。如果算法针对其任务设计不佳或未正确编码,则其结果可能会偏离预期的结果,并对许多投资者产生不利影响。因此,至关重要的是公司需要有效地监管其数字化投顾工具所用的算法。首先,公司应当评估算法是否与公司的投资和分析方法一致。例如,一些面向客户的数字化投顾工具以现代投资组合理论为理论基础,根据客户的风险承受能力,进行被动型指数化投资。而其他公司则进行投资组合的主动管理。基于不同的方法设计算法,并由此得出的投资建议很有可能各不相同。

即使某些面向客户的数字化投顾工具采用了类似的理论和算法,但在具体的投资环节(如资产配置)中,这些算法呈现的结果也有可能各不相同。例如,Cerulli Associates 比较了 7 家面向客户的数字化投顾平台,它们对某位 27 岁的投资者为退休所做投资的资产配置存在较大差异。

这些例子凸显了工具开发公司的重要性。公司需要了解所用算法内在的方法,包括对不同场景下预期收益的基本假设、方法中存在的偏差或预设等信息,以及评估这些方法是否符合公司的投资理念。这些要求对内部开发以及外部购买的数字化投顾工具都同样适用。

人们对数字化投资建议的其他两个方面,即客户风险承受能力评估和投资组合分析的关注,增强了经纪商建立和实施对其数字化投顾工具的有效治理和监督的需求。FINRA 审查了旨在帮助金融从业者了解投资者风险承受能力的几种工具,这些工具有时还可以分析投资者的组合与其风险承受能力是否一致,并提出调整建议。FINRA 发现这些工具在完成这些任务上采用的方法差别很大。良好的治理和监管需要公司了解投资工具评估客户风险承受能力的方法是否与公司一致。

FINRA 还审查了帮助金融从业者及其客户了解潜在冲击对组合带来的影响的工具,这种潜在冲击包括石油价格下跌、全球经济衰退或地缘政治危机等。严谨的监管需要理解这类工具所用的分析方法及其基本假设(关于冲击事件对各类资产价格走势相关性的影响)。

此外,还需要了解算法不适用的情况。例如,对于夫妻双方拥有很多投资账户的客户,将投资亏损避税算法实施于仅仅一个账户可能是有害的。如果没有对夫妻投资组合的全面了解,这一算法反而会导致损失。

#### 4.1.1 算法管理与监督框架

数字化投顾工具依赖数据和算法提出投资建议。因此,为了确保投资建议符合相关证券法律和FINRA的规定,建立一个有效的管理与监督框架是十分重要的。这一框架包括:

(Ⅰ)初始审查

- 评估工具使用的方法对于具体环节是否适用,包括所有相关假设;
- 理解需要输入的数据;
- 测试输出结果,评估是否与公司的预期符合。

(Ⅱ)持续审查

- 评估工具使用的模型随市场和其他情况变化是否仍然适用;
- 定期测试工具的输出结果,确保符合预期;
- 确认监督责任人。

FINRA强调,使用数字化工具辅助提供建议的注册代表必须遵循适当性原则,在提供投资建议时,不能完全依赖于该工具而忽略了所需了解的证券和客户信息。

经纪交易商必须监督其从事的业务类型。作为监督主体的一部分,经纪交易商应当考虑所提供建议的性质,以及这些建议有多大程度来自数字化投顾工具。

除了前面讨论的有效做法,公司应当能够解决以下问题:

(Ⅰ)这些方法是否由独立的第三方测试?

(Ⅱ)公司能否向监管机构解释工具的工作原理以及是否符合法规要求?

(Ⅲ)是否设置异常报告以找出输出结果偏离预期的情况?如果设置,那么触发异常报告的参数是什么?

对于面向从业者的工具,以下问题也很重要:

(Ⅰ)从业者使用工具前,公司需要如何测试和培训?

(Ⅱ)测试不同的场景和假设时,从业者有怎样的自由权?

(Ⅲ)当从业者的建议与工具的输出不一致时,公司是否审查人工建议?

### 4.1.2 实践观察

根据 FINRA 的观察,许多公司采用某种形式的投资政策委员会来执行以下工作:

(Ⅰ)监督算法的开发和实施;

(Ⅱ)参加对第三方工具的尽职调查;

(Ⅲ)评估公司投资组合分析工具的使用场景。

根据不同的情况,这样的投资政策委员会可能归属于经纪商或是关联企业。

举例来说,有一家公司允许注册代表使用面向金融专业人士的数字化投顾工具,但要求所有此类工具都经过深入的审核和批准过程。审核结果是该公司大多数注册代表只能使用某两家公司认可的数字化投顾工具。工具的批准过程包括合规性检查和技术人员的严格审查。审查涵盖了软件的内部测试和供应商测试,以确保诸如问卷评分和结果能够按预期执行。此外,这些工具已被整合到公司的技术架构中,受到用户权利要求的保护,并经过审核才可在公司内部浏览器中发挥作用,从而增强了抵御网络攻击的能力。公司每天都会对工具进行测试,这些都是公司"Ready For Business"测试的一部分。

FINRA 观察到有些公司禁止注册代表在未经公司事先审查和批准的情况下使用数字化投顾工具,但有些公司则没有。某家公司除了允许注册代表使用公司预先批准的工具外,也允许他们使用没有经过公司审核的工具。对这些工具审核过程的缺失,将不利于公司监督使用这些工具的注册人员,不符合之前讨论的有效监管准则。

## 4.2 客户投资组合的构建、监测以及利益冲突的应对

除了算法方面,对于使用数字投顾工具提供给客户的投资组合,公司也

应进行管理和监督。此类工具大多基于客户的特征,为其匹配预先打包好的组合或证券。例如向保守型的投资者推荐保守的投资组合,将激进型的投资者置于激进的投资组合中。FINRA 审查的大多数公司会建立 5—8 种客户特征描述,少数公司可能更多。在这种情况下,作出使投资组合适合给定投资者的决定将非常重要。

投资组合的建立过程中可能存在利益冲突。在零售经纪业务的背景下,与数字化投顾工具特别相关的是员工与客户、公司与客户这两种冲突。对于纯粹的面向客户的工具,从业者不会介入咨询过程,因而消除了员工与客户存在的冲突。人机混合的工具是否同时面临两种冲突取决于从业者的激励机制。公司与客户的利益冲突在面向从业者和面向客户这两类工具中都会存在,例如,公司提供子公司的产品或服务,或者收取产品或服务提供商的报酬。

### 4.2.1 监管框架

对公司来说,一项有效做法是对数字化投顾工具可能提出的投资组合进行监督和管理。具体包括:

(Ⅰ)对于给定的投资者特征,确定对应的组合特性,例如,收益情况、投资组合的多元化、信用风险和流动性风险;

(Ⅱ)建立组合中证券的筛选标准,例如,成本、指数跟踪误差、流动性风险和信用风险;

(Ⅲ)为每个组合选择合适的证券,如果是通过算法选择的,则须参照算法管理中的规定进行监督;

(Ⅳ)检测预先打包的投资组合,评估其绩效和风险特性(如波动性)是否适合特定投资者;

(Ⅴ)找出和减少由于加入某一特定证券而导致的利益冲突。

审查机制中应包含独立于相关业务的人员,以及可以在总体投资组合策略和单一证券选择这两方面提供建议的人员。

### 4.2.2 实践观察

与算法的监督相同,FINRA 所了解的机构大多通过投资政策委员会(或类似部门)建立和审查通过数字化投顾工具提供的客户特征描述及预先打包的投资组合。委员会成员有些来自公司内部，有些则是外部人员。许多面向客户的数字化投顾工具使用 ETFs 构建投资组合，通用选择标准包括成本、指数跟踪误差、流动性和买卖价差。

不同机构对证券选择过程中的利益冲突的管理方式各有不同。一些提供面向客户的数字化投顾工具的金融服务公司，通过不提供自营资产、不提供收入分成资产来避免冲突。其他公司则采取审核和披露的方式。FINRA Rule 2214 中的某些原则对于数字化投顾工具中存在的冲突是适用的。具体来说，如果数字化投顾工具偏爱某类证券，经纪交易商应当进行披露，解释选择原因，并指出与未选择证券相比，该类证券在成本结构等特性上的优点或近似之处。

## 5. 投资者分析

了解客户的投资目标、财务状况、详细情况（即投资者分析）是提供优质的投资咨询服务必不可少的一步。FINRA 认为无论投资建议是来自专业人工投资顾问还是算法，客户分析的核心原则都是适用的。

投资者分析功能是数字化投顾工具的关键组成部分。投资者分析的有效做法包括：

（Ⅰ）确定用于准确分析客户的关键信息；

（Ⅱ）评估客户的风险承受能力和风险承受意愿；

（Ⅲ）处理分析客户问卷调查中出现的互相矛盾或不一致的答案；

（Ⅳ）评估投资（相对于偿债或储蓄）对于特定客户来说是否合适；

（Ⅴ）定期联系客户，确定其具体情况是否发生了变化；

（Ⅵ）为分析工具制定适当的管理和监督机制。

5.1 进行投资者分析的信息需求

建立客户档案的一个关键问题是，为了基于充分的投资者分析作出优质投资建议，哪些信息是必要的？FINRA 已经对经纪交易商规定了信息收集的最低要求。FINRA Rule 2090 要求经纪交易商在客户开户和后续工作中努力了解关于客户的重要事实。对于咨询服务,FINRA Rule 2111 要求经纪交易商应当努力获得并分析客户的投资情况,包括但不限于:顾客的年龄、其他投资、财务状况和财务需求、纳税情况、投资目标、投资经验、投资期、流动性需求、风险承受能力以及客户提供给咨询服务人员的其他信息。该规则还指出,各因素的重要程度取决于具体案例的实际情况。

一般来说,FINRA 观察到的面向金融从业者的工具可用于收集广泛的客户信息。有些工具能帮助从业者得到客户整体投资组合的信息,而不仅仅获得单一账户、配偶账户、退休收入(如社会保障和养老金)和客户财务状况(如消费)的信息。最根本的是,金融从业者可以通过向客户问问题获得补充信息,细致入微地了解客户需求,但这一工作的有效性很大程度上取决于金融从业者的个人技能。

相比之下,面向客户的数字化投顾工具依赖于一系列问题来进行客户分析。在 FINRA 审查的工具中,提出的问题从 4 个到 12 个不等,大多可归为五大类:个人信息、财务信息、投资目标、投资期和风险承受能力。

综上,关于数字化投资咨询工具有几个方面值得关注,包括它们

(Ⅰ)是否收集并充分分析所有必需的客户信息,以作出适当决定;

(Ⅱ)是否处理客户资料调查表中相矛盾的回答;

(Ⅲ)是否提供与客户分析情况相符合的合适证券或投资策略。

下列问题有助于评估工具的输出是否满足适用性要求:

(Ⅰ)该工具是否获得了所有必要的投资分析因素?如果没有,公司是否有合理根据认为遗漏的要素不重要?

(Ⅱ)工具如何处理客户分析问卷中相矛盾的回答?

(Ⅲ)在确定某证券或投资策略是否适合客户时所依据的标准、假设和限制是什么?

(Ⅳ)工具是否偏向于某特定证券?如果是,这种偏向的根据是什么?

(Ⅴ)工具是否考虑了集中度水平?如果考虑了,是在什么水平(特定证券、资产类还是行业部门)考虑的?

## 5.2 评估投资者的风险容忍度

风险容忍度是在进行投资者分析和提供投资建议时需要考虑的重要因

素,其至少可以分为两个维度:风险承受能力和风险承受意愿。FINRA 管理的经纪交易商有义务在评估客户风险容忍度时同时考虑这两个维度。

风险承受能力衡量了投资者承担风险或承受损失的能力,它可以取决于投资者的投资期、流动性需求、投资目标和财务状况。

而客户的风险承受意愿衡量的是客户对风险的态度。例如,为了更高收益愿意承受 20%损失的客户比重点保护本金的客户有更高的风险承受意愿。当风险承受意愿超出风险承受能力时可能会出现问题。

FINRA 观察到公司采用了多种方法评估客户风险承受能力。这里我们关注两种做法:

（Ⅰ）衡量风险承受意愿的方法;

（Ⅱ）衡量组合中与投资者风险承受能力相关的风险的方法。

评估投资者风险承受意愿有多种方法。最基本的方法是,让投资者从预先设定的分级中选择,进行自我评估。分级一般从保守型到激进型。

有些评估风险承受意愿的方法是基于场景的,可能依照投资者的实际经历进行设定。例如,某个面向客户的数字化投顾工具询问以下问题:"你有没有在一年内损失 20%以上的投资";如果回答"是",那么下一个问题是"在我损失 20%的这一年,我:①全部卖出;②卖出一部分;③什么也没做;④重新配置投资;⑤买入更多。"

其他方法要求投资者回答假设性问题。某个数字化投顾工具询问投资者为达到特定收益愿意承担多少金额的风险。投资者可以使用滑块调整到他们可以接受的损失和收益水平。另一个风险评估工具要求用户在一条假设的预算线上选择包含两个证券的组合。该工具要求用户在不同的预算下选择多次,汇总用户的答案来评估用户的风险承受能力。

有些公司将风险承受能力评估工具与投资组合分析工具结合起来。例如,某公司评估客户的风险承受能力与其投资组合中所持证券量是否存在一致性。

还有一些工具允许金融从业者选择多种场景,对客户的账户进行模拟风险分析。模拟场景包括新兴市场经历"硬着陆"、中国经济增长放缓或美国信用评级被下调等。

### 5.3 相互矛盾或不一致的答案

在回答调查问卷的过程中,客户可能提供相互矛盾的答案,公司需要寻求协调方法。方法包括与客户讨论,或在纯数字化环境中使客户意识到答案的矛盾性并通过询问附加问题来处理矛盾等。

FINRA观察到有些公司对矛盾的答案取平均,或直接选择最保守的答案。取平均是不合理的,可能导致客户投资于超越他(或她)风险承受能力的投资组合。相比之下,直接选最保守的答案减少了发生不可接受的损失的可能性,但是仍然可能导致客户的投资组合无法反映其想承担的风险。

### 5.4 投资、储蓄还是偿还债务?

对于投资者来说,开立投资账户的阈值问题是,投资是不是合适的做法。在某些情况下,偿还债务或储蓄或许更好。

一种有效的做法是,公司充分了解客户的财务状况,帮助客户意识到什么情况下投资可能不适合他们。FINRA观察了此类公司。其中某家公司为可投资资产范围在5 000至100 000美元之间的客户服务。这家公司会询问潜在客户的每月净收入,以帮助确定投资是不是合适的选择。另一家公司服务的客户群相对更富裕,公司使用有关投资期和风险承受能力的问题,来确定客户是否太保守而不适合投资。此外,另一家公司虽然没有直接解决客户是否应该投资的问题,但它经常通过提问题的方式,督促客户保持足够的储蓄,以能够保证支付至少6个月的支出。

### 5.5 客户资料更改

FINRA监管的经纪交易商都需要按照FINRA Rule 2090的要求维护客户的基本信息,随着数字化战略的发展,部分公司可能会让客户在网上修改他们的资料。如果投资者频繁更改他们的个人资料,经纪交易商的一个有效做法是联系投资者,了解投资者做这些更改的原因。

### 5.6 数字化投顾的适当性

公司的一项有效做法是,通过提问确定客户的咨询需求是否能完全通过数字化方法满足。例如,纯数字化投顾工具可能无法帮助客户整合管理多个投资账户和多个投资目标。这种情况下,需要引荐专业人工咨询顾问。

## 6. 再平衡

为了保持目标资产配置,投资组合再平衡是必不可少的。若投资组合的成分偏离预设的目标,或目标本身发生了变化,就需要进行再平衡。当组合的成分证券表现不一致时会导致某些资产权重过高或过低,就会发生组合偏离。这可能由某类资产或证券的市场波动引起。

关于再平衡的有效做法包括:

（Ⅰ）使客户明确树立投资组合再平衡的理念;

（Ⅱ）告知客户再平衡的潜在成本和税务影响;

（Ⅲ）告知客户再平衡的运作方式。包括:如果公司使用偏离阈值来确定何时再平衡,应当披露阈值是多少以及阈值按资产类别是否有区别;如果再平衡是定期进行,则应当披露是每月、每季还是每年;

（Ⅳ）制定政策和程序,确定工具在重大市场波动发生时应当如何工作;

（Ⅴ）寻找最大限度减少再平衡对税收的影响的方法。

投资组合再平衡的一种方法是使用客户的现金流。数字化投顾工具可以用多种来源的资金进行再平衡,包括存款、股利、再投资。通常情况下,公司使用投资流入和流出来恢复投资组合的目标配置。当投资组合偏离较少时,可以直接使用股息和再投资进行再平衡。因为相对头寸规模而言,股息和再投资的规模不会很大。

当现金流入和流出都不足以达到目标配置时,部分数字化投顾工具可能重新配置账户内已有的资产以达到目标权重。重新分配账户中的资产通常会涉及资产的购买和出售,可能使客户承受佣金费用,并在应税账户中反映为资本的增值或损失。

FINRA审查的面向客户的工具中,再平衡的触发各有不同。某家公司使用了3%的明确阈值来启动再平衡,且每天都进行组合偏离监测。相比之下,另一家公司的投资管理委员会根据需要随时再平衡,以应对市场事件。类似地,还有两家公司检测客户的投资组合,并定期进行必要的再平衡,但没有说明具体的偏离参数。

根据阈值限制和进行再平衡审查的频率,数字化投顾工具可能执行众多的再平衡交易。以下问题可能有助于进行评估:

（Ⅰ）工具是否允许自动再平衡?

（Ⅱ）工具进行组合再平衡的触发条件是什么?

（Ⅲ）再平衡平均多长时间发生一次?

（Ⅳ）再平衡是否存在添加或移除特定证券的可能性,从而需要再一次进行客户适用性分析?

（Ⅴ）再平衡会导致过多佣金或导致不利的税务问题吗?

## 7. 培训

培训和教育对使用数字化投顾工具的客户来说至关重要。FINRA 观察的一些面向金融从业者的工具可以提供先进的分析,但是能否有效地使用它们并将输出结果与用户进行有效沟通,取决于从业者对分析方法的基本假设和结果的潜在限制的理解。

有效的做法包括培训金融从业者:

（Ⅰ）合理使用数字化投顾工具;

（Ⅱ）了解工具的关键假设和限制;

（Ⅲ）了解工具不适用于特定客户的情况。

以上也是评估第三方供应商提供的培训是否充分的有效做法。

大多数公司在允许金融从业者使用数字化投顾工具之前要求其参加培训项目。培训可以针对具体工具进行,也可以嵌入公司标准的适用性培训中。此外,一些公司可在从业者的要求下随时提供培训。

数字化投顾工具的第三方供应商经常在培训中起到一定作用。与 FINRA 交流过的供应商通常提供与金融从业者一对一的介绍性培训,以确保他们了解如何使用工具,以及根据输出结果为客户进行配置。一些供应商也为从业者提供每周一到两次的现场培训活动,例如,学习更多该工具所基于的理论方法。此外,一些厂商还提供临时或后续培训,但有时是收费的。

## 8. 给投资者的建议

数字化投顾工具的使用,使得投资者在开立和维护投资账户时,应提出的问题以及应获得和了解的信息,产生了一些细微的差异。我们在这里阐述一些注意事项。

优质的投资建议有赖于对投资者特殊需要和个人情况的充分理解。投资者评估其金融服务公司是否收集了足够的信息,是否询问了足够的问题来了解他们的需求和风险承受能力,以及这些因素是否反映在收到的建议当中。如果投资者认为一些相关的信息没有被考虑在内,应当在做投资决策前向金融服务公司提出这一问题。

投资者应当注意,他们收到的有关资产配置和投资组合构建的建议很大程度上取决于数字化投顾工具所用算法的投资方法以及模型的基本假设。投资者应当尽可能地熟悉这些投资方法和关键假设,从而理解证券推荐和资产配置结果是怎样得出的。

由于收到的建议可能存在利益冲突,投资者应当评估这些冲突是否减弱了建议的客观性。数字化投顾工具不一定能消除利益冲突。冲突可能包括,在面向从业者时对注册代表的佣金支付和其他奖励,在面向客户时收入分享或出售自营产品的情况。

对于任一账户,投资者应当了解他们将得到的特定服务及其成本。对此,投资者应当咨询与服务相关的所有费用,包括来自第三方的费用,如共同基金管理费。

由于某些账户提供再平衡和投资亏损避税之类的功能,投资者应当了解这些功能是如何运行的。如果投资者的账户被自动再平衡,投资者应该知道这是定期进行(如每季一次)还是基于组合偏离触发(例如,偏离超过5%以上),还是用其他的方法。投资者应当了解剧烈市场波动下的安全保障措施是什么(如果有的话)。再平衡可能会产生费用或税收负担,因此投资者应该询问其财务后果。

## 9. 结　语

　　数字化投顾工具很可能会在财富管理中发挥越来越重要的作用,保护投资者应当成为公司发展其数字化投顾能力中最重要的目标。公司需要建立和维护投资者保护的基本原则。原则的关键因素包括了解客户需求、使用具有完善理论基础的工具、了解这些工具的局限性。FINRA 相信本报告中列出的有效做法将帮助公司在使用数字化投顾工具时推进其投资者保护的目标。

# 附录 3
# 《证券投资顾问业务暂行规定》[①]

**第一条** 为了规范证券公司、证券投资咨询机构从事证券投资顾问业务行为,保护投资者合法权益,维护证券市场秩序,依据《证券法》、《证券公司监督管理条例》、《证券、期货投资咨询管理暂行办法》,制定本规定。

**第二条** 本规定所称证券投资顾问业务,是证券投资咨询业务的一种基本形式,指证券公司、证券投资咨询机构接受客户委托,按照约定,向客户提供涉及证券及证券相关产品的投资建议服务,辅助客户作出投资决策,并直接或者间接获取经济利益的经营活动。投资建议服务内容包括投资的品种选择、投资组合以及理财规划建议等。

**第三条** 证券公司、证券投资咨询机构从事证券投资顾问业务,应当遵守法律、行政法规和本规定,加强合规管理,健全内部控制,防范利益冲突,切实维护客户合法权益。

**第四条** 证券公司、证券投资咨询机构及其人员应当遵循诚实信用原则,勤勉、审慎地为客户提供证券投资顾问服务。

**第五条** 证券公司、证券投资咨询机构及其人员提供证券投资顾问服

---

[①] 我国证监会于 2010 年发布。

务,应当忠实客户利益,不得为公司及其关联方的利益损害客户利益;不得为证券投资顾问人员及其利益相关者的利益损害客户利益;不得为特定客户利益损害其他客户利益。

**第六条** 中国证监会及其派出机构依法对证券公司、证券投资咨询机构从事证券投资顾问业务实行监督管理。中国证券业协会对证券公司、证券投资咨询机构从事证券投资顾问业务实行自律管理,并依据有关法律、行政法规和本规定,制定相关执业规范和行为准则。

**第七条** 向客户提供证券投资顾问服务的人员,应当具有证券投资咨询执业资格,并在中国证券业协会注册登记为证券投资顾问。证券投资顾问不得同时注册为证券分析师。

**第八条** 证券公司、证券投资咨询机构应当制定证券投资顾问人员管理制度,加强对证券投资顾问人员注册登记、岗位职责、执业行为的管理。

**第九条** 证券公司、证券投资咨询机构应当建立健全证券投资顾问业务管理制度、合规管理和风险控制机制,覆盖业务推广、协议签订、服务提供、客户回访、投诉处理等业务环节。

**第十条** 证券公司、证券投资咨询机构从事证券投资顾问业务,应当保证证券投资顾问人员数量、业务能力、合规管理和风险控制与服务方式、业务规模相适应。

**第十一条** 证券公司、证券投资咨询机构向客户提供证券投资顾问服务,应当按照公司制定的程序和要求,了解客户的身份、财产与收入状况、证券投资经验、投资需求与风险偏好,评估客户的风险承受能力,并以书面或者电子文件形式予以记载、保存。

**第十二条** 证券公司、证券投资咨询机构向客户提供证券投资顾问服务,应当告知客户下列基本信息:

(一)公司名称、地址、联系方式、投诉电话、证券投资咨询业务资格等;

(二)证券投资顾问的姓名及其证券投资咨询执业资格编码;

(三)证券投资顾问服务的内容和方式;

(四)投资决策由客户作出,投资风险由客户承担;

(五)证券投资顾问不得代客户作出投资决策。

证券公司、证券投资咨询机构应当通过营业场所、中国证券业协会和公司网站，公示前款第（一）、（二）项信息，方便投资者查询、监督。

**第十三条** 证券公司、证券投资咨询机构应当向客户提供风险揭示书，并由客户签收确认。风险揭示书内容与格式要求由中国证券业协会制定。

**第十四条** 证券公司、证券投资咨询机构提供证券投资顾问服务，应当与客户签订证券投资顾问服务协议，并对协议实行编号管理。协议应当包括下列内容：

（一）当事人的权利义务；

（二）证券投资顾问服务的内容和方式；

（三）证券投资顾问的职责和禁止行为；

（四）收费标准和支付方式；

（五）争议或者纠纷解决方式；

（六）终止或者解除协议的条件和方式。

证券投资顾问服务协议应当约定，自签订协议之日起5个工作日内，客户可以书面通知方式提出解除协议。证券公司、证券投资咨询机构收到客户解除协议书面通知时，证券投资顾问服务协议解除。

**第十五条** 证券投资顾问应当根据了解的客户情况，在评估客户风险承受能力和服务需求的基础上，向客户提供适当的投资建议服务。

**第十六条** 证券投资顾问向客户提供投资建议，应当具有合理的依据。投资建议的依据包括证券研究报告或者基于证券研究报告、理论模型以及分析方法形成的投资分析意见等。

**第十七条** 证券公司、证券投资咨询机构应当为证券投资顾问服务提供必要的研究支持。证券公司、证券投资咨询机构的证券研究不足以支持证券投资顾问服务需要的，应当向其他具有证券投资咨询业务资格的证券公司或者证券投资咨询机构购买证券研究报告，提升证券投资顾问服务能力。

**第十八条** 证券投资顾问依据本公司或者其他证券公司、证券投资咨询机构的证券研究报告作出投资建议的，应当向客户说明证券研究报告的发布人、发布日期。

**第十九条** 证券投资顾问向客户提供投资建议,应当提示潜在的投资风险,禁止以任何方式向客户承诺或者保证投资收益。鼓励证券投资顾问向客户说明与其投资建议不一致的观点,作为辅助客户评估投资风险的参考。

**第二十条** 证券投资顾问向客户提供投资建议,知悉客户作出具体投资决策计划的,不得向他人泄露该客户的投资决策计划信息。

**第二十一条** 证券公司、证券投资咨询机构从事证券投资顾问业务,应当建立客户回访机制,明确客户回访的程序、内容和要求,并指定专门人员独立实施。

**第二十二条** 证券公司、证券投资咨询机构从事证券投资顾问业务,应当建立客户投诉处理机制,及时、妥善处理客户投诉事项。

**第二十三条** 证券公司、证券投资咨询机构应当按照公平、合理、自愿的原则,与客户协商并书面约定收取证券投资顾问服务费用的安排,可以按照服务期限、客户资产规模收取服务费用,也可以采用差别佣金等其他方式收取服务费用。证券投资顾问服务费用应当以公司账户收取。禁止证券公司、证券投资咨询机构及其人员以个人名义向客户收取证券投资顾问服务费用。

**第二十四条** 证券公司、证券投资咨询机构应当规范证券投资顾问业务推广和客户招揽行为,禁止对服务能力和过往业绩进行虚假、不实、误导性的营销宣传,禁止以任何方式承诺或者保证投资收益。

**第二十五条** 证券公司、证券投资咨询机构通过广播、电视、网络、报刊等公众媒体对证券投资顾问业务进行广告宣传,应当遵守《广告法》和证券信息传播的有关规定,广告宣传内容不得存在虚假、不实、误导性信息以及其他违法违规情形。证券公司、证券投资咨询机构应当提前5个工作日将广告宣传方案和时间安排向公司住所地证监局、媒体所在地证监局报备。

**第二十六条** 证券公司、证券投资咨询机构通过举办讲座、报告会、分析会等形式,进行证券投资顾问业务推广和客户招揽的,应当提前5个工作日向举办地证监局报备。

**第二十七条** 以软件工具、终端设备等为载体,向客户提供投资建议或

者类似功能服务的,应当执行本规定,并符合下列要求:

(一)客观说明软件工具、终端设备的功能,不得对其功能进行虚假、不实、误导性宣传;

(二)揭示软件工具、终端设备的固有缺陷和使用风险,不得隐瞒或者有重大遗漏;

(三)说明软件工具、终端设备所使用的数据信息来源;

(四)表示软件工具、终端设备具有选择证券投资品种或者提示买卖时机功能的,应当说明其方法和局限。

**第二十八条** 证券公司、证券投资咨询机构应当对证券投资顾问业务推广、协议签订、服务提供、客户回访、投诉处理等环节实行留痕管理。向客户提供投资建议的时间、内容、方式和依据等信息,应当以书面或者电子文件形式予以记录留存。证券投资顾问业务档案的保存期限自协议终止之日起不得少于5年。

**第二十九条** 证券公司、证券投资咨询机构应当加强人员培训,提升证券投资顾问的职业操守、合规意识和专业服务能力。

**第三十条** 证券公司、证券投资咨询机构以合作方式向客户提供证券投资顾问服务,应当对服务方式、报酬支付、投诉处理等作出约定,明确当事人的权利和义务。

**第三十一条** 鼓励证券公司、证券投资咨询机构组织安排证券投资顾问人员,按照证券信息传播的有关规定,通过广播、电视、网络、报刊等公众媒体,客观、专业、审慎地对宏观经济、行业状况、证券市场变动情况发表评论意见,为公众投资者提供证券资讯服务,传播证券知识,揭示投资风险,引导理性投资。

**第三十二条** 证券投资顾问不得通过广播、电视、网络、报刊等公众媒体,作出买入、卖出或者持有具体证券的投资建议。

**第三十三条** 证券公司、证券投资咨询机构及其人员从事证券投资顾问业务,违反法律、行政法规和本规定的,中国证监会及其派出机构可以采取责令改正、监管谈话、出具警示函、责令增加内部合规检查次数并提交合规检查报告、责令清理违规业务、责令暂停新增客户、责令处分有关人员等监管措施;情节严重的,中国证监会依照法律、行政法规和有关规定作出行政处罚;涉嫌犯罪的,依法移送司法机关。

**第三十四条** 证券公司从事证券经纪业务,附带向客户提供证券及证券相关产品投资建议服务,不就该项服务与客户单独作出协议约定、单独收取证券投资顾问服务费用的,其投资建议服务行为参照执行本规定有关要求。

**第三十五条** 本规定自 2011 年 1 月 1 日起施行。

# 参考文献

36氪.被玩坏了的智能投顾,鼻祖 Betterment 这两年活得有点难[EB/OL].(2017-07-27)[2019-08-25].https://www.sohu.com/a/160248439_114778.

ASOPlus.案例分析:Mint 是如何走上巅峰的?[EB/OL].(2017-07-08)[2019-10-28].http://www.chanpin100.com/article/104212.

CAM 中企矩阵.区块链+智能投顾的可行性初探[EB/OL].(2018-09-26)[2019-11-01].https://blog.csdn.net/weixin_42673075/article/details/82852559.

埃森哲.智能投顾在中国[EB/OL].(2018-06-16)[2019-09-15].https://www.useit.com.cn/thread-19370-1-1.html.

百度文库.互联网金融公司 Wealthfront 分析[DB/OL].(2016-05-03)[2019-07-24].https://wenku.baidu.com/view/596d413f0242a8956aece402.html.

百度文库.深度剖析投行巨头金融科技战略——摩根士丹利财富管理转型之路[DB/OL].(2019-03-20)[2019-08-09].https://wenku.baidu.com/view/8ed206068662caaedd33 83c4bb4cf7ec4afeb68a.html.2019-03-20/2019-08-16.

保罗·西罗尼.金融科技创新[M].北京:中信出版社,2017.

财富管理.从 FinTech 到 FinLife[EB/OL].(2016-08-17)[2019-07-30].http://www.sohu.com/a/110968870_467320.

陈晨,王晓俊,徐轶人.人工智能在金融投资领域应用与发展[J/OL].(2017-05-15)[2019-07-30].交易技术前沿.http://www.sse.com.cn/services/tradingservice/tradingtech/sh/transaction/.

陈自强,王晓国,解学成.美国证券行业自律组织:演变、职能和经费保障[A].中国证券业协会.创新与发展:中国证券业2012年论文集[C].北京:中国财政经济出版社,2012:383-392.

点滴科技资讯.摩根大通个人银行战略全解析:技术人才、移动银行应用、信用卡和支付、财富管理[EB/OL].(2018-09-29)[2019-07-25].https://cloud.tencent.com/developer/article/1349763.

范毓婷,郑子辉,王喻.智能投顾的现状与发展趋势[J].信息通信技术与政策,2019(06):67-70.

翟莱花.高校开设人工智能专业:看似美好,但难以作出实效[DB/OL].(2018-06-25)[2019-08-10].https://www.iyiou.com/p/75430.html.

顾晗.智能投顾业务的类型化风险剖析及法律优化路径[D].华东政法大学,2018.

郭雳,赵继尧.智能投顾发展的法律挑战及其应对[J].证券市场导报,2018(06):73-80.

韩飚,胡德.人工智能在金融领域的应用及应对[J].武汉金融,2016(07):46-47+50.

合晶睿智.智能投顾:美国为橘、中国为枳?[EB/OL].(2019-07-04)[2019-11-13].http://finance.sina.com.cn/money/fund/fundzmt/2019-07-04/doc-ihytcerm1356679.shtml.

蒋佳霖,孙乾.智能投顾,技术为镐,蓝海掘金[EB/OL].(2019-06-13)[2019-11-13].兴业证券.http://www.hibor.com.cn/docdetail_2639982.html.

教育部.顶尖人才仍然稀缺高校如何发力人工智能人才培养[EB/OL].(2018-04-25)[2019-07-10].http://www.moe.gov.cn/jyb_xwfb/s5147/201804/t20180425_334153.html?authkey=05l0v2.

教育部.教育部关于公布2018年度普通高等学校本科专业备案和审批结果的通知[EB/OL].(2019-03-25)[2019-07-30].http://www.moe.gov.cn/srcsite/A08/moe_1034/s4930/201903/t20190329_376012.html.

教育部.教育部关于印发《高等学校人工智能创新行动计划》的通知[EB/OL].(2018-04-02)[2019-11-13].http://www.moe.gov.cn/srcsite/A16/s7062/201804/t20180410_332722.html?from=groupmessage&isappinstalled=0.

聚培训.美国哪些大学有区块链专业[EB/OL].(2018-06-28)[2019-08-18].https://www.jupeixun.cn/news/187172.html.

赖庆晟.智能投顾:一个文献综述[J].时代金融,2018(09):223-224+226.

赖莎,朱晓宁.我国智能投顾发展探究[J].现代商贸工业,2019,40(19):93-94.

兰柳.哥伦比亚大学人工智能专业课程体系研究[J].经济师,2019(03):208-209.

黎致雅,杨向乐,林丽珠.智能投顾,投资理财的新时代[J].时代金融,2018(30):358-359+362.

李劲松,刘勇.智能投顾:开启财富管理新时代[M].第1版.北京:机械工业出版社,2018.

李苗苗,王亮.智能投顾:优势、障碍与破解对策[J].南方金融,2017(12):76-81.

李太尧.研究资本资产定价模型(CAPM)在证券行业的有效性——以上交所上市证券公司为例[J].市场周刊,2019(05):122-123.

零壹财经.摩根大通推出智能投顾服务 YouInvest[EB/OL].(2019-07-12)[2019-11-13].http://www.01caijing.com/article/42304.htm.

刘斌.中国金融科技应用水平引领全球未来需要在监管、创新等多方面加强[J].中国战略新兴产业,2018(37):84-87.

刘冬洋.江恩投资理论的核心思想及其应用研究[D].东北财经大学,2010.

刘烈奎.区块链和大数据在金融行业的应用研究[J].财经界,2019(03):71-73.

刘沛佩.我国证券市场智能投顾发展的监管思考[J].证券市场导报,2019(01):62-69.

刘亚东.美国证券交易委员会监管政策的演变[D].中国社会科学院研究生院,2013.

罗炜玮.证券智能投顾的概念、准入及算法规制[J].海南金融,2019(02):75-81.

马溯纲.美国机器人投顾发展模式及对国内券商的启示[J].金融纵横,2018(06):41-49.

孟小峰,慈祥.大数据管理:概念、技术与挑战[J].计算机研究与发展,2013,50(01):146-169.

莫涛.深度:智能投顾的发展现状和未来发展趋势[EB/OL].(2017-03-07)[2019-11-13].http://www.sohu.com/a/128152366_454523.

脑极体.中国高校为什么在人工智能中这么没存在感[DB/OL].(2018-02-02)[2019-07-16].https://baijiahao.baidu.com/s?id=1591300457283161501&wfr=spider&for=pc.

欧阳剑环,林婷婷.模型同质化严重智能投顾直面"业绩杀"[EB/OL].(2018-08-03)[2019-08-10].http://finance.eastmoney.com/a/20180803918907272.html.

区块链资讯快报.关于 AIQT 量化交易系统[EB/OL].(2019-03-12)[2019-08-10].https://bihu.com/article/1189062077.

日经中文网.世界顶级人工智能研发人才多集中于美国,中国仅占10%[DB/OL].(2019-06-05)[2019-11-13].http://ca800.com/news/d_1o194quvu85b1.html.

商讯.AIQT 交易系统场景化使用介绍[EB/OL].(2019-05-10)[2019-11-13].http://js.ifeng.com/a/20190510/7425328_0.shtml.

沈绍炜.智能投顾,传统银行需顺势而为![J].经理人,2018(03):60-63.

搜狐网.作为美国资管业第一梯队,先锋基金如何做智能投顾?[EB/OL].(2017-08-08)

[2019-09-10].https://www.sohu.com/a/163067327_114877.

孙清云,赵艳群.国内传统金融机构智能投顾业务发展探讨——以摩羯智投为例[J].国际金融,2017(09):34-39.

陶振明.资管新规对智能投顾发展影响简析[J].时代金融,2018(27):230+234.

同济大学智能投顾实验室,羽时金融.2018智能投顾白皮书[R],2018.

外汇天眼.摩根大通推出零售投资服务,最低入金2500美元[EB/OL].(2019-07-12)[2019-07-25].https://www.fxeye.com/201907127554276357.html.

王黛.传统金融机构蠢蠢欲动,涉足智能投顾是否更有优势?[J].中国战略新兴产业,2017(10):69-71.

王婧涵.基于资产配置视角的智能投顾分析——以"中银慧投"为例[J].经济论坛,2018(08):67-70.

王兰,张丹.浅谈波浪理论[J].时代经贸(下旬刊),2008(04):159-160.

王立民,邹芸珂,刘浩.国内外金融实验室的比对分析[J].实验技术与管理,2019,36(05):263-267.

王林,任明超.人工智能高校资源争夺战开打突破需跨学科合作[EB/OL].(2016-10-14)[2019-08-10].http://www.cssn.cn/gx/gxjxky/201703/t20170328_3468062_2.shtml.

王作敬,汪照辉.大数据与券商智能投顾会碰撞出什么火花?[EB/OL].(2019-07-31)[2019-08-05].https://www.iyiou.com/intelligence/insight107341.html.

未央网.传统金融机构蠢蠢欲动涉足智能投顾是否更有优势?[EB/OL].(2017-02-14)[2019-07-30].https://www.weiyangx.com/230732.html.

未央网.智能投顾:监管分析与前景展望[EB/OL].(2017-12-22)[2019-08-10].http://www.sohu.com/a/212002662_117965.

蔚赵春,徐剑刚.智能投资顾问的理论框架与发展应对[J].武汉金融,2018(04):9-16.

温晓桦.从2C到2B,智能投顾转型破局的希望与忧困[EB/OL].(2016-11-17)[2019-08-10].https://www.leiphone.com/news/201611/dfQFYGkabqEuQlWR.html.

吴弘,张鑫.证券业协会自律是有效监管的重要组成部分[J].中国金融,2003(23):55-56.

伍旭川.迎接金融科技的新风口——智能投顾[J].清华金融评论,2017(10):85-87.

新浪财经.美国散户从90%降到6%,他们是如何被"消灭"的?[EB/OL].(2019-02-13)[2019-07-18].http://finance.sina.com.cn/stock/usstock/c/2019-02-13/doc-ihrfqzka5482564.shtml.

邢晓婧.人工智能,中国人才数量远逊美国!中国总数5万美国83万名[DB/OL].(2019-03-21)[2019-11-10].https://baijiahao.baidu.com/s?id=1628571696134094526&wfr=

spider&for=pc.

寻朔,刘瑾.中美智能投顾现状及未来发展[R].清华大学国家金融研究院研究报告,2018(1).

央行观察.金融科技发展进入新时代:大型银行从"跟跑"向"领跑"转变——关于建行成立建信金融科技公司之启示与预判[DB/OL].(2018-05-04)[2019-07-18].https://www.cebnet.com.cn/20180504/102487864.html.

杨德龙.海外基金发展史系列之全球最大公募基金——先锋[EB/OL].(2019-01-15)[2019-7-19].http://blog.sina.com.cn/s/blog_63088ae30102yser.html?tj=1.

亿欧智库.案例:摩根大通的金融科技战略[EB/OL].(2019-02-02)[2019-11-10].https://www.iyiou.com/p/91648.html,2019-02-02/2019-08-16.

亿欧智库.大数据与券商智能投顾会碰撞出什么火花?[EB/OL].(2019-07-31)[2019-08-16].https://www.iyiou.com/intelligence/insight107341.html.

勇觉智库.美国金融业监管局对数字化投顾的监管建议[EB/OL].(2016-07-04)[2019-08-05].https://36kr.com/p/5049030.

云锋金融.贝莱德(BlackRock)是个怎样的公司?[EB/OL].(2018-01-05)[2019-09-20].https://www.zhihu.com/question/20845259.

允能创新智库.中国高校人工智能专业综合排名:四大维度揭示72所高校AI专业综合实力[DB/OL].(2019-06-25)[2019-10-04].https://www.iyiou.com/p/103807.html.

翟慧婧.金融科技背景下我国智能投顾市场发展研究[J].中国高新科技,2018(19):51-52.

张华强.中国智能投顾市场的发展分析及产品设计[D].苏州大学,2018.

张惠.商业银行布局智能投顾的分析与策略[EB/OL].(2018-03-27)[2019-09-10].https://www.cebnet.com.cn/20180327/102477214.html.

张家林.监管政策渐明,人工智能投顾进入发展快车道(一份来自FINRA的报告解读)[EB/OL].(2016-05-08)[2019-08-24].http://news.hexun.com/2016-05-08/183745797.html.

张茂聪,张圳.我国人工智能人才状况及其培养途径[J].现代教育技术,2018(8):19-25.

张铭阳.智能投顾在中国真的水土不服吗?[EB/OL].(2018-09-19)[2019-09-30].http://science.china.com.cn/2018-09/19/content_40509390.htm.

张炜.商业银行法律风险防控体系优化建设对策研究[J].金融论坛(02):14-19.

张雅茹,陈颖,程楣,简李文.区块链技术在金融领域的应用前景研究[J].现代商业,2019(14):127-128.

张颖馨.智能投顾"追风者"生死记:从业内热捧到走向沉寂[N/OL].(2018-07-15)

[2019-08-29].经济观察报.https://tech.sina.com.cn/i/2018-07-15/doc-ihfhfwmv7302516.shtml.

赵白执南,王凯文.美国智能投顾发展模式日趋多元[EB/OL].(2018-02-28)[2019-11-15].http://www.cs.com.cn/tzjj/201802/t20180228_5723686.html.

证券时报.从AI到太空海外主题ETF正在投资未来[EB/OL].(2019-03-18)[2019-11-13].http://www.zqrb.cn/fund/jijindongtai/2019-03-18/A1552862186462.html.

证通财富.Wealthfront,美国智能投顾的独角兽[EB/OL].(2017-11-28)[2019-10-05].https://www.jianshu.com/p/da9501b026ea.

郑南磊.科技金融:起源、措施与发展逻辑(上)[J].公司金融研究,2017(01):59-101.

郑南磊.科技金融:起源、措施与发展逻辑(下)[J].公司金融研究,2017(Z1):74-112.

智能投顾 RobotAdvisor.Betterment 合辑[EB/OL](2016-08-08)[2019-07-21].https://mp.weixin.qq.com/s/5IEkXO5nPlcjikCjgMiT8g.

智能投顾 RobotAdvisor.Wealthfront 业务模式、投资分析方法大合辑[EB/OL](2016-08-05)[2019-07-21].https://mp.weixin.qq.com/s/jZEnSdYsouSpgbV_KcUFQg.

智能投顾大联盟.美国传统券商的智能投顾发展案例:嘉信理财[EB/OL].(2017-08-17)[2019-08-30].http://toutiao.manqian.cn/wz_1oMA5OFwYv.html.

中国基金业协会.智能投顾业务国际监管经验与借鉴[EB/OL].(2018-11-26)[2019-07-20].http://finance.sina.com.cn/money/fund/jjyj/2018-11-26/doc-ihmutuec3817888.shtml.

360个人图书馆.周边名校这么多,为什么却说没有斯坦福就不会有硅谷?[DB/OL].(2016-10-14)[2019-07-22].http://www.360doc.com/content/16/1014/00/35285398_598257493.shtml.

周广益.金融科技三大阶段,2.0阶段一站式金融服务商成风口[EB/OL].(2017-12-27)[2019-08-14].https://www.iyiou.com/p/63097.html.

周永红,彭华.智能投顾研究与应用[J].金融电子化,2017(11):16-18.

周正.境内外智能投顾业务模式对比[J].银行家,2017(12):88-90.

Anadrea Coombes. Robo-Advisor Performance Is Only One Piece of the Puzzle [EB/OL]. (2018-10-19)[2019-08-19]. https://www. nerdwallet. com/blog/investing/robo-advisor-performance-is-only-one-piece-of-the-puzzle/.

Andrew Fiebert. Acorns vs Betterment vs Wealthfront: Epic Robo-Advisor Battle [EB/OL]. (2019-09-09) [2019-10-20]. https://www. listenmoneymatters. com/acorns-vs-betterment-vs-wealthfront/.

Arielle O'Shea. 9 Best Robo-Advisors of August 2019[EB/OL]. (2019-10-29)[2019-11-14]. https://www. nerdwallet. com/best/investing/robo-advisors.

Betterment. The History of Betterment Changing an Industry [EB/OL]. (2016-07-20)[2019-07-20]. https://www. betterment. com/resources/the-history-of-betterment/.

Bret E. Strzelczyk. Rise of the Machines: The Legal Implications for Investor Protection with the Rise of Robo-Advisors [J]. *DePaul Business and Commercial Law Journal*, 2018, 16(3): 73-96.

Charles Cao, Bing Liang, Andrew W. Lo, et al. Hedge Fund Holdings and Stock Market Efficiency[J]. *Review of Assect Pricing Studies*, forthcoming.

Chase. You Invest[EB/OL]. [2019-07-20]. https://www. chase. com/personal/investments/you-invest.

Financial Engines. Financial Advice & Retirement Planning [EB/OL]. [2019-08-08]. https://financialengines. com/.

Go Curry Cracker. Why Betterment Has Zero of Our Dollars [DB/OL]. (2016-02-01)[2019-07-20]. https://www. gocurrycracker. com/why-betterment-has-zero-of-our-dollars/.

Howell E. Jackson. Regulation in a Multi-Sectored Financial Services Industry: An Exploratory Essay[J]. *Washington University Law Review*, 1999: 319-397.

Investopedia. Betterment VS Wealthfront [EB/OL]. (2019-09-25) [2019-10-04]. https://www. investopedia. com/wealthfront-vs-betterment-4587963.

Investorjunkie: Financial Engines Review—Better Manage Your Retirement [EB/OL]. [2019-07-30]. https://investorjunkie. com/reviews/financial-engines/.

John Lightbourne. Algorithms & Fiduciaries: Existing and Proposed Regulatory Approaches to Artificially Intelligent Financial Planners[J]. *Duke Law Journal*, 2017, 67(3): 675.

Jonathan Robbins. Part 2A of Form ADV: Firm Brochure[R]. 2018.

Jonathan Walter Lam. Robo-Advisors: A Portfolio Management Perspective[D]. Connecticut: Yale College, 2016.

Jonathan Warmund, Ben Lewis. Robo Advising: Catching Up and Getting Ahead [R/OL]. [2019-7-22] https://home. kpmg/content/dam/kpmg/pdf/2016/07/Robo-Advising-Catching-Up-And-Getting-Ahead. pdf, 2016.

Kate Crawford. Artificial Intelligence's White Guy Problem [EB/OL]. (2016-06-26)[2019-07-22]. https://www. nytimes. com/2016/06/26/opinion/sunday/artificial-intelligenceswhite-guy-problem. html.

Michael Corkery. Wells Fargo Fined $185 Million for Fraudulently Opening Accounts. [EB/OL]. (2016-09-09) [2019-07-20]. https://www. nytimes. com/2016/09/09/business/dealbook/wells-fargo-fined-for-years-of-harm-to-customers. html.

MIT. FinTech@ CSAIL [EB/OL]. [2019-07-16]. https://cap. csail. mit. edu/index. php/members/initiatives/fintechcsail.

MIT. Laboratory for Financial Engineering [EB/OL]. [2019-07-16]. https://lfe. mit. edu.

MIT. The Financial Technology Option Description[EB/OL]. [2019-07-16]. http://web. mit. edu/fto/description. html.

Neil Fligstein, Alexander F. Roehrkasse. The Causes of Fraud in the Financial Crisis of 2007 to 2009: Evidence from the Mortgage-Backed Securities Industry [J]. *American Sociological Review*, 246(3): 617.

NYU. Leonard N. Stern School of Business [EB/OL]. [2019-08-16]. https://www. stern. nyu. edu/portal-partners/registrar/course-information/course-descriptions-prerequisites.

Rick Swedloff. Risk Classification's Big Data (R) Evolution [J]. *Connection Insurance Law Journal*, 2014, 41(3): 339.

Russ Alan Prince. Robo-Advisor 2. 0: A Brave New Financial Services Industry [EB/OL]. (2014-10-30) [2019-07-20]. https://www. forbes. com/sites/russalanprince/2014/10/30/robo-advisor-2-0-a-brave-new-financial-services-industry/.

Shreyash Agrawal, Pablo D. Azar, Andrew W. Lo, et al. Momentum, Mean-Reversion and Social Media: Evidence from StockTwits and Twitter[J]. *The Journal of Portfolio Management*, 2018, 47(7): 85-95.

Thomas Philippon. The FinTech Opportunity 14 [J]. Nationl Bureau of Economics Research, 2016, Working Paper No. 22476.

Tom Baker, Benedict Dellaert. Regulating Robo Advisors: Old Policy Goals, New Challenges [J]. *Wharton Public Policy Initiative Issue Briefs*, 2017, 5(7): 1-6.

Vanguard Personal Advisor Services Review 2019—Low-Cost, Personal Service [EB/OL]. (2019-05-26) [2019-08-08]. https://investorjunkie. com/43352/vanguard-personal-advisor-services-review/.

Vasyl Soloshchuk. Jemstep: Robust Technology to Leverage Financial Advice [EB/OL]. (2019-02-12)[2019-08-14]. https://wealth. insart. com/jemstep/.

Vasyl Soloshchuk. Wealth Tech Cookbook. Financial Planing Tools [R/OL]. (2018-7-17)

[2019-08-19]. https://wealth.insart.com/financial-planning-tools/.

Wikipedia. Betterment (company) [DB/OL]. [2019-07-20]. https://en.wikipedia.org/wiki/Betterment_(company)#cite_note-betterment-adv-1.

Wikipedia. The Vanguard Group [DB/OL]. [2019-07-20]. https://en.wikipedia.org/wiki/The_Vanguard_Group.

Wolf-Georg Ringe, Christopher Ruof. A Regulatory Sandbox for Robo Advice [J]. *European Banking Institute*, 2018(26), 1-73.

# 后　记

在本书即将付梓之际，回首过去一年多的编撰历程，不禁思绪万千。

随着金融市场的日益成熟、传统投顾服务局限性的凸显以及人工智能等技术的迅猛发展，智能投顾应运而生，并由此开启了财富管理的新阶段。作为金融业的新兴业态，智能投顾近年来在国外发展十分迅速。而在中国，智能投顾的发展尚处于初级阶段，机遇与挑战并存，潜在的市场空间十分可观。在此背景下，由科技部和同济大学共同成立的中国科技管理研究院于2018年5月发起并创立"同济大学智能投顾实验室"，实验室的重要任务之一是总结发达国家的经验，为我国智能投顾的发展提供启示和借鉴。

编写本书的想法萌芽于2019年的初春，在料峭的春寒里，我们成立了编写小组，开始了编写的前期准备工作。资料的搜集历经三月有余，我们从各大学术期刊、政府文件、机构研报、企业官网和高校官网等途径找寻相关资料，并进行翻译和整理。直至6月初，经过与多位专家顾问的研讨，我们初步敲定了本书的主要脉络和框架。随后，十余人的编写小组经过四个多月的努力，完成了本书初稿的编撰工作。为了进一步完善内容，10月底我们邀请了来自学界和业界的专家学者，对本书的修改进行指导。根据与会专家提出的宝贵建议，我们又进行了详细的修订，并于11月底将稿件提交给出版社。最后，经过北京大学出版社王晶等多位编辑严谨细致的"三审三校"和数轮返修，本书的完稿终能与各位读者见面。

暑往寒来春又至,本书的面世离不开编写小组全体成员的付出。在此,我们衷心地向所有参与编译工作的同学致以感谢,感谢陈冰玉、胡嘉慧、胡林杉、秦寅臻、申恬、孙子莹、王婧文、吴江、徐亚、许晴晖、张粲东和张雯佳等同学的坚持与付出。

同时,本书的完善也离不开学界和业界专家学者的指导。在此,我们也诚挚地向所有给予本书宝贵修改意见的专家学者致以感谢,感谢来自上海市证券同业公会、羽时金融、东方证券、国元证券、银河证券、先锋领航、中信银行、中信证券、农业银行、上海银行、浦发银行、同济大学、上海财经大学和华东理工大学的专家学者的建议和指导。

今后,我们还将继续编写相关主题的书籍,为推动我国智能投顾行业的发展尽绵薄之力。

最后,鉴于编者的时间和能力有限,虽倾心尽力,亦不能尽善尽美。若有疏漏和不当之处,敬请广大读者批评指正。

本书主编

2020 年 6 月